I0757299

ئاهی فەلسەفە و نەفرەتی ئایین

ئاهی فەلسەفە و نەفرەتی ئایین

ئاواره عەلی خەتی

چاپی ئەمازۆن

٢٠١٨

ئاهی فەلسەفە و نەفرەتی ئایین

....

لە بڵاوکراوەکانی سەنتەری زەهاوی بۆ لێکۆڵینەوەی فیکریی

ژماره (۵۸)

- نووسینی: ئاواره عەلی خەتێ
- بابەت: رەخنەیی
- دیزاین: رەوشت محەممەد.
- چاپ: یەکەم ۲۰۱۷ ـ ناوەندی رێنوێن.

لە بەڕێوەبەرایەتیی گشتیی کتێبخانە گشتییەکان
ژماره (۹۲۷)ی ساڵی ۲۰۱۷ پێدراوه.

لینکی چاپی ئەمازۆن :

https://www.amazon.com/dp/1727045475
ISBN-13: 978-1727045475
ISBN-10: 1727045475

ناوەرۆك

پێشکەشە بە :

* ئارەقەی دەستەکانی باوکم کە هەرچی من هەمە
هەوێنی ماندووبوونی دەستەکانی ئەوە .

* تۆزی ژێر قاچی دایکم، کە زەویی بەهەشتە لە دونیادا.

بەناوی خوای گەورەی میهرەبان

پێشەکی

الحمد لله، والصلاة والسلام على رسول الله ﷺ، وعلى آله وصحبه ومن والاه، وبعد:

ئاهی فەلسەفە و نەفرەتی ئایین: کۆمەڵێک بابەتی سادە و ساکارن لە شێوەی
کتێبێکدا بەرجەستە بوون، نۆبەرەی شەونخوونیی زەمەنێکی دیاریکراون، بۆیە
جەستەیەکی لاواز و سیمایەکی پێنەگەیشتوو و دەنگێکی تیژ و دڵشکێنیان هەیە.
ئەگەر کۆژان و ناڕەحەتییەکانی نووسەر نەبووایە بەدەست بەشێک لە کارەکتەرانی
دونیای مۆدێرنێتە و تەوژمی بەناو عەقڵانیەت و هزری ئایینی، ئەم کتێبە بە
شێوەیەکی جوانتر و سیمایەکی تۆکمەتر و دەنگێکی قەشەنگتر لە وادەی سروشتی
خۆیدا لەدایک دەبوو.

بێگومان ئەم بەرهەمە ڕەخنەگرتن نییە لە پڕەنسیپ و شاکارەکانی ئایین و
ئەدای زانا و بانگخوازە ڕاستەقینەکانی هزری ئیسلامی، هەروەک چۆن
لەکەداركردنی کارەکتەرە ڕەسەنەکانی ڕەوتی عەقڵانیەت و ڕۆشنگەری و جیهانی
مۆدێرنێتەش نییە، بەڵکو ئاماژەدانە بە چەند دیاردەیەک کە لەنێو کۆمەڵگە
ئیسلامییەکان بەگشتی و کۆمەڵگەی کوردی بەتایبەتی بڵاو بوونەتەوە، کە
لەمیانەیاندا هەندێک لە کارەکتەرەکانی ئایین کە لە بنەڕەتدا هەڵگری پەیامی
ڕاستەقینەی ئایین نین، بۆ بەرژەوەندیی خۆیان ئایینیان بەپێچەوانەی بنەماکانی
خۆی بەکار هێناوە و بوونەتە پەڵەیەکی ڕەش هەم بۆ خودی ئایین، هەم بۆ پێگەی
زانا و بانگخوازە ڕاستەقینەکان.

به هەمان شێوە، بەشێك لە بانگەشەكارانی ڕەوتی عەقلانیەت و ڕۆشنگەری، عەقڵ و فەلسەفەیان پێچەوانەی میتۆدی خۆی بەكار هێناوە، بەمەش بوونەتە فاكتەری سەرەكیی لەكەداربوونی عەقڵ و ڕووشانی كەسایەتی و پێگەی بیرمەندە ڕاستەقینەكان. هەڵبەتە بەر لەوەی بچینە نێو كرۆكی بابەتەكان، چەند تێبینییەك دەخەینە ڕوو:

١- ئەم بەرهەمە بە هیچ شێوەیەك دژایەتیكردنی كەسێك یان ڕەوت و قوتابخانەیەكی دیاریكراوی ئایینی و هزری و فەلسەفی و ئایدۆلۆژی نییە.

٢- هەر كاتێك باس لە كارەكتەری ئایینی یان واعیز و زانا و بانگخوازی ئایینی كرا، مەبەست لێی هەڵگرانی پەیامی ڕاستەقینەی ئایین نییە، بەڵكو مەبەست لێی ئەو كەسانەیە كە لەژێر چەتری ئەم چەمكانە خۆیان حەشار داوە و بە شێوەیەكی خراپ بەكاریان دێنن.

٣- بە هەمان شێوە مەبەست لە كارەكتەری فەلسەفی و ڕۆشنگەریی كەسایەتییە ڕاستەقینەكانی ئەو بوارانە نین، بەڵكو مەبەست ئەو كەسانەیە كە لەژێر ئەو دروشمانەدا خەریكی خۆدەوڵەمەندكردن و نان پەیداكردنن.

٤- مەبەست لە چەمكەكانی فەلسەفە و لۆژیك، مانا تایبەت و دیاریكراوەكەی ئەم دووانە نییە، بەڵكو مەبەستمان لێی بەكارهێنانی عەقڵ و هزر و لۆژیكی مرۆڤایەتییە بۆ پرس و بابەتە جیاوازەكان بە شێوەیەكی گشتی.

٥- مەبەست لە چەمكی ئایین، هزری ئایینییە بە شێوەیەكی گشتی، بۆیە هەندێك نموونەمان هێناوەتەوە كە پەیوەندیی بە ئایینی مەسیحییەوە هەیە، بەڵام زۆرترین سەرنجمان خستووەتە سەر دەق و تێكستە ئیسلامییەكان، بەو پێیەی كە ئایینی پیرۆزی ئیسلام كۆكەرەوە و تەواوكەری تەواوی ئایینەكانی ترە.

٦- ئەگەرچی زمانی ئەم بەرهەمە زیتر ڕەخنەییە و كەم و زۆر پەیوەندیی بە خستنەڕووی مێژووی ئایین و فەلسەفەوە نییە بەڵام لەگەڵ ئەوەشدا بەشی

یەکەممان تایبەت کردووە بە پێناسەکردنێکی کورتی هەردوو چەمکی ئایین و فەلسەفە و خستنەڕووی خاڵە هاوبەش و ناکۆکەکانی نێوانیان، ئەمەش بە مەبەستی زیاتر ئاشناکردنی خوێنەر بەو دوو چەمکە.

٧- ئەم بەرهەمە هی مرۆڤە و بێ هەڵە نییە، بۆیە هەر هەڵەیەك تێیدا بۆ خاوەنەکەی دەگەرێتەوە و ئایین و فەلسەفەی ڕاستەقینە لێی بەرین. لە حاڵەتی بەرچاوکەوتنی هەر هەڵە و کەموکووڕییەك، داوای چاوپۆشی لە خوێنەرانی بەرێز دەکەین.

٨- سوپاسیێکی بێپایانم بۆ بەرێزان: (دکتۆر ئەحمەد وەرتی) کە تەواوی ئەم بەرهەمەی بۆ خوێندینەوە و بە ڕەخنە و پێشنیارە ناوازەکانی بەهرەمەندی کردین، (مامۆستا عیماد گوانی) کە بە ڕاوبۆچوونەکانی لێکۆڵینەوەکەی زیاتر دەوڵەمەند کردین، (مامۆستا هاوکار خانەقایی) کە ئەرکی زۆری کێشا و لە دیزاینکردنی ئەم بەرهەمە، خودای گەورە پاداشتیان بداتەوە.

هیوادارین توانیبیێتمان خزمەتێکی کەم بە ئایین و ڕەوتی عەقلانیەت بکەین و دەستمان خستبێتە سەر هەندێك لەو برینانەی کە ئەگەر سارێژ نەکرێن، بێگومان دەکەوینە بەر ئاهی فەلسەفە و نەفرەتی ئایین، ئەوکات نە ئایین، نە عەقڵ، نە فەلسەفە، ناتوانن فریامان بکەون و ژیار و شارستانیەت و ئایدۆلۆژیا و هزر و ئایینمان دەکەونە ژێر مەترسیی داڕووخان و لەناوچوون و تۆمەتباربوون.

ئاوارە عەلی خەتی/ هەولێر
(٦/٦/٢٠١٧ زایینی)
(١١/ڕەمەزانی/ ١٤٣٨ کۆچی)

بەشی یەکەم
چەمکی ئایین و فەلسەفە

بێگومان ڕوونکردنەوە و زانینی چەمك و دەستەواژەکان، کاریگەرییەکی بەهێزی دەبێت بۆ ئاشنابوون و پەیبردن بە ناواخن و کرۆکی هەر بابەتێك، لەو سۆنگەوە دەستپێکی ئەم بەرهەمە بە تیشك خستنەسەر چەمکی ئایین و فەلسەفە لە ڕووی زمانەوانی و زاراوەیی دەست پیّ دەکەین و بۆچوونی ڕەوت و ڕێبازە فەلسەفی و فیکری و ئایینییە جیاوازەکان سەبارەت بە هەردوو چەمکەکە دەخەینە بەر باس و لێکۆڵینەوە، دواتر بەکورتی تیشك دەخەینە سەر خاڵە هاوبەش و خاڵە جیاوازەکانی نێوان ئایین و فەلسەفە، بەم شێوەیەی خوارەوە:

یه‌كه‌م : پێناسه‌ی چه‌مكی ئایین له‌ رووی زمانه‌وانییه‌وه‌

فه‌رهه‌نگه‌ جیاوازه‌كانی زمانی عه‌ره‌بی، چه‌ندین واتای جیاجیایان بۆ چه‌مكی ئایین خستووه‌ته‌ روو، له‌وانه‌:

١. ئایین به‌ واتای بیروباوه‌ڕ و دینداری (الاعتقاد والدّینونة)[1]

٢. ئایین به‌ واتای دابونه‌ریت (العادة والشّأن والدأب)[2]

٣. ئایین به‌ واتای گوێڕایه‌ڵی و ملكه‌چبوون (الطّاعة والخضوع)[3]

٤. ئایین به‌ واتای لێپرسینه‌وه‌ و پاداشت و سزا (الجزاء والحساب)[4]

٥. ئایین به‌ واتای سه‌رشۆڕی و به‌ندایه‌تیكردن (الذلّ والعبودية)[5]

بێگومان ئه‌وه‌ی ئێمه‌ له‌م به‌رهه‌مه‌دا مه‌به‌ستمانه‌، بریتییه‌ له‌ به‌كارهێنانی ئایین به‌ واتای یه‌كه‌م، كه‌ مه‌به‌ست لێی ئه‌و ئایین و بیروباوه‌ڕه‌یه‌ كه‌ مرۆڤ له‌ ژیانی رۆژانه‌ی خۆیدا پێوه‌ی پابه‌ند ده‌بێت و هه‌وڵ ده‌دات بنه‌ما و به‌ها و پره‌نسیپ و ده‌ق و تێكسته‌كانی به‌رجه‌سته‌ بكات.

---

(١) بروانه‌: الصحاح تاج اللغة وصحاح العربية: الجوهري: (٢١١٩/٥). لسان العرب: ابن منظور: (٤٦٠/٤).
المعجم الوسيط: مجموعة من المؤلفين: (٣٠٧/١).

(٢) بروانه‌: الكليات: أبو البقاء الكفوي: (٤٤٣). جمهرة اللغة: أبوبكر الأزدي: (٦٨٨/٢).

(٣) بروانه‌: لسان العرب: ابن المنظور: (٤٦٠/٤).

(٤) بروانه‌: مجمل اللغة: ابن فارس: (٣٤٢/١). أساس البلاغة: الزمخشري: (٣٠٦/١). القاموس المحيط: الفيروز آبادي: (١١٩٨).

(٥) بروانه‌: الصحاح تاج اللغة وصحاح العربية: الجوهري: (٢١١٨/٥).

دووەم : پێناسەی چەمکی ئایین لە ڕووی زاراوەییەوە

ڕەوت و ڕێبازە ئایینی و هزری و فەلسەفییەکان، چەندین پێناسەی جیاجیایان بۆ چەمکی ئایین خستووەتە ڕوو، بێگومان ئەمەش بۆ دوو هۆکاری گرنگ دەگەڕێتەوە:

١– پەیوەندیی بە جیاوازیی دیدگا و بیروبۆچوونی ڕێباز و ڕەوتە هزری و ئایینییەکانەوە هەیە، کە هەریەکێکیان هەوڵی داوە بەو چەشنە ئایین بخاتە ڕوو کە خزمەت بە دیدگا و بۆچوونی ئەو ڕەوت و ڕێبازە بکات کە خۆی بڕوای پێیەتی.

٢– پەیوەندیی بە خودی ئایینەکان خۆیانەوە هەیە، چونکە ئایینەکان لە ڕووی سەرچاوە و شێواز و ئەرک و پیشەوە لێک جیاوازن، ئەمەش وای کردووە پێناسەی جیاواز بۆ ئەو چەمکە بخرێتە ڕوو. بۆیە ئێمە هەوڵ دەدەین لێرەدا بەکورتی چەمکی ئایین لە دیدی ڕەوت و ڕێبازە جیاوازەکانی ئایین و هزر و فەلسەفەوە بخەینە ڕوو، بەم شێوەیەی خوارەوە:

پێناسەی زانایانی ئیسلام بۆ ئایین:

زانایانی ئایینی ئیسلام بەگشتی ئایین وا پێناسە دەکەن کە: یاسا و دەستوورێکی خواییە، مرۆڤە ژیرەکان بانگهێشت دەکات بۆ قبولکردنی ئەو پەیام و بنەمایانەی کە پێغەمبەر ﷺ هێناونی و بە هۆیانەوە لە دونیادا سەربەرز دەبن و لە دواڕۆژیشدا سەرفراز دەبن [1]. ئەگەر سەرنج بدەین، ئایین لە دیدی زانایانی ئیسلام بە پێغەمبەرەوە ﷺ پەیوەست کراوە و زیاتر ڕووی لە کەسە عاقڵەکانە و پەیوەندیی بە دونیا و دواڕۆژەوە هەیە.

---

(١) بڕوانه: التعریفات: جورجانی: (١٠٥). موسوعة کشاف اصطلاحات الفنون: محمد التهانوي: (٨١٤/١).

پێناسەی ئایین لە مەسیحیەتدا:

چەمکی ئایین لە دیدی زانایان و پەیرەوانی ئایینی مەسیحی، بە شێوەیەکی گشتی بە چەند مانایەك خراوەتە روو، لەوانە:

"ئایین بریتییە لە پەیوەندییەکی پتەو لەنێوان دەروونی مرۆڤ و زاتی پاکی خودایی [1] ".

یان بریتییە لە: "مامەڵەکردنی مرۆڤ لەگەڵ رەوش (واقع) و بارودۆخێکی پیرۆزدا [2] ".

ئەگەر سەرنج بدەین، ئایین لە دیدی مەسیحییەکاندا زیاتر باس لە پەیوەندیی نێوان خودا و مرۆڤەکان دەکات و کەمتر مۆرکی پێغەمبەران (دروودی خودایان لەسەر بێت) و پەرستشەکانی تێدا بەرجەستە دەکرێت.

پێناسەی ئایین لە دیدی فەلسەفەی کۆمەڵناسییەوە:

زانایان و فەیلەسووفانی بواری کۆمەڵناسی کاتێك پێناسەی ئایین دەکەن، زیاتر تیشك دەخەنە سەر لایەنە کۆمەڵایەتییەکەی ئایین و وەك مەنزومەیەکی کۆمەڵایەتی نیشانی دەدەن و دەڵێن: "ئایین کۆمەڵێك بیروباوەڕ و پەرستشن، کە پەیوەستن بە شتە پیرۆز و موقەدەسەکانەوە، بە شێوەیەك ئەو کۆمەڵە بیروباوەڕ و پەرستشە، هەموو ئەو باوەڕدارانە لە یەکەیەکی ئایینیدا کۆ دەکاتەوە کە باوەڕیان پێیان هەیە [3] ".

---

(١) تاريخ الأديان: دكتۆر عبدالقادر بخوش: (١٨).

(٢) الدين في التصورات الإسلامية المسيحية: كۆمەڵێك نوسەر: (٢١).

(٣) نشأة الدين: دكتۆر عەلی سامی نشار: (٢٥).

ڕوونتر بڵێین: ئایین له دیدی کۆمەڵناسەکانەوه دەزگایەکی کۆمەڵایەتییه،
کۆمەڵێک مرۆڤ لەخۆ دەگرێت، ئەو مرۆڤانه به هۆی ئەنجامدانی چەند پەرستشێکی
ڕێکخراو و هەندێک بەهای ئەخلاقییەوه وابەستەی یەکتر بوون، ئەو کۆمەڵه مرۆڤه
ئەرکیانه ئەو بیروباوەڕه بپارێزن[1]. وەك دیاره کۆمەڵناسەکان جگه له تیشك
خستنەسەر لایەنه کۆمەڵایەتییەکانی ئایین، باس له ڕەهەند و چوارچێوه و
تایبەتمەندییەکانی تری ناکەن.

پێناسەی ئایین له دیدی فەلسەفەی ئەخلاقەوه:

هەرچی زانا و بیرمەندانی فەلسەفەی ئاکار (ئەخلاق)ن، هەوڵیان داوه ئایین وەك
ڕەوشت و بەها و ئەخلاقێکی ڕەسەنی مرۆڤایەتی بخەنه ڕوو، بۆیه وتوویانه ئەو
کاته دەتوانین له ئایین تێبگەین و جێبەجێی بکەین، که وەك بەها و ئاکار و قیەمێك
بخرێته ڕوو، به جۆرێك مرۆ لە کاتی جێبەجێکردنی ئەرکه ئایینییەکانیدا، وا هەست
بکات که ئەرکێکی ئەخلاقی ئەنجام دەدات.

بێگومان ئەم جۆره له پێناسەکردن و نیشاندانی ئایین، زیاتر فەیلەسووف
بەناوبانگی ئەڵمانی (ئیمانوێڵ کانت[2]) هەوڵی بەرجەستەکردنی داوه، هەر بۆیه
کاتێك پێناسەی ئایین دەکات، دەڵێت: "بەدڵنیاییەوه ئایین هەر کاتێك له ڕووی
خودییەوه گوزارشتمان لێی کردەوه، بریتییه له زانینی هەموو ئەرکەکانمان، وەك

---

(١) موسوعة لا لاند الفلسفية: ئەندریه لالاند: (١٢٠٤/٣).

(٢) ئیمانوێڵ کانت Immanuel Kant: فەیلەسووفێکی ئەڵمانییه، ساڵی (١٧٢٤ز.) لەدایك بووه،
ساڵی (١٨٠٤ز.) کۆچی دوایی کردووه. یەکێك له گەورەترین فەیلەسووفەکانی فەلسەفەی نوێ،
فەلسەفەکەی به فەلسەفەی ئاکار و فەلسەفەی ڕەخنەیی ناوبانگی دەرکردووه، چونکه ئەم دوو ڕەگەزه
له پایه گرنگەکانی فەلسەفەکانی کانتن. گرنترین بەرهەماکانی بریتین له: (تأسیس میتافیزیقیا الأخلاق، نقد
العقل المحض، نقد العقل العملي، نقد ملكة الحكم، الدین في حدود مجرد العقل)، بروانه: أعلام الفلاسفة:
هنری تۆماس: (٢٧٧). معجم الفلاسفة: جۆرج طرابیشي: (٥١٣).

ئەوەی فەرمانی خودایی بن" ^(۱). هەروەك دیارە، كانت هەموو ئەركە ئەخلاقییەكان وەك ئەركێكی خودایی هەژمار دەكات، بەو واتایەی كردارە ئایینییەكان بەر لەوەی كردار و بەهای ئایینی و خودایی بن، كردار و بەهای ئەخلاقین.

پێناسەی ئایین لە دیدی فەلسەفەی دەروونزانییەوە:

هەرچی دەروونزانەكانن، هەوڵیان داوە ئایین وەك هەستوسۆزێكی مرۆڤەكان بخەنە ڕوو، بۆیە وتوویانە: "ئایین بریتییە لە هەستوسۆز و كردەوە و ئەزموونی مرۆڤەكان لە كاتی گۆشەگیریدا، كاتێك هەست بە پەیوەندی دەكەن لەگەڵ شتێكدا، كە بە خودا هەژماری دەكەن ^(۲). "

هەروەك دیارە، دەروونزانەكان لە پێناسەی ئایيندا زیاتر تیشك دەخەنە سەر هەستوسۆز و ڕەهەندە دەروونییەكەی مرۆڤ و كەمتر باس لە ڕەهەندی سرووش و پەرستشەكان دەكەن.

پێناسەی گشتیی ئایین:

بەگشتی ئایین بە هەموو ئەو بیروباوەڕ و پەرستشانە دەگوترێت، كە مرۆڤ باوەڕی پێیان هەیە و هەوڵ دەدات لە ژیانیدا بەرجەستەیان بكات و ژیانی خۆی لەژێر بنەما و یاساكانیدا بەڕێوە ببات، جا سەرچاوەی ئەو بیروباوەڕانە مرۆڤەكان خۆیان بن، یان خودای گەورە بێت. بێگومان مەبەستی ئێمەش لە بەكارهێنانی ئەم چەمكە، بریتییە لەو بیروباوەڕانەی كە لەلایەن فرستادە و نێردراوەكانی خودای گەورە بۆ مرۆڤایەتی هێنراون، وەك ئیسلام و مەسیحیەت و یەهودیەت بە شێوەیەكی گشتی و پەیامی ئیسلام بەتایبەتی.

---

(۱) الدین فی حدود مجرد العقل: كانت: (۲٤۳).

(۲) فلسفة الدین: جون هیك: (٤).

چەمکی فەلسەفە لە رووی زمانەوانییەوە، ئەو مشتومڕەی لەسەر نییە کە لەسەر چەمکی ئایین هەبوو، ئەمەش بۆ ئەوە دەگەڕێتە کە وشەی (فەلسەفە) لە بنەڕەتدا وشەیەکی عەرەبی نییە، بۆیە فەرهەنگەکانی زمانی عەرەبی ئاماژەیان پێ نەداوە.

وشەی فەلسەفە لە بنەڕەتدا یۆنانییە و لە دوو برگە پێک هاتووە، یەکەمیان: (فیلۆ Philo)، کە واتای خۆشەویست (محب) دەگەیەنێت، دووەمیان: (سۆفیا Sophia)، کە بە واتای دانایی (الحکمة) دێت، ئەم دوو برگەیە بە هەردووکیان چەمکی (فیلۆسۆفیا philosophy پێک دەهێنن، کە بە واتای خۆشویستنی دانایی (حب الحکمة) دێت[1].

هەرچەندە چەمکی فەلسەفە بە واتای خۆشویستنی حیکمەت و دانایی لێک دراوەتەوە، بەڵام لە ڕاستیدا یۆنانییەکان هیچ سنوورێکیان بۆ واتای ئەم چەمکە دانەناوە، بەڵکو ئەوان ئەم دەستەواژەیان بۆ هەموو هەوڵ و کۆششێکی عەقڵی بەکار هێناوە، کە بووبێتە مایەی دەستخستنی زانیاریی نوێ بۆ خاوەنەکەی[2]، بێگومان ئێمەش مەبەستمان لێی هەر ئەم مانایەیە.

لە ڕاستیدا بۆچوونی جیاواز هەن سەبارەت بە یەکەم کەس کە ئەم چەمکەی بەکار هێناوە[3]، بەڵام زۆرینەی بۆچوونەکان پێیان وایە کە فەیلەسووف یۆنانی فیساگۆرس[4] یەکەم کەس بووە ئەم وشەیەی بەکار هێناوە، ئەمەش ئەو کاتە بووە

---

(١) بڕوانە: المعجم الفلسفي: دکتۆر جمیل صلیبیا: (١٦٠/٢). المعجم الفلسفي: دکتۆر إبراهیم مدکور: (١٣٨). المعجم الفلسفي: مراد وهبة: (٤٦٨). المعجم الفلسفي: دکتۆر مصطفی حسیبة: (٤٦٨).

(٢) بڕوانە: مشکلة الفلسفة: دکتۆر زکریا إبراهیم: (٢٨).

(٣) بڕوانە: مبادئ الفلسفة: رابوبرت: (١٨). في دلالة الفلسفة وسؤال النشأة: دکتۆر الطیب بوعزة: (٤٣).

(٤) فیساگۆرس Pythagoras: فەیلەسووفێکی یۆنانییە، لەنێوان سالآنی (٥٨٠ــ٥٧٠پ.ز.) لەدایک بووە. سەرکردە و دامەزرێنەری ڕەوت و قوتابخانەی فیساگۆرییەکانە، بڕوای وا بووە ڕۆح نەمرە و

بووه که قوتابییهکانی سیفهتی دانا (الحکیم)یان داوهته پاڵی، بهڵام ئهو ڕهتی کردووهتهوه که ئهو سیفهته بۆ خۆی بهکار بهێنێت، بهڵکو گوتوویهتی ئهم سیفهته (الحکیم) تهنها بۆ خودا بهکار دێت، بۆیه من حهکیم نیم، بهڵکو (فهیلهسووف)م، واته حیکمهت و داناییم خۆش دهوێت [1].

ههرچی تایبهته بهم چهمکه له زمانی عهرهبیدا، زانایان وشهی دانایی (الحکمة)یان به ههمان واتای فهلسهفه بهکار هێناوه، بۆیه لهبری فهلسهفه، وتوویانه (الحکمة)، لهبری فهیلهسووف، وتوویانه (الحکیم)، لهبری زانسته فهلسهفییهکان، وتوویانه (العلوم الحکمية) [2].

وا پێدهچێت بیرمهنده ئیسلامییهکان ئهم چهمکهیان له قورئانی پیرۆز وهرگرتبێت، چونکه قورئانی پیرۆز ئهم چهمکهی بۆ پرسه ههزرییهکان بهکار هێناوه، ئهوهتا دهفهرمووێت: ﴿يُؤْتِي ٱلْحِكْمَةَ مَن يَشَآءُ وَمَن يُؤْتَ ٱلْحِكْمَةَ فَقَدْ أُوتِيَ خَيْرًا كَثِيرًا﴾ [3].

واته: "ئهو زاته به ههر کهسێک بیهوێت و شایسته بێت، حیکمهت و دانایی پێ دهبهخشێت و ههر کهس حیکمهتی پێ ببهخشرێت، ئهوا بێگومان خێرێکی زۆری پێ دراوه ."

جیهان له (ئاگر و خۆڵ و ههوا و ئاو) دروست بووه. بڕوانه: مشاهیر الفلاسفة من طالیس إلی دیکارت: دیوجین لایرتیوس: (٧٤). معجم الفلاسفة: جۆرج طرابیشي: (٤٨٠).

(١) بڕوانه: موسوعة لالاند الفلسفیة: ئهندریه لالاند: (٩٧٧/٢). مشکلة الفلسفة: دکتۆر زکریا إبراهیم: (٢٨).

(٢) بڕوانه: تمهید لتاریخ الفلسفة الإسلامیة: دکتۆر مصطفی عبدالرازق: (٧١).

(٣) سوورهتی (البقرة)، ئایهتی: (٢٦٩).

چوارەم: پێناسەی چەمکی فەلسەفە لە رووی زاراوەییەوە

چەمکی فەلسەفەش هاوشانی چەمکی ئایین، لە رووی زاراوەییەوە چەندین پێناسەی جیاجیای بۆ کراوە، ئەمەش دوو هۆکاری گرنگی هەیە:

١- پەیوەندیی بە جیاوازیی بۆچوونی رەوت و رێباز و قوتابخانە فەلسەفییەکانەوە هەیە، بە جۆرێک کە هەر فەیلەسووف و بیرمەندێک هەوڵی داوە ئەم چەمکە بە شێوازێک بخاتە روو، کە خزمەت بە ئایدیا و بۆچوونی خۆی بکات، ئەم هۆکارەش وای کردووە قوتابخانە و فەیلەسووفەکان پێناسەی بەرامبەرەکانی خۆیان قبووڵ نەکەن[1].

٢- پەیوەندیی بەو ئەرك و رۆڵە هەیە کە چەمکی فەلسەفە لە سەردەمە جیاوازەکانیدا بینیویەتی، بە جۆرێک کە فەلسەفە لە هەر سات و سەردەمێکدا رۆڵێکی جیاواز و تایبەتی بینیوە، ئەمەش وای کردووە پێناسە و بۆچوونی جیاجیای بۆ بخرێنە روو، کە لەگەڵ سەردەمەکە و ئەو رۆڵەیدا بگونجێت کە گێراویەتی[2].

سەرەڕای پێناسە و بۆچوونە جیاوازەکان سەبارەت بە چەمکی فەلسەفە، دەتوانین بڵێین زۆرینەی راکان بە ئاقاری بەکارهێنانی عەقڵ دەرۆن، بە مەبەستی گەیشتن بە حەقیقەت و ناوەرۆکی شتەکان، بۆ نموونە:

فەیلەسووف بەناوبانگی یۆنانی (ئەرستۆ)[3]، لە پێناسەی فەلسەفەدا دەڵێت: "فەلسەفە بریتییە لە زانستبوون بە شتە هەبووەکان (موجودات)، وەك ئەوەی کە هەن"[1].

---

(١) بروانە: الفلسفة لمن یرید: دکتۆر نبیل عبدالحمید عبدالجبار: (١١).

(٢) بروانە: المدخل إلى معاني الفلسفة: دکتۆر عرفان عبدالحمید: (١٨). الفلسفة لمن یرید: دکتۆر نبیل عبدالحمید عبدالجبار: (١١-١٢).

(٣) ئەرستۆ تاڵیس Aristo tales: فەیلەسووفێکی یۆنانییە، ساڵی (٣٨٤پ.ز.) لەدایک بووە و ساڵی (٣٢٢پ.ز.) کۆچی دواییی کردووە. قوتابی ئەفلاتوون بووە، ئەرستۆ و ئەفلاتوون و سوقرات، سێ

١٩

بێگومان مەبەستی ئەرستۆ، ئاشنابوونی مرۆڤە بە حەقیقەت و ناوەرۆکی شتەکان بەو جۆرەی کە هەن، بەدەر لە تیشک خستنەسەر هیچ تایبەتمەندی و لایەنێکی دیاریکراویان.

بە هەمان شێوە، فەیلەسووف ناوداری ئیسلامیش (ئیبنو سینا)[2] دەڵێت: "فەلسەفە بریتییە لە راوەستان لەسەر کاکڵ و حەقیقەتی هەموو شتەکان، بەپێی ئەو توانایەی کە مرۆڤ هەیەتی بۆ هەڵوەستەکردن و لەسەروەستان[3]".

بۆیە بە شێوەیەکی گشتی دەتوانین بڵێین، فەلسەفە بریتییە لە توێژینەوە و بەکارهێنانی عەقڵ بە مەبەستی گەیشتن بە راستی و حەقیقەت و کرۆکی شتەکان.

گەورەترین فەیلەسووف یۆنانییەکانن. بەشێک لە بەرهەمەکانی: (المقولات، ما بعد الطبیعة، السیاسة)، بروانه: مشاهیر الفلاسفة من طالیس إلی دیکارت: دیوجین لایرتیوس: (۱۳۸). معجم الفلاسفة: جۆرج طرابیشی: (۵۲).

(۱) الجمع بین رأیی الحکیمین: فارابی: (۲۸).

(۲) ئیبنو سینا: ناوی حوسەینی کوری عەبدوڵڵای کوری حەسەنی کوری عەلی کوری سینایە، لە زانستی پزیشکی و فەلسەفیدا دەستی باڵای هەبووە، ساڵی (۳۷۰ک.) لە گوندی (ئەفشنه) لەدایک بووه، ساڵی (۴۲۸ک.) لە هەمەدان کۆچی دواییی کردووه. بە (شەیخول رەئیس/الشیخ الرئیس) ناوبانگی دەرکردووه، رۆئاواییەکان پێی دەڵێن: (ئەمیری پزیشکەکان و باوکی پزیشکی نوێ). بەشێک لە بەرهەمەکانی: (الإشارات والتنبیهات، الشفاء، النجاة، القانون فی الطب)، بروانه: سیر أعلام النبلاء: الذهبی: (۵۳۱/۱۷). الأعلام: الزرکلی: (۲۴۱/۲). معجم الفلاسفة: جۆرج طرابیشی: (۲۶).

(۳) کتاب الشفاء: ئیبن سینا: (۱۲).

پێنجەم: خاڵە هاوبەشەکانی نێوان ئایین و فەلسەفە

چەمکی ئایین و فەلسەفە وێڕای بوونی جیاوازییەکی ئێجگار زۆر لەنێوانیاندا –
کە لە خاڵی شەشەمدا تیشکیان دەخەینە سەر– بەڵام لە چەندین خاڵی گرنگ و
سەرەکیدا هاوڕان، کە ئێمە بەکورتی تیشك دەخەینە سەر سێ خاڵ:

١– گرنگیدان بە خوای گەورە (الاهتمام بالمطلق اللامتناهي)

یەکەم کاری ئایین و فەلسەفە، بریتییە لە هەوڵدان و کۆششکردن بە مەبەستی
ناسینی خوای بالادەست و بەدیهێنەری گەردوون. ئەوەتا قورئانی پیرۆز ئەوەمان
نیشان دەدات کە کار و پیشەی سەرەکیی پەیامبەرانی خودا، بریتییە لە
ڕێنموونیکردنی خەڵك و بانگهێشتکردنیان بۆ ناسین و پەرستشی خودای تاقانە و
دوورکەوتنەوە لە شیرك و هاوەڵدانان بۆ خودای گەورە، وەك دەفەرموێت:

﴿ وَلَقَدۡ بَعَثۡنَا فِى كُلِّ أُمَّةٍ رَّسُولًا أَنِ ٱعۡبُدُوا۟ ٱللَّهَ وَٱجۡتَنِبُوا۟ ٱلطَّٰغُوتَۖ ﴾ [١].

واتە: "بێگومان ئێمە لەنێو هەموو گەل و نەتەوەیەکدا پەیامبەرمان ڕەوانە
کردووە، تا فەرمان بە خەڵکی بکەن پەرستش و بەندایەتیی خودا بکەن و لە
تاغووت و ملهوڕان خۆیان بەدوور بگرن."

هەرچی فەلسەفە و عەقڵی مرۆڤایەتییە، لە ڕاستیدا زۆرترین هەوڵ و
کۆششەکانی چڕ بووەتەوە لە مەسەلەی ناسین و سەلماندنی بەدیهێنەری گەردوون
و لێکۆڵینەوە دەربارەی خودا و مەسەلە پەنهان (غەیبی)یەکان، کە لە فەلسەفەدا
ئەم بابەتانە لەژێر ناونیشانی میتافیزیقا (Metaphysics) خراونەتە ڕوو.

---

(١) سوورەتی (النحل)، ئایەتی: (٣٦).

فەیلەسووف بەناوبانگی ئەڵمانی (هیگڵ^(١))، لەم بارەوە ئاماژە بۆ خاڵی هاوبەشی نێوان ئایین و فەلسەفە دەکات و دەڵێت: "ئایین و فەلسەفە لە ڕووی گرنگیدان و لێکۆڵینەوە دەربارەی حەق (اللە)، هاوبەشن^(٢) ".

٢– سەنتەرووبوونی مرۆڤ

ئایین و فەلسەفە لەوەدا کۆک و هاوڕان، کە کۆی بنەما و پرەنسیپەکانیان لەپێناو بەختەوەری و سەرفرازیی مرۆڤە لە ڕووە مەعریفی و ڕۆحی و ماددییەکانەوە، هەردووکیان نۆرترین هەوڵیان لەپێناو چارەسەرکردنی پرسە گرنگ و چارەنووسسازەکانی مرۆڤە. ئیبنو حەزمی^(٣) ئەندەلووسی دەفەرمووێت: "لە ڕاستیدا کرۆکی فەلسەفە، مانا و بەروبوومەکەی و ئامانج و مەبەست لە فێربوون و بەرجەستەکردنی، بریتییە لە باشکردن و چاکسازیکردنی دەروونی مرۆڤ، بە شێوەیەک کە وا لە دەروونی مرۆڤ دەکات لە دونیادا چاکە و ڕەوشتی باش ئەنجام

---

(١) هیگڵ Hegel: فەیلەسووفێکی ئەڵمانییە، ساڵی (١٧٧٠ز.) لە شتوتگارت لەدایک بووە، ساڵی (١٨٣١ز.) بە نەخۆشیی کۆلێرا لە بەرلین کۆچی دوایی کردووە. یەکێک لە کاریگەرترین فەیلەسووفەکانی فەلسەفەی نوێ، میتۆدی فەلسەفەکەی بریتییە لە دیالەکتیک کە زۆرێک لە فەیلەسووفەکانی دوای خۆی ئەم میتۆدەیان هەڵبژاردووە و گرنگیان پێی داوە. بەشێک لە بەرهەمەکانی: (محاضرات في فلسفة التاريخ، محاضرات في فلسفة الدين، فينومينولوجيا الروح)، بڕوانە: معجم الفلاسفة: جۆرج طرببيشي: (٧٢٢).

(٢) بڕوانە: محاضرات في تاريخ الفلسفة: هيگل: (١٤٧).

(٣) ئیبنو حەزم: ناوی موحەممەدی کوڕی عەلی کوڕی ئەحمەدی کوڕی سەعیدی کوڕی حەزمی زاهیری ئەندەلووسییە، ساڵی (٣٨٤ک.) لەدایک بووە و ساڵی (٤٥٦ک.) کۆچی دوایی کردووە. سەرەتا لەسەر مەزهەبی ئیمامی شافیعی بووە، بەڵام دواتر مەزهەبێکی تایبەت بە خۆی دانا کە پێی دەوترێت (مەزهەبی زاهیری)، کە پشت بە زاهیریی دەق دەبەستێت لە قورئان و فەرموودەدا. گرنگترین بەرهەمەکانی بریتین لە: (المحلى، الإحكام في أصول الأحكام، الفصل في الملل والأهواء والنحل)، بڕوانە: سير أعلام النبلاء: الذهبي: (١٨٤/١٨). الأعلام: الزركلي: (٢٥٤/٤).

بدات، که دەبێتە هۆی سەر فرازی لە دواڕۆژدا، ئەمەش ڕێك مەبەست و ئامانجی ئاین و شەریعەتی خودایە [1].

هەر بۆیە لە ئاین و فەلسەفەدا، هەرگیز دەقێك نادۆزیتەوە کە بە شێوەیەك لە شێوەکان پەیوەندیی ڕاستەوخۆ یان ناڕاستەوخۆی بە خودی مرۆڤ یان بە دۆز و پرسە مرۆڤایەتییەکانەوە نەبێت، ئەمەش بۆ ئەوە دەگەڕێتەوە کە لە بنەڕەتدا مرۆڤ سەنتەری دەق و تێکستەکانی ئاین و فەلسەفەیە و جێی بایەخ و گرنگیپێدانی ڕاستەقینەی ئەو دووانەیە.

٣- گرنگیدان بە عەقڵ

بێگومان داکۆکیکردن لە گرنگیی عەقڵ و پشتبەستن بە یاسا و ڕێسا عەقڵییەکان، خاڵێکی هەرە گرنگە کە ئاین و فەلسەفە بەیەکەوە دەبەستێتەوە. شاراوە نییە کە فەلسەفە لە بنەڕەتدا لەسەر بنەمای عەقڵ و لۆژیکی مرۆڤ هاتووەتە کایەوە و زۆرترین هەوڵی بریتییە لە سەڵماندنی پرسە گشتییەکانی مرۆڤ بە دید و بۆچوونێکی عەقڵییانە، ئاینیش ویڕای ئەوەی کە پشتی بە سرووش بەستووە–وەك لە بەشەکانی داهاتوودا ئاماژەی پێ دەدەین– گرنگیی تەواو بە عەقڵ دەدات و کردوویەتیە مەرجی بەرپرسیارێتی (تەکلیف) لەسەر باوەڕداران، هەر بۆیە دەگوترێت عەقڵ لە ئاییندا مەرجی بەرپرسیارێتییە (العقل مناط التکلیف) [2])، لە یاسا و ڕێساکانی فەلسەفەشدا، تاکە بنەما و سەرچاوەی ڕاستەقینەیە [3].

<hr>

(١) بڕوانە: الفصل فی الملل والأهواء والنحل: ابن حزم: (١٧١/١).

(٢) بڕوانە: المستصفی فی علم الأصول: غەزالی: (٤١٥).

(٣) بڕوانە: تمهید للفلسفة: دکتۆر محمود حمدی زقزوق: (٨٠).

سەرەتا پێویستە بزانین کە هەبوونی جیاوازی لەنێوان ئایین و فەلسەفەدا بە
مانای ناکۆکی و دژایەتیی نێوان ئەم دووانە نایەت، بەڵکو مەبەست لە جیاوازیی
نێوانیان ئاماژەدانە بە تایبەتمەندیی هەریەکێکیان کە لەوەی تردا بوونی نییە.
بێگومان چەندین تایبەتمەندی هەن ئایین و فەلسەفە لە یەکتر جیا دەکەنەوە، کە
ئێمە بەکورتی ئاماژە بە هەندێکیان دەدەین:

١- لە ڕووی سەرچاوەوە (من حیث المصدر)

بێگومان ئایینە ئاسمانییەکان سەرچاوەکەیان دەگەڕێتەوە بۆ خودای گەورە،
بەڵام هەرچی فەلسەفەیە، بریتییە لە هەوڵ و کۆششی مرۆڤەکان خۆیان[1]. هەڵبەتە
ئەمە ئەوە ناگەیەنێت کە هەموو ئایینەکان خودا ڕەوانەی کردوون و میتۆدێکی
ئاسمانییان هەیە، بەڵکو چەندین ئایین و بیروباوەڕی ترمان هەن کە لە داهێنان و
دەستکردی مرۆڤەکان خۆیانن، وەک (کۆنفۆشیۆس و بودا)، بەڵام بە شێوەیەکی
گشتی ئەوەی تێبینی دەکرێت ئەوەیە، کە زۆرترین جار ئایینەکان پاڵ دەدرێنە لای
خودا، بەپێچەوانەی فەلسەفە کە تەنها پاڵ دەدرێتە لای مرۆڤەکان.

٢- لە ڕووی ناوەرۆکەوە (من حیث المحتوی)

هەرچەندە ئایین و فەلسەفە لەوەدا یەک دەگرنەوە کە هەردووکیان گرنگی بە
خودا و مرۆڤ و عەقڵ دەدەن، بەڵام چەندین بابەت لە ئاییندا بوونیان هەیە، کە لە
فەلسەفەدا بەدی ناکرێن، کە ئەمەش خاڵێکی گرنگی جیاوازیی نێوان ئەم دووانەیە،

---

(١) بڕوانە: الدین بحوث ممهدة لدراسة تاریخ الأدیان: دکتۆر محمد عەبدوڵا دەراز: (٧١).

وەك ئەو بابەتانەی پەیوەندییان بە پەرستش و یاسای باری کەسێتی و کڕین و
فرۆشتنەوە هەیە. لەبەرامبەردا، فەلسەفە چەندین بابەتی دەربارەی ئەپستمۆلۆژیا
و تیۆری مەعریفە لەخۆ گرتووە، کە بە هیچ جۆرێک ئایین بەم شێوازە تیشکی
نەخستووەتە سەریان[1].

٣- لە ڕووی ئامرازەوە (من حیث الوسیلة)

ئایین دوو ئامراز بەکار دەهێنێت بۆ بەرجەستەکردن و سەلماندنی بنەما و
پرەنسیپەکانی خۆی، یەکەمیان: سرووش (وەحی)، دووەمیان: عەقڵ، بەڵام
فەلسەفە تەنها پشت بە عەقڵ دەبەستێت، کاتێک دەیەوێت بابەتێک یان پرسێک
بخاتە ڕوو یان بیسەلمێنێت[2].

بێگومان ئەم خاڵەش ئەوە دەردەخات کە ئایین گشتگیرترە لە فەلسەفە،
چونکە ئایین وێڕای پشتبەستن بە عەقڵ و لۆژیکی مرۆڤەکان، پشت بە وەحی و
سرووشی خودایییش دەبەستێت، ئەمەش کامڵی و گەورەیی ئایین نیشان دەدات
لەهەمبەر فەلسەفەی مرۆڤایەتیدا.

٤- لە ڕووی جێگیری و نەگۆڕییەوە (من حيث الثبات وعدم التغير)

بنەما و پرەنسیپە ئایینییەکان بە شێوەیەکی گشتی بەسەر دوو بازنەدا دابەش
بوون، **یەکەمیان:** هیچ کات گۆڕانکاری بەسەردا نایەت، **دووەمیان:** بەپێی کات و
شوێن و سەردەم گۆڕانکارییی بەسەردا دێت. ڕوونتر بڵێین، لە ئاییندا هەندێک بڕیار
و پرس و بابەت هەن، چەسپاو و نەگۆڕ (ثابت)ن، وەك ئەو بابەتانەی کە
پەیوەندییان بە بیروباوەڕ و پەرستشەکانەوە هەیە، لەبەرامبەردا کۆمەڵێک بابەت

---

(١) بڕوانە: فلسفة الدين في الفكر الغربي: دكتۆر إحسان علي حيدري: (١١٦).

(٢) بڕوانە: تاریخ الفلسفة الإسلامية في المشرق: دكتۆر محمد إبراهيم الفيومي: (٣٣٥).

هەن کە چەسپاو نین، بەڵکو ڕێژەیین و بەپێی بارودۆخ گۆڕانکارییان بەسەردا دێت و گۆڕاو (متغیر)ن، وەک زۆرێک لە ڕاوبۆچوونە جیاوازەکانی نێو قوتابخانە فیقهی و ئوسوڵی و بیروباوەڕییەکانی ئاینی پیرۆزی ئیسلام.

هەرچی فەلسەفەیە، لە ڕاستیدا هیچ کات بنەما و پرەنسیپەکانی نەگۆڕ و چەسپاو نین، چونکە لە بنەڕەتدا فەلسەفە پشت بە عەقڵ دەبەستێت، عەقڵی مرۆڤیش سنوورێکی دیاریکراوی نییە، بۆیە دەکرێت ئەوەی ئەمڕۆ فەلسەفە و عەقڵی مرۆڤایەتی وەک حەقیقەت و پرسێکی نەگۆڕ دەیخاتە ڕوو، لە داهاتوودا عەقڵ ڕەتی بکاتەوە و پرسێکی تر بخاتە شوێنی، بێگومان لە مێژووی هزر و فەلسەفەی مرۆڤایەتیشدا، چەندین نموونەی لەم جۆرە بەدی دەکرێن.

بێگومان ئاینیش لەو بازنەیەدا کە بڕیارەکانی نەگۆڕ و چەسپاو نین، هاوشانی فەلسەفە قابیلی گۆڕان و نوێگەرییە، بەڵام لە بازنەی نەگۆڕدا هیچ کات قابیلی نوێگەری نییە، چونکە مرۆڤەکان توانای ئیجتیهاد و ڕادەربڕینیان تیادا نییە.

٥- لە ڕووی بیروباوەڕەوە (من حیث العقیدة)

بێگومان ئاین وەک بیروباوەڕ و ئایدۆلۆژیا هەژمار دەکرێت، بەپێچەوانەی فەلسەفە کە تەنها غەریزەیەکی مرۆڤایەتییە و هیچ کات وەک ئاین و ئایدۆلۆژیا خۆی بەرجەستە ناکات[1].

٦- لە ڕووی مەبەستەوە (من حیث الغایة)

ئاین لە دووتوێی دەق و تێکست و بنەماکانیدا، دەیەوێت بەختەوەری و ئارامی بە دڵ و دەروونی مرۆڤایەتی ببەخشێت، ئەمەش لە دەرئەنجامی پابەندکردنی بە

---

(١) بڕوانە: مدخل إلى الفلسفة: دکتۆر موحەمەد موحەمەد قاسم: (٦٥).

كۆمەڵێك پەرستش و دروشمی ئایینی. هەرچی فەلسەفەیە، دەیەوێت مرۆڤ لە ڕووی زانست و مەعریفەوە تێر بكات[1].

بێگومان ئەم خاڵە ئەوە ناگەیەنێت كە ئایین مەعریفەی تێدا نییە و فەلسەفەش ئارامیی دڵ و دەروونی تێدا نییە، بەڵكو ئایین لە پەراوێزی خستنەڕووی پەیامەكانی خۆیدا زانست و مەعریفەی زۆری بۆ مرۆڤایەتی هەڵگرتووە، فەلسەفەش لە ڕێگەی بەخشینی زانیارییەكانی، ئاسوودەییەكی تەواو بە دڵ و دەروونی مرۆڤایەتی دەبەخشێت.

٧– لە ڕووی دەستپێكەوە (من حيث المنطلق)

ئایین لە حەقیقەتەوە دەست پێ دەكات، بەڵام فەلسەفە لە گومانەوە، بەو مانایەی لە ئاییندا مرۆڤ سەرەتا بڕوای بە پرسێكی دیاركراو هەیە، ئینجا هەوڵ دەدات بەڵگە بۆ ڕاستیی ئەو شتە بهێنێتەوە. بەڵام فەلسەفە بەپێچەوانەوە، هەموو شتێك لە سەرەتادا وەك گومان سەیر دەكات، ئینجا دواتر هەوڵ دەدات لە ڕێگەی خستنەڕووی بەڵگەی لۆژیكی و عەقڵی بڕوا بەو شتە بكات. بۆ نموونە: سەلماندنی بوونی خوای گەورە، لە ئاییندا تاكی بڕوادار هەر لە سەرەتادا بڕوای بە بوونی خودا هەیە، ئینجا دواتر بەڵگە دێنێتەوە بۆ سەلماندنی بوونی خودا. هەرچی فەلسەفەیە، لە سەرەتادا گومانی لە هەبوونی خودا هەیە، دواتر لە ڕێگەی بەڵگەی عەقڵی ئەو گومانەی لا دەبات و بوونی خودای گەورە دەسەلمێنێت.

ئەوەی لەم بەشەدا باسمان كرد، دەروازەیەكی كورت بوو بە مەبەستی ئاشنابوونی خوێنەر بە چەمكی ئایین و فەلسەفە، كە لەم بەرهەمەدا چەندین جار دووبارە دەبنەوە.

---

(١) بڕوانه: الفلسفة أنواعها ومشكلاتها: هنتر ميد: (٣٩).

به‌شی دووه‌م
دوژمنی ڕاسته‌قینه‌ی فه‌لسه‌فه‌ و ئایین

غیابی ئایین یان عه‌قلّ، واته له‌دایکبوونی مرۆڤێکی ناکام. غیابی هه‌ردووکیان، واته له‌دایکبوونی مرۆڤێکی مردوو، کۆبوونه‌وه‌ی هه‌ردووکیان به‌یه‌که‌وه، واته هاتنه‌دونیا و به‌رجه‌سته‌بوونی تاکێکی فه‌لسه‌فی و تاکێکی ئایینی که له دیدی فه‌لسه‌فه‌دا به مرۆڤی کامڵ (الإنسان الکامل) و له دیدی ئایینداً به بڕواداری ڕاسته‌قینه (المؤمن الحق)، گوزارشتی لێ ده‌کرێت.

مرۆڤ كائینێكی دوو ڕەهەندییە، ڕەهەندێك پەیوەندیی بە دیوی ئایدۆلۆژیا و
بیروباوەڕ و نەستی (لاشعور)یەوە هەیە، ئەوەی تریان پەیوەندیی بە دیوی هزر و
ئەندێشه و هەستی (شعور)یەوە هەیە، بە واتای ئەوەی بەشێك لە فاكت و
حەقائیقەكانی ژیانی مرۆڤ پەیوەستە بەو ئایدۆلۆژیا و بیروباوەڕانەی كە لە نەست و
لاشعوری خۆیدا بۆی پەیدا دەبن، بەبێ ئەوەی كەسایەتیی خۆی ڕۆڵی تێدا هەبێت،
لەبەرامبەردا بەشێكیان پەیوەندیی بە هەستوسۆز و ئەندێشەی خودی مرۆڤ خۆی
هەیە و توانا و ویستی تاك ڕۆڵی بەرچاوی لە بەرجەستەكردنیاندا هەیە.

بێگومان ئایین لە بنەڕەتدا ڕۆڵی تێركردن و كاملكردنی ڕەهەنده ئایدۆلۆژییەكە
دەبینێت (ئەمە وێڕای ئەوەی كە ئامرازێكی سەرەكیی كاملكردنی ڕەهەنده
هزرییەكەشه). عەقڵ و فەلسەفەش ئەركیان كاملكردن و لێوانلێوكردنی ڕەهەنده
هزری و ئەندێشەییەكەیە، ئەمە وێڕای ئەوەی كە كاریگەریی بەرچاوی هەیە لە
چەسپاندن و ڕاگیركردنی دیوەكەی تری مرۆڤ.

لەباربردنی هەر ڕەهەندێكیش، زیان بە بەردەوامی و بوون (وجود)ی مرۆڤ
دەگەیەنێت و جاویدانی مرۆڤایەتی لەنگ دەكات، چونكە جەوهەر و ڕەسەنایەتی و
شووناسی مرۆڤبوون وابەستەی ئەم دوو ڕەهەندەیە بەیەكەوە.

چیرۆك و پەیوەندیی ئەم دوو چەمكه -ئایین و عەقڵ- لەگەڵ مرۆڤدا بە جۆرێك
لە جۆرەكان لە سەرگوزەشته و چیرۆكی كوڕەكانی ئادەم ﷺ دەچێت. هابیل
بەردەوامبوونی خۆی و ئاسوودەییی قابیلی گەرەكه، بەڵام قابیل هەوڵ دەدات بوون
و ماهیەتی هابیل لەسەر زەوی نەهێڵێت، سەرئەنجام خۆی تووشی خەمۆكی و
سزای پەروەڕێن دەكات، بوون و ژیانی مرۆڤێكیش ڕەش دەكاتەوە.

لە ڕاستیدا مرۆڤ كارەكتەرێكی هاوشێوەی قابیلی هەیە و ئایین و عەقڵیش
بەیەكەوە ڕۆڵی كارەكتەری هابیل بەرجەستە دەكەن.

مرۆڤ تەنها گەرەکیەتی پارێزگاری لە بوونی خۆی بکات، ئەگەر بوونێکی ناکامیش بێت و لەسەر ئەستۆی ئەو پێکهاتە و ئامرازانە بێت کە بەشێک لە بوونی ئەو پێک دەهێنن، ئایین و عەقڵیش لەپاڵ جاویدان و نەمریی خۆیان، هەوڵ دەدەن ببنە سەرچەشمە و ئالیەتی زیندەگی بۆ ڕەچەتەی مرۆڤایەتی.

مرۆڤ لەپێناو بەرژەوەندییەکانی خۆی دەست بۆ ماهیەت و کرۆکی ئایین و عەقڵ دەبات، لە کاتێکدا تاکە خواست و خولیای ئەو دووانە جاویدانی و ئاسوودەییدانە بە مرۆڤ.

هاوکێشەیەکی تەواو پێچەوانە لە دیدگای مرۆڤ و ئایین و عەقڵدا بەدی دەکرێت، مرۆڤ تێڕوانینێکی دیاریکراو (مشخص) و زاتیی هەیە، ئایین و عەقڵیش بۆچوونێکی غەیریەت و ناخودبوون (لا الأنا)یان هەیە.

ئایین و عەقڵ لە ڕێگەی بوون و بەرجەستەکردنی پەیام و بەهاکانیانەوە، بوون و جاویدانی مرۆڤایەتییان دەوێت و لە هەر ئەگەرێکدا کە بوونی مرۆڤ بکەوێتە مەترسی، ئەوان هەڵوەستە دەکەن، بەو مانایەی بوونیان لەپێناو وجودی مرۆڤە. هەرچی مرۆڤە، دەیەوێت بوونی خۆی بهێڵێتەوە بەبێ گوێدان بەو قوربانییانەی کە دەبنە فاکتەری مانەوەی ئەو لە ژیاندا، بەو پێیەش بێت مرۆڤ ئایین و عەقڵ وەک ئامرازێک بۆ مانەوەی خۆی بەکار دەهێنێت، هەر کاتێکیش ئەو دووانە بەربەست بن لەبەردەم بوون و بەرژەوەندییەکانی ئەو، بە هیچ جۆرێک سڵ ناکاتەوە لەوەی بەرەنگاریان ببێتەوە و هەوڵی کوشتنیان بدات.

دەشێ مرۆڤ لەپێناو مانەوەی خۆیدا، هاوکێشەی میکاڤیلی[1] بەرجەستە بکات (مەبەست پاساوی ئامراز دەدات/الغایة تبرر الوسیلة)، کە خولیای هەبوون و

---

(١) میکاڤیلی Machiavelli: سیاسەتمەدار و فەیلەسووفێکی ئیتالییە، ساڵی (١٤٦٩ز.) لەدایک بووە و ساڵی (١٥٢٧ز.) کۆچی دواییی کردووە. تیۆری میکاڤیلی لە سیاسەتدا، بۆ ئەم زانایە دەگەڕێتەوە. بڕوانە: معجم أعلام المورد: منیر البعلبکی: (٤٣١).

ڕەسەنایەتیی خۆی وا دەکات هەموو چەمکێک بە ئاین و عەقڵیشەوە بکاتە شیرینی ئەو خولیایە .

بێگومان فەلسەفە و ئاین دوو چەمکن، بە درێژاییی مێژوو بوونەتە گۆچانی دەستی دوو مرۆڤی جیاواز:

یەکەمیان: هێندە کەنەفت و پەککەوتەیە کە ئیدی توانای نەماوە چیتر بەکاریان بهێنێت و پشتیان پێ ببەستێت، بۆیە تووشی ڕزین بوون و خەریکە مۆرانە لێیان دەدات.

ئەوەی تریان: هێندە منداڵ و کەمتەمەنە نازانێت چۆن چۆنی بەکاریان بهێنێت و سوودیان لێ ببینێت، بۆیە خەریکە تووشی شکان و لەناوچوونیان دەکاتەوە.

لە هەردوو باریشدا، تەنها ئاین و فەلسەفە بوونەتە قوربانی، چونکە لە ئەگەری یەکەمدا گومان دەکرێت ئیدی ئاین و مەعریفە وەلا بنرێن و چیتر نەبنە مژار و باسی لەپێشینەی مرۆڤایەتی، بەڵکو تەنها وەک قۆناغێکی کلاسیکی و کۆنی مێژووی مرۆڤایەتی هەژمار بکرێن.

لە ئەگەری دووەمیشدا، ئەگەرچی جێی بایەخی مرۆڤایەتی دەبن، بەڵام بەرجەستەکردنێکی خراپ و پیادەکردنێکی ناسروشتی و نالۆژیکی شووناس و مێژووی ئەم دووانە لەکەدار دەکات.

لە واقیعدا، ئەستەمە مرۆڤ توانای هەبێت ئایدۆلۆژیا و هزری مرۆڤایەتی یان ئاین و لۆژیک لەناو ببات، چونکە ئەم دووانە سیفەتی نەمری (خلود)یان هەیە، بۆیە تەنها مەرجی مردنی ئاین و هزرە مرۆڤایەتییەکان، لەدایکنەبوونیانە. لە ئەگەری دیارکەوتنیان، سەرمەدیەت و جاویدان دەبێتە شووناس و میدالیای هەمیشەییان.

ئەوەی دەشێت بەرامبەریان ڕوو بدات، تەنها گۆڕان و وەرچەرخانیانە لە بارێکەوە بۆ بارێکی تر، دەشێت لە ڕێگەی گۆڕینی فۆرم و میکانیزمی

خۆبەرجەستەكردنیان ئەم سیفەتی نەمرییە نیشان بدەن، دەشگونجێت هەمان فۆرم و پرەنسیپ و بنەماكانی خۆیان لەژێر سیما و ناوێكی تردا بخەنە ڕوو.

لە ڕاستیدا ئەم جۆرە لە وەرچەرخان و خۆنیشاندانی بیرو باوەڕەكان ئایینی بن یان هزری و فەلسەفی، لە دیدی گۆستاڤ لۆبۆندا[1] بە مردن هەژمار دەكرێت، واتە ئەو بۆچوونی وایە كە بیروباوەڕ و هزرەكان نامرن، تەنها شێوازی بەرجەستەكردن و خۆنیشاندان و ناویان دەگۆڕێت، ئەم گۆڕانەشیان خودی مردنیانە[2].

بەڵام ئێمە ئەو كردارەی ئایین و هزرەكان ناو دەنێین: (بوونی سێبەری)، كە تیایدا ئایین و فەلسەفە بوونێكی هەقیقی و چەسپاویان نابێت، بەڵام ناشمرن، بەڵكو لەژێر سایەی ئایین و هزری تردا بەردەوامی بە بوونی خۆیان و بنەما و پرەنسییپەكانیان دەدەن، هەڵبەتە ئەمەش لە مێژووی ئایین و فەلسەفەدا زۆر بەڕوونی بەدی دەكرێت، كە بەشێك لە ئایین و فەلسەفە مرۆڤایەتییەكان نەیانتوانیوە جاویدان و نەمری بە دەق و تێكست و بەهاكانیان ببەخشن، بەڵام لەگەڵ ئەوەشدا بە جۆرێك لە جۆرەكان لەژێر هەژموون و سێبەری ئایین و فەلسەفەی تردا ناوبەناو هەناسەی ژیانیان هەڵمژیوە.

مرۆڤ لە هەمان ئەو كاتەی داینەمۆی بووژانەوە و نەمریی ئایین و هزری مرۆڤایەتییە، بكوژی ڕاستەوخۆی ئەو دووانەشە، هەڵبەتە كوشتن بە واتای گۆڕینی فۆرمی بەردەواومییان لە بوونێكی حەقیقی بۆ بوونێكی سێبەری. بە گوزارشتێكی تر، ئایین و فەلسەفە جیاوازەكان سیفەتی سەرمەدی و نەمری لە جۆری پیادەكردن

---

(۱) گۆستاف لۆبۆن Gostave Lobone: مێژوونووسێكی فەرەنسییە، ساڵی (۱۸٤۱ز.) لەدایك بووە و ساڵی (۱۹۳۱ز.) كۆچی دواییی كردووە. گرنگییەكی زۆری داوە بە شارستانیەتەكان، بەتایبەت شارستانیەتی عەرەب و ڕۆژهەڵات. چەندین بەرهەمی هەیە لەوانە: (حضارة العرب، روح السیاسة، سیكولوجیة الجماهیر، السنن النفسیة لتطور الأمم). بڕوانە: (ویكیپیدیا wikipedia.org).

(۲) بڕوانە: الآراء والمعتقدات: گۆستاڤ لۆبۆن: (۱۹٥).

و ئەرگۆمێنتكردنی هەوادارانیان وەردەگرن، بە هەمان شێوە، رپیشالی لەناوچوون و دەستپێكی ئاوابوونیشیان لە كرداری شوێنكەوتووەكانیانەوە سەرچاوە دەگرێت.

ئایدۆلۆژیا و هزر و فەلسەفە جیاوازەكانی مێژووی مرۆڤایەتی، بەردەوامی و لەناوچوونیان وابەستەی دوو بنەما و خالی سەرەكی بووە، كە یەكێكیان پەیوەندیی بە شوونناس و سروشتی بەها و بنەماكانی خۆیانەوە هەیە، ئەوەی تریشیان پەیوەندیی بەو فۆڕم و مۆدێلەوە هەیە كە هەوادارانیان تیایدا بنەما و پرەنسیپەكانیان لە تیۆر و دەقی نووسراو دەكەنە پراكتیك و تێكستی بەرجەستەكراو.

پێویستە بنەما و پرەنسیپەكانی ئایدۆلۆژیا یان هزر و لۆژیك لە ئاستێكدا بن، كە توانای بەرجەستەكردنی خواست و داواكاریی مرۆڤەكانیان هەبێت، ئەگەر نا دەستپێكی لەدایكبوونیان بە كەمئەندامی و ناكامی دەبێت، دوا جار ناتوانن بەو چەشنە گەشە بكەن كە هەژموون و كاریگەریی خۆیان زاڵ بكەن بەسەر تاكەكانی كۆمەڵگەدا.

ئەو ئایین و فەلسەفە مرۆڤایەتییانەی بەناسروشتی لەدایك بوون، ئەگەرچی جاویدانیان دەبێت، بەڵام توانای سەركردایەتیكردن و رێبەرایەتیكردنی مرۆڤ و كۆمەڵگەیان نییە، تەنها دەتوانن لەژێر چەتری ئایین و هزری تردا بەردەوامی بە جاویدان و نەمریی خۆیان بدەن. بە گوزارشتێكی سادەتر، ئەمانە ئایین و هزری سێبەرن و خزمەتیان بۆ ئایین و هزری ترە، تەنها قازانجێك كە هەیانە، لەو رێگەوە بەردەوامی بە بوون و مانەوەی خۆیان دەدەن، ئەم جۆرە لە ئایدۆلۆژیا و هزری مرۆڤایەتییە بەردەوام تەنها لە بازنەی خود (ذات)دا دەمێنێتەوە و ناتوانێت سنووری ئەو بازنەیە ببڕێت، چونكە بە جۆرێك هاتووەتە بوون، كە نەتوانێت جگە لە خۆی ببێتە سەرچاوەی ژیان بۆ هیچ تاكێك یان چەمكێكی تر.

له ڕاستیدا بەردەوامنەبوونی ئەو جۆرە ئایین و هزرانە، پەیوەست نییە بە ئاکاری شوێنکەوتووەکانیان و فۆرمی بەرجەستەکردنیان لە کۆمەڵگەدا، چونکە ئەوانە هەر لە بنەڕەتدا نەیانتوانیوە سنووری خود ببەزێنن و کاریگەری لەسەر تاک دروست بکەن، بە هۆی تێکگیرانیان لەگەڵ خواست و بەرژەوەندییە باڵاکانی مرۆڤدا، یان بێتواناییان لەبەرامبەر دابینکردنی حەز و خواستەکانی مرۆڤدا.

بێگومان سازشنەکردن لەسەر ڕەهەندی مرۆڤایەتیبوون، هەموو ئایین و هزر و فەلسەفەیەك دەخاتە سەر سیستم و ڕێڕەوی نەمری و بەردەوامبوون. هەڵبەتە جاویدان و نەمری و بەردەوامی، جارێکی تر و لە قۆناغێکی تردا بەندە بە دید و تێڕوانین و جۆری فۆرمەڵەکردنی بنەماکانیان لەنێو کۆمەڵگە و لەسەر زەمینی واقیعدا.

ئەو ئایین و فەلسەفانەی توانیویانە سنووری خود ببەزێنن و هەژموون و کاریگەریی خۆیان بەسەر هەندێك کۆمەڵگە یان هەندێك نەتەوەدا بسەپێنن، فاکتەری بەردەوامنەبوون و لەکەداربوونیان بە هیچ جۆرێك پەیوەندیی بە سروشتی بەها و پرەنسیپە خودی (ذاتی)یەکانەوە نییە، بەڵکو ئاوابوون و کزبوونی هێز و تواناییان، پەیوەندیی بەو میکانیزم و مۆدێلانەوە هەیە کە شوێنکەوتە و هەوادارەکانیان نیشانیان داوە، یان بەرجەستەیان کردووە.

ڕەچەتەی ئایین، خواوەند بێت یان مرۆڤ ‌—وەك لە داهاتوودا باسی دەکەین— ڕیشاڵێکی مرۆڤایەتیی هەیە، مرۆڤبوون بەو واتایەی ئایینەکان لە بنەڕەتدا لەپاڵ ناساندنی پەروەردگار و بەندایەتیکردندا لەپێناو تیماری ئاریشە و وەڵامی ئەندێشە لۆژیکی و عەقڵانییەکانی مرۆڤدا سەریان هەڵداوە، ئەمە جگە لەو ئایینە مرۆڤییانەی کە لە بنەڕەتدا خواستی مرۆڤبوونیان هەبووە، بەڵام بەها و پرەنسیپە ئەنتی مرۆڤایەتییەکانیان، یان کەمتەرخەمییان لە ئاست داواکارییەکانی مرۆڤدا، بووەتە مایەی ئەوەی کە بەناسروشتی لەدایك بن و جاویدان و بەردەوامبوونیان نەبێت.

لۆژیکیترین پێیۆیش، داننانە بەوەی بەرهەمی هزر و ئەندێشەی خودی مرۆڤەکانیش لە بنەڕەتدا تەنها و تەنها تویکلێیکی مرۆڤانە و ناواخنێکی مرۆڤایەتیی هەیە، ئەمە بەدەر لەو بەرهەمە هزری و عەقلانییانەی کە تویکلێیکی مرۆڤایەتی و ناواخنێکی نامرۆڤانەیان هەیە.

ئەگەرچی بەرژەوەندیی مرۆڤ زیاتر لە ئاییندا پارێزراوە بە بەراورد لەگەڵ عەقڵ و هزر و فەلسەفەدا، بەڵام ئایین زیتر کەوتووەتە بەر ڕەخنە و توانجی مرۆڤەکان، کە بێگومان ئەمەش پەیوەندیی بە فاکتەری زەمەن و مانەوە و ڕێژەی زۆری تاکی بڕوادارەوە هەیە.

لە بەرامبەردا، هزر و فەلسەفە لە ئایین سادەترن لە ڕەهەندە مەعریفی و کرداریییەکەوە، بەڵام زیتر تووشی فەرامۆشکردن و وەلانان دەبنەوە، کە بێگومان ئەمەشیان پەیوەستە بە زاڵبوونی هێزی دڵ کە پەیوەندیی بە ئیمانەوە هەیە، بەسەر هێزی عەقڵ کە پەیوەندیی بە زانستەوە هەیە.

لێرەدا پرسیارێکی لۆژیکی و مێژوویی هەیە بەرەوڕوومان دەبێتەوە و پێویستە بەووردی وەڵام بدرێتەوە، ئەویش ئەوەیە: ئایا ئایین و فەلسەفە دژی مرۆڤن، یان مرۆڤ دژی ئایین و فەلسەفەیە؟ بە گوزارشتێکی تر، ئایا مرۆڤ بووەتە هۆی ئازاردانی ئایین و عەقڵ، یان ئایین و عەقڵ مایەی ئازارەکانی مرۆڤن؟

بێگومان تێڕوانینی خودی و حەقیقی هزر و لۆژیك و ئایین بۆ ئەم پرسیارە تەواو جیاوازە لەگەڵ دید و تێڕوانینی فەلسەفەی مێژوو، ئەگەر وەك واقیعێكی مرۆڤایەتی هەژماری بکەین، کە دەکرێت بەکورتی بەم شێویەی خوارەوە بێت:

لە ڕووی هزر و لۆژیکەوە، ئایین و عەقڵ تا ئاستێك لە خزمەت مرۆڤدان، کە دەشیت بلێین ڕۆڵی خزمەتکار دەبینن، هەڵبەتە ئەمە ویرای پێگە و ئەرزشی ڕاستەقینەی خۆیان. بەڵام وەك بەراوردێك لەگەڵ مرۆڤدا، دەگونجیت مرۆڤ بە

خاوەنی ئایین و عەقڵ هەژمار بکرێت و ئەوان بە کۆیلە [1] و خزمەتکار، چونکە لە ڕاستیدا مرۆڤ بەرجەستەی عەقڵ و موماڕەسەی ئایین دەکات، نەك ئەوان مرۆڤ بۆ خۆیان ڕام بکەن و بەکاری بهێنن.

ئەم هاوکێشەیەش لەوەوە سەرچاوە دەگرێت، کە ئایین و عەقڵ بەها و پرەنسیپەکانیان لە دڕندەترین شێوە و بەرجەستەکردنیشدا موڕکێکی مرۆڤایەتیی پێوە لکێنراوە، وەك ئاماژەیەك بۆ دەستەمۆبوونی ئەو دووانە بۆ هێز و توانا و خولیاکانی مرۆڤ.

عەقڵ زادە و بەرهەمی مرۆڤە، بۆیە ناڵوێت مرۆڤ لە ڕووی لۆژیکەوە سەرچاوەی بونیادنان و هێنانەکایەوەی دژی خۆی بێت، بۆیە هەر هزر و فەلسەفەیەك کە هاتووەتە بوون، لە بنەڕەتدا و لە دیدی خاوەنەکانیانەوە، بە ئامانجی خزمەتکردنی مرۆڤ دێتە بوون، ئەگەرچی تراژیدیاش بخولقێنێت و ببێتە سەرچاوەی کوژاندنەوەی تۆوی مرۆڤایەتی.

لەبەرامبەردا، ئایین ئەگەر سەرچاوەیەکی خواییی هەبێت، بێگومان بۆ ڕێبەرایەتی و ڕێنوێنیی مرۆڤایەتی دێتە خوارەوە، ئەگەر لە ئەفراندنی خودی مرۆڤایەتیش بێت، ئەوکات پڕکردنەوەی بۆشاییی ڕۆحی و تێرکردنی لایەنی مەعنەویی مرۆڤایەتی و پاڵفتەکردنی ناواخنی مرۆڤ و بەرجەستەکردنی یەکسانی و بەئازادیکردنی تاکەکانی کۆمەڵگە گرنگترین پەیام و داخوازیەکانیەتی، هەڵبەتە ئەمەش دیسان فۆرمێکی تری کۆیلەبوون و خزمەتکاربوونی ئایینە بۆ مرۆڤ.

ئەستەمە بتوانین بەها و پرەنسیپە گشتییەکانی ئایینە ئاسمانی و ئایینە مرۆییەکانی مێژوو تاووتوێ بکەین، تا بەکۆیلەبوونیان بۆ مرۆڤ بسەڵمێنین، چونکە

---

(1) هەڵبەتە کۆیلەبوون وەك ڕەهەندە کرداریەکە نەك وەك ڕەهەندە ئایینی و مەعنەوییەکە، بەو مانایەی چۆن کۆیلە خزمەت بە سەرداری خۆی دەکات، ئایینیش هەمان ڕۆڵ دەبینێت سەبارەت بە مرۆڤ.

بێگومان ئەمە پێویستی بە تووێژینەوەی جیاجیا هەیە، بەڵام بە تێڕوانینێکی خێرا، بە دیارترین ئایینە ئاسمانییەکانی وەک ئیسلام و مەسیحیەت و یەهودیەت ئەوە بەدی دەکرێت، کە دەق و تێکستەکانیان لە بەرژەوەندیی مرۆڤە، تەنانەت ئەو دەقانەشی کە فاکتەری لەناوبردنی مرۆڤێکی ترن، یان هۆکاری کەمئەندامبوونی مرۆڤن بە تێڕوانینێکی لۆژیکی و بابەتییانە قازانجی مرۆ دێننە کایەوە، وەک کوشتنەوەی بکوژ و تۆڵەسەندنەوە (القصاص) و دەست بڕینی دز و تەمبێکردنی تاوانباران... هتد.

هەڵبەتە هەمان ئەو تێڕوانینە بەرامبەر بە ئایینە دەستکردەکانی مرۆ دروستە، لەگەڵ خستنەڕووی جیاوازییەك کە قازانجی مرۆڤایەتی لە ئایینە ئاسمانییەکان لەسەر بنەمای حەقیقەتی ڕەها بونیاد نراوە، واتە گومان لەوەدا نییە کە بەرجەستەکردنی دەق و تێکستەکانیان دەبنە فاکتەری قازانج بۆ مرۆ، بەڵام ئایینە دەستکردەکان قازانجی مرۆ تیایاندا ڕێژەییە و لەسەر بنەمای گەشبینی و گومانی باش بونیاد دەنرێت، واتە مەرج نییە پیادەکردنی هەموو ئایینێکی دەستکردی مرۆڤایەتی لە بەرژەوەندیی مرۆڤدا بێت و قازانجی مرۆڤایەتی دەستەبەر بکات، ئەگەرچی لە بنەڕەتدا بەو ئامانج و مەبەستەش دروست کرابێت.

کەواتە لە ڕووی تیۆری و لە هەقیقەتدا، ئایین و عەقڵ خزمەتکاری مرۆڤن و ناگونجێت سەرچاوەی ئازارەکانی مرۆڤ، ئایین یان عەقڵ و فەلسەفە بێت، بەڵام لە ڕاستیدا ئەم خستنەڕووە تەنها لە باری تیۆرییەوە دەشێت قەزیە و هاوکێشەیەکی ڕاست بێت، بەڵام لە واقیع و مێژووی مرۆڤایەتیدا بێگومان قەزیە و هاوکێشەیەکی هەڵەیە، چونکە پێویستە دان بەو ڕاستییەدا بنرێت کە بەڵێ ئایین و هزرە مرۆڤایەتییەکانیش لە قۆناغێکی مێژووی مرۆڤدا سەرچاوە و ئامرازی ناسۆرییەکانی مرۆ و ئەشکەنجەدانی مرۆڤایەتی بوون، کە ئەمەش دەشێت جۆرێک لە ڕقەبەرایەتیی مرۆ بۆ ئایینێکی دیاریکراو یان فەلسەفەیەکی تایبەت دروست بکات.

بەڵام تێڕامانێکی لۆژیکییانە، سەرچاوەی ئەو ڕیشاڵەی ڕقوکینەی مرۆڤ بۆ ئایینەکان یان فەلسەفەکان وشك دەکات، ئەمەش کاتێك مرۆڤ بۆی دەردەکەوێت کە سەرچاوەی ئەو نەهامەتییانەی ئایین و هزرە جیاوازەکان بەسەر مرۆڤایەتییان هێناوە، ئۆباڵەکەی دەگەڕێتەوە سەر ئەستۆی خودی مرۆڤەکان خۆیان، ئەوکات ئازارەکانی مرۆڤ سەرچاوەکەی خۆی دەبێت، نەك ئایین و عەقڵ و فەلسەفە.

حەقیقەتێکی ڕەها هەیە گرنگە بیزانین، کە ئایین و عەقڵ هێزێکی ناوەکییان هەیە و ناتوانن ئەم هێزەیان وەدەربخەن تەنها لە ڕێگەی مرۆڤەکانەوە نەبێت، ئەگەر مرۆڤ ئایین بەرجەستە نەکات و عەقڵ بەکار نەهێنێت، عەقڵ و ئایین لە خودی خۆیاندا ناتوانن خۆیان بەرجەستە بکەن، بەڵکو بەردەوام بەدەوری خۆیاندا دەخولێنەوە، کەواتە جەوهەر و کلیلی پراکتیزەکردن و وەدەرخستنی ئایین و عەقڵ مرۆڤەکان خۆیانن. ئەگەر مرۆڤایەتی پەنا بۆ هزر و ئەندێشەیەك نەبات کە ئەگەری دەبەریەکراچوونی هەبێت لەگەڵ بەها و پرەنسیپە مرۆڤایەتییەکان و ئایینێك پیادە نەکات کە دژی خواستە باڵاکانی مرۆڤ بێت، هیچ کات پرسی مەترسیی ئایین و عەقڵ بۆ سەر مرۆڤایەتی هەر بوونی نابێت.

بۆیە لە ڕاستیدا ئەگەر ئایینێکی ناسروشتی هەبێت و هزرێکی ناڵۆژیکی هەبێت کە لە بنەڕەتدا بنەما و دەق و تێکستەکانیان دژ بە خواستی مرۆڤ بن، ئەوە تەنها مرۆڤ دەتوانێت ئەو بنەما و دەقە دژە مرۆڤییانەیان لە ئەگەری تیۆری و نەبوونەوە بگوازێتەوە بۆ سەر زەمینی کردار و بوونەوە.

لەبەرامبەردا ئەگەر ئایین و هزرێکی مرۆڤایەتی هەبن، دەق و تێکست و بنەماکانیان لێوانلێو بن لە خواست و بەرژەوەندییەکانی مرۆڤ، ئەوە تەنها مرۆڤەکان دەتوانن ئەو بنەما و خواستە مرۆڤییانەیان لەگۆڕ بنێن و هەر لە باری خولانەوە بەدەوری خۆیاندا بیانهێڵێتەوە.

ئیدی دەگەینە ئەو ڕاستییەی کە ئاین و هزرە ئەنتی مرۆڤایەتییەکان هەر مرۆڤن کە بەرجەستەیان دەکەن و سیفەتی بوونیان پێ دەدەن، هەروەها ئاین و فەلسەفە مرۆڤدۆستەکانیش بە هەمان شێوە، هەر مرۆڤەکانن کە لە سیفەتی بوون و هێنانەبوون بێبەشیان دەکەن، دوا جار سەرچاوە و فاکتەری سەرەکی لەپشت سوودی یان زیانی ئاین و فەلسەفە تەنها مرۆڤەکانن، نەک ئەم دووانە خۆیان.

ئەمە لە کاتێکدا کە دەشێت تا ڕادەیەکی زۆر بوترێت مرۆڤەکان سەرچاوەی ئازار و لەناوچوونی ئاین و فەلسەفەکانن، بەڵام لەو بوارەشدا پێویستە جیاوازی لەنێوان دوو فۆرمی جیاوازی ئایدۆلۆژیا و هزر و فەلسەفە مرۆڤایەتییەکاندا بکرێت، بەم شێوەیەی خوارەوە:

یەکەم: بەشێک لە ئاین و هزرە مرۆڤایەتییەکان، توخمی لەناوچوون و لەکەداربوونیان لە خۆیانە، واتە خۆیان نەیانتوانیوە وەک پێویست بەرژەوەندییەکانی مرۆڤ بهێننە دی، بەو پێیەش کە مرۆڤ خوێکی کەسی و زاتیی هەیە، ڕاستەوخۆ ئەو جۆرە ئاین و هزرانەی فەرامۆش کردووە، بۆیە ئێستا یان هەوادار و شوێنکەوتەیان هەر نییە، یان ڕێژەی بوونی شوێنکەوتووەکانیان ناگاتە ئەو ئاستەی وەک ئاین و هزری زیندوو هەژمار بکرێن.

دووەم: جۆری دووەمی ئاین و فەلسەفەکان، توخمی دژ بە خۆیان تێدا نییە، بەڵکو هەموو بەها و پرەنسیپەکانیان بە شێوەیەکە کە مرۆڤێکی کاملی فەلسەفی یان باوەڕداریکی ئاینی ڕاستەقینە پێویستی پێیەتی، بەڵام ئەم مرۆڤە فەلسەفی و ئاینییانە جۆری پراکتیزەکردن و موماڕەسەکردنیان بۆ دەق و تێکستە فەلسەفی و ئاینییەکان پێچەوانەی بەرژەوەندی خۆیان و بەرژەوەندیی خودی ئاین و فەلسەفەکانە، سەرئەنجام ئەو کردارەیان دەبێتە مایەی ئەشکەنجەدانی ئاین و فەلسەفە تا ئەو ئاستەی بگاتە ڕادەی لەناوچوون و کوژانەوە و نەمانی کاریگەرییان لە دیرۆکی مرۆڤایەتیدا.

هەڵبەتە کاتێک باس لە ئەشکەنجەدانی ئایین و فەلسەفە دەکەین، مەبەستمان پێی ئەشکەنجەی جەستەیی نییە، بەڵکو مەبەستمان پێی ئەشکەنجەی مەعنەوییە، چونکە ئایین و عەقڵ لە ڕاستیدا وجودیان وجودێکی عەقڵی و لۆژیکییە نەك ماددی.

بۆیە —بە بۆچوونی ئێمە— هەمیشە ئایین و هزرەکان بوونەتە قوربانیی دەستی مرۆڤ. بەپێچەوانەوە، ئایین و فەلسەفە هەر خۆیان توخمی مرۆڤایەتییان تێدایە و هەر دژبوونێکیشیان بە خواست و خولیا مرۆڤایەتییەکان، بەرهەمی پڕاکتیزەکردنی مرۆڤەکانە، نەك بنەما و دەق و تێکستەکانی خۆیان.

لەم سۆنگەوە، ئایین و فەلسەفە بوونەتە یاری بە دەست هەندێك مرۆڤ کە سەرەڕای بێتوانایی و کەمتەمەنی، گیرۆدەی کەمعەقڵی و کاڵفامی بوونەتەوە، ئیدی بە جۆرێك ئایین و فەلسەفەیان نیشانی مرۆڤایەتی داوە، کە ئایین دژی بەهاکانی خۆی و فەلسەفە دژی بنەماکانی خۆی دەدوێت، بە جۆرێك سروشت و تابلۆی ئەم دووانەیان شێواندووە کە ئەگەر ڕەوتێکی ڕاستەقینەی عەقڵدۆست و ئایینپەروەر بوونیاد نەنرێت و جارێکی تر تابلۆی ئایین و فەلسەفە وەك خۆیان نەنەخشێننەوە، دوور نییە مرۆڤایەتی بەر ئاهی فەلسەفە و نەفرەتی ئایین بکەوێت.

بە درێژاییی مێژووی ئایین و دیرۆکی فەلسەفە، دووانەیەك بوونیان نییە بەقەد ئەم دووانە دووچاری ستەم و ناوەزڕندان بووبنەوە و خەڵکی لە دەرئەنجامی زیانگەیاندن پێیان، خۆیانیان پێ دەوڵەمەند کردبێت.

وێڕای ئەوەی کە ئایین و فەلسەفە دووانەیەکی سادە و ساکارن و تەنها پیشە و ئاوات و خواستی ڕاستەقینەیان بوونیادنان و هێنانەکایەی ژیانێکی سادە و بەختەوەرانەیە بۆ مرۆڤ، ئەمەش لە دووتوێی بەرجەستەکردنی میتۆدێکی خودایی و ئایینندۆستی، هاوشان لەگەڵ میتۆدێکی مرۆیی و لۆژیکدۆست، کە بە هەردووکیان فۆرمی ژیانی مرۆڤایەتی بونیاد دەنێن.

كەچی بەپێچەوانەوە، زۆرترین ئاستەنگ و بەربەست و لەمپەر خراوەتە بەردەم
ئەو هەوڵ و خواستەیان، هەتا توانراوە دژواری و سەختی بەرەوپووی پەیام و
خواست و بنەما و پرەنسیپەكانیان كراوەتەوە، كە سەرتاپای لە بەرژەوەندیی مرۆڤ
و خولیاكانیدایە .

ئەوەی جێگەی هەڵوەستە لەسەر كردنە ئەوەیە، كە ئەم بەربەستانە لەلایەن
خودی مرۆڤەكان دەخرێنە بەردەم ئایین و فەلسەفە، مرۆڤ بەربەست دەخاتە
بەردەم چەمكێك كە دەیەوێت بەرژەوەندی و مافەكانی ئەو بپارێزێت و دژواری و
سەختییەكانی ژیانی بۆ لا بەرێت، لوغز و پرسیارە ئاڵۆز و هەمیشەییەكانی هزری
بۆ شیكار و پاڵفتە بكات.

هەڵبەتە ئازاردانی ئایدۆلۆژیا و فەلسەفە لەلایەن مرۆڤایەتی، فۆڕمێكی گشتی و
ڕەهای نییە، بەو واتایەی نە هەموو مرۆڤەكان دژی ئایین و فەلسەفە دەوەستنەوە،
نە هەموو ئایین و فەلسەفەكان جێی توانج و ڕەخنەی مرۆڤایەتین.

مرۆڤایەتی بەگشتی سەبارەت بەم پرسە بەسەر دوو بەرەی جیاوازدا دابەش
دەبن، مرۆڤە دژە ئایینی و فەلسەفییەكان، هەروەها مرۆڤە ئایینپەروەر و
عەقلدۆستەكان. ئەوەی زیاتر جێگەی ئازارە و ویژدانی مرۆڤایەتی دەخاتە لەرزین،
ئەوەیە كە ئایین و فەلسەفە هێندەی لەلایەن دۆست و هەوادارانی خۆیان ئەشكەنجە
و ئازار و مەینەتییان بەرەوپوو دەكرێتەوە، هێندە لەلایەن دوژمن و نەیارەكانیان
دووچاری نابن.

چونكە ئەگەر سەرنج بدەینە ئاراستەی ئەو ڕەخنانەی كە بەرەوپووی ئایین و
فەلسەفە دەبنەوە، دەبینین ئەم دووانە -ئایین و فەلسەفە- لە دوو ئاراستە و
ڕەوتی جیاوازەوە ستەمیان لێ دەكرێت. سادەتر بڵێین، ئایین و فەلسەفە بەدەست
دوو گرووپ ئازار دەچێژن، بەم شێوەی خوارەوە:

گرووپی یەکەم

ئەو گرووپ و رەوت و رێبازانەی کە لە بنەرەتدا هزر و ئینتیمایەکی ئەنتی ئایینی و ئەنتی عەقلانییان هەیە، بۆیە زۆرترین هەوڵیان دژ بە پرەنسیپ و بەها و ئەرگۆمێنتە ئایینی و فیکرییەکانە.

هەندێك جار دەبینین ئایین و فەلسەفە بوونەتە قوربانیی ئایدۆلۆژیا و لێكدانەوەی هەندێك مرۆڤ کە هەر لە سەرەتاوە بروایان بە میتۆدی ئایینی یان میتۆدی فەلسەفی نییە بۆ چارەسەرکردن و خستنەرووی پرس و بابەتە مرۆییەکان، ئەمەش وێرای ئەوەی جێگەی هەڵوەستە لەسەر کردنە -چونکە مرۆڤی ژیر نابێت دژی هزری راستەقینە و ئایینی راستەقینە بوەستێتەوە- بەڵام کردارێکی چاوەروانکراو و تا رادەیەك جێگەی قبوڵە، چونکە دەشێت مرۆڤ لە حاڵەتی بروانەبوونی بە ئایین و ئایدۆلۆژیایەك، دژ بەو ئایین و بیروباوەرە بوەستێتەوە و هەوڵی ناشیرینکردن و رەخنەگرتن و تاوانبارکردنی ئەو ئایینە بدات. بە هەمان شێوە، دەگونجێت مرۆڤ لە دەرئەنجامی متمانەنەبوونی بە عەقڵ و فەلسەفەیەکی دیاریکراو، دژی خواست و ئامانجەکانی رەوتی لۆژیك و عەقڵانیەت بوەستێتەوە و هەوڵ بدات زۆرترین رەخنە و توانجیان ئاراستە بکات. بە گوزارشتێکی تر، دەکرێت ئەو کەسەی بروای بە ئایین نییە، رەخنە لە ئایین بگرێت و ئەو کارانە ئەنجام بدات کە دەبنە مایەی ئازاردانی ئایین و ناشیرینکردنی. بە هەمان شێوە، دەکرێت ئەو کەسەی بروای بە عەقڵ و فەلسەفە نییە و کاریان پێ ناکات، رەخنە لە عەقڵ و فەلسەفە بگرێت و هەموو کارێك بکات کە ببێتە مایەی ناشیرینکردنیان.

بەڵام -بە بۆچوونی ئێمە- ئایین و فەلسەفە کەمتر لە ئاراستەی ئەم گرووپ و رەوتانە دووچاری لێدران و رەخنەگرتن بوونەتەوە، واتە ئەم دووانە کەمتر لەلایەن دوژمنان و نەیارانیان دووچاری ناشیرینکردن و ئازاردان بوونەتەوە، ئەمەش لەبەر دوو هۆکاری جیاواز:

١- پەیوەستە بە کەمیی ڕێژەی ئەو مرۆڤانەی کە ھەلگری ھیچ بیروباوەڕێکی ئایینی نین

لە ڕاستیدا ئایین پانتاییەکی زەمەنی دوورودرێژی ھەیە، کە کاریگەریی ڕاستەوخۆی ھەیە لەسەر ھەبوونی ڕێژەی مرۆڤی نائایدۆلۆژی و دژەئایینی، چونکە بەپێی تویژینەوەکان، ڕیشالی ھزری ئایین بە درێژاییی مێژووی مرۆڤایەتی بوونی ھەبووە، تەنانەت ھیچ کۆمەلگە و نەتەوەیەك خالی نەبوون لە ھەبوونی ئایین و بیروباوەڕ و ئایدۆلۆژیای تایبەت بە خۆیان[1]، ئەوەتا فەیلەسووف بەناوبانگی فەرەنسی (ھێنری بێرگسون)[2] دەلێت: "بەدلنیاییەوە لە ڕابردوو یان لە ئێستادا چەندین کۆمەلگە دەبینین کە خاوەنی زانست یان ھونەر یان فەلسەفە نین، بەلام ئێمە ھیچ کۆمەلگەیەك نازانین و نادۆزینەوە کە خاوەنی ئایین نەبێت[3]."

ھەبوونی ئایین لەنێو ھەموو کۆمەلگەیەك، وای کردووە ڕێژەی ئەو کەسانەی کە خاوەن ئایین و ئایدۆلۆژیان، زۆرتر بێت لەو کەسانەی کە خاوەنی ئایین و ئایدۆلۆژیا نین، بێگومان مرۆڤەکانیش زۆر بەکەمی بەرەنگاری ئەو ئایدۆلۆژیا و ئایین و بیروباوەڕە دەبنەوە کە خۆیان و باوو باپیرانیان بڕوایان پێی ھەیە.

کەمیی ڕێژەی مرۆڤی بێئایین و ھەلگری توخمی دژەئایین بە بەراورد لەگەل زۆریی ڕێژەی مرۆڤی بڕوادار، فاکتەری بەھێزن بۆ ئەوەی کەمترین ڕەخنە و لێدان کە بەر ئایین بکەوێت، لەلایەن ئەو مرۆڤانە سەرچاوە بگرێت کە لە بنەڕەتدا ئەنتی ئایینین و خاوەن ھیچ ئایدۆلۆژیا و بیروباوەڕێك نین، چونکە لە ڕاستیدا ئەوان لە کۆمەلگەدا ئێجگار کەمینەن.

---

(١) بڕوانە: الدین بحوث ممھدة لدراسة تاریخ الأدیان: دکتۆر محمد عبدالله دراز: (٧٩-٨١).

(٢) ھێنری بێرگسون Henri Bergson: فەیلەسووفێکی فەرەنسییە، سالی (١٨٥٩ز.) لە پاریس لەدایك بووە و سالی (١٩٤١ز.) کۆچی دوایی کردووە. سالی (١٩٢٧ز.) خەلاتی نۆبلی لە ئەدەب بەدەست ھێناوە. بڕوانە: أعلام الفلاسفة: ھێنری تۆماس: (٣٢٨). معجم الفلاسفة: جۆرج طرابیشی: (١٦٢).

(٣) منبعا الأخلاق والدین: ھێنری بێرگسون: (١١٣).

لەبەرامبەردا، زۆرینەی مرۆڤایەتی خاوەن ئایدۆلۆژیا و ئایینی تایبەت بە خۆیانن، بۆیە لە ڕوالەتدا کەمتر ڕەخنە لە ئاییەنەکەیان دەگرن، ئەگەرچی زۆرترین ڕەخنە کە دێتە سەر ئایین، بە هۆی کارەکانی ئەوانە وەک دواتر ئاماژەی پێ دەکەین. پێویستە دان بەو ڕاستیەشدا بنێین کە نەیارانی ئایین تەنها لە ڕێگەی عەقڵ و زانست و بەڵگەوە دەتوانن ڕووبەڕووی ئایین بوەستنەوە و هەوڵی ناشیرینکردن و لەناوبردنی بدەن، بەپێچەوانەی مرۆڤە ئایینداراکان، کە زۆرترین کات لە ڕێگەی کردەوەکانیان دەبنە مایەی ناشیرینکردنی ئایین.

٢– پەیوەستە بە نۆدری ڕێژەی ئەو تاکانەی کە بۆ ڕاپیکردنی کارەکانیان، پەنا نابەنە بەر چارەسەرییە عەقڵی و فەلسەفییەکان

ئەگەرچی عەقڵ و ئەندێشە غەریزەیەکی مرۆڤایەتین و بە درێژایی مێژووی مرۆڤ عەقڵ و هزر و فەلسەفە و بیرکردنەوەش بوونی هەبووە، بەڵام ڕێژەی پشتبەستن بە عەقڵ، ئێجگار کەمترە بە بەراورد لەگەڵ ڕێژەی بەکارنەهێنانی عەقڵ.

بۆیە ئەگەر بەراوردی فەیلەسووف و بیرمەندەکان بکەین، بە درێژاییی مێژوو کەمترین ڕێژەی هەبوونی مرۆڤایەتی پێک دەهێنن، بێگومان ئەمەش کاریگەریی ڕاستەوخۆی هەیە لەسەر جۆری ئەو ڕەخنانەی بەرەوڕووی عەقڵ و فەلسەفە دەکرێنەوە.

هەروەک چۆن زۆریی ڕێژەی مرۆڤە باوەردارەکان و کەمیی ڕێژەی ئەو کەسانەی کە بڕوایان بە ئایین نەبوو، هۆکارێک بوو بۆ کەمتر ڕەخنەگرتن لە ئایین لەلایەن نەیارانی ئایین و دژەئاییینەکان. بە هەمان شێوە، کەمیی ڕێژەی بەکارهێنەرانی عەقڵ و فەلسەفە بە بەراورد لەگەڵ زۆریی ڕێژەی ئەو مرۆڤانەی کە عەقڵ وەک چارەسەری یەکەمی کێشەکانیان بەکار ناهێنن، دەمانگەیەنێتە ئەو بڕوایەی کە کەمترین ڕەخنە و لێدان کە بەر ڕەوتی عەقڵ و فەلسەفە و بزاڤی ڕۆشنگەری

بكەوێت، لەلایەن ئەو مرۆڤانە سەرچاوە بگرێت کە لە بنەڕەتدا تاکی نالۆژیکین و کەمتر متمانەیان بە عەقڵ و پرەنسیپەکانی هەیە .

هەڵبەتە دەشێ کەسێک بپرسێت بۆچی لە ئایندا ڕێژەی زۆری بەکارهێنەران، فاکتەرێکە بۆ ئەوەی کەمترین ڕەخنە لەلایەن نەیارانی ئایین سەرچاوە بگرێت، بەڵام لە عەقڵ و فەلسەفەدا ڕێژەی زۆری نەیاران و بەکارنەهێنەران فاکتەری ئەوەن، کە کەمترین ڕەخنە و توانج لە نەیاران سەرچاوە بگرێت؟

لە ڕاستیدا —بە دیدی ئێمە— ئەم هاوکێشە پێچەوانەیە، پەیوەندیی بە جیاوازیی هێزی ئایین و عەقڵەوە هەیە، چونکە هەموو ئەوانەی بڕوایان بە ئایین هەیە، پێیان وایە کە ئایین توانای ئەوەی هەیە لایەنە مەعریفی و هزرییەکەشیان بۆ پڕ بکاتەوە، هاوشان لەگەڵ لایەنە مەعنەوی و ڕۆحییەکەیان. بە واتایەکی تر، ڕەخنەنەگرتنیان لە ئایین، دەگەڕێتەوە بۆ پشتبەستنیان بە دەق و تێکستە ئایینییەکان، بۆیە هۆگرییان بۆ ئایین، بەربەستە لەبەردەم توانج و ڕەخنەلێگرتنی.

لە بەرامبەردا، هەموو ئەوانەی نەیاری عەقڵ و فەلسەفەن، لە بنەڕەتدا خودی خۆیان پشت بە عەقڵ و ماریفەت نابەستن تا بەرەوڕووی بوەستنەوە و ڕەخنەی لێ بگرن و ببنە مایەی ناشیرینکردن و لەکەدارکردنی. بە واتای ئەوەی، پشتکردنیان لە عەقڵ و فەلسەفە لەوە سەرچاوە دەگرێت کە ئەوان ئەرگۆمێنت و شیکارییە عەقڵییەکان هەر بە چارەسەر نازانن، تا ئەوەی هەوڵ بدەن ڕەخنەی لێ بگرن، بۆیە پشتنەبەستنیان بە عەقڵ، هۆکاری کەمتر ڕەخنەلێگرتنیەتی.

سەرئەنجام، کەمترین ڕەخنە کە بەرەوڕووی ئایین و عەقڵ ببێتەوە، ئەو ڕەخنەیەیە کە نەیارانی ئایین و فەلسەفە دەیوروژێنن و ئاراستەی دەق و تێکستە فەلسەفی و ئایینییەکانی دەکەن.

دوا جار ئەگەر ئایین و فەلسەفە لەلایەن ئەو دوو گرووپە —گرووپە نائایینی و ناعەقڵانییەکان— لێشیاندرابێت و دووچاری ڕەخنە و هێرشیش بووبنەوە، بێگومان

یان له دەرئەنجامی ئەرگۆمێنتی عەقڵانی یان له دەرئەنجامی کاریگەریی باکگراوندی ئایینی و ئایدۆلۆژی سەرچاوەی گرتووه. واته ئەو تاکەی که بڕوای به ئایین نییه و ڕەخنه له ئایین دەگرێت، زۆرترین جار دوای توێژینەوه و خستنەڕووی بەڵگه، ئەو بۆچوونه دژه ئایینییەی بۆ دروست بووه. به هەمان شێوه، ئەو تاکەی که دژی ڕەوتی ڕۆشنگەری و عەقڵانیەت دەوەستێتەوه و ڕەخنەی لێ دەگرێت، بەردەوام بەڵگه و هۆکاری تایبەت به خۆی هەیه سەبارەت بەو بۆچوونه دژه عەقڵانییەی که هەیەتی.

هەڵبەته ئەمه بەدەر لەوەی که ئاخۆ ئەو توێژینەوه و بەڵگانەی که ئەو کەسانه هەیانه بۆ بەرەنگاربوونەوەی ئایین و عەقڵ، له بنەڕەتدا لەسەر بنەمای ئەرگۆمێنت و بەڵگەی لۆژیکی و ئایینیی دروست خراونەته ڕوو، یان له دەرئەنجامی خراپ تێگەیشتن له ئایین و عەقڵ سەرچاوەیان گرتووه، واته گرنگ ئەوەیه که تاکه دژەئایینی و دژەعەقڵانییەکان ئەو دژایەتییەیان لەسەر بنەمای بەڵگه هاتووەته کایەوه، بەدەر لەوەی ئاخۆ بەڵگەکانیان ڕاستن یان هەڵەن، هەر بۆیه ئەمه وای کردووه که زیانی ئەمانه بۆ سەر ئایین کەمتر بێت له زیانی ئەو ڕەوت و ئاڕاستەیەی که له بنەڕەتدا ئایینندۆست و عەقڵدۆستن، بەڵام زیاتر بوونەته مایەی ناشیرینکردنی ئایین و فەلسەفه، که له گرووپی دووەمدا تیشکی دەخەینه سەر.

گرووپی دووەم :

گرووپ و ڕەوتێکی پابەند به ئایدۆلۆژیای ئایینی، یان وابەسته به تیۆر و بۆچوونه عەقڵانی و فەلسەفییەکان.

واته هەندێک جار ئەو ئازار و ڕەخنانەی ئاڕاستەی ئایین و فەلسەفه و ڕۆشنگەری دەکرێن، هۆکارەکەیان خودی بڕواداران و ڕۆشنبیرانن، نەك دوژمنانی ئایین و هزر و فەلسەفه. له ڕاستیدا دژوارترین دوژمنی ئایین و سەرسەختترین بەربەستی ڕەوتی عەقڵانیەت، ئەم جۆره ڕەوت و گرووپەن، بۆیه ئاهی فەلسەفه و

نەفرەتی ئایین بەر لە هەر گرووپێکی تر، ڕووبەڕووی ئەم دەستە و تاقمانە دەبێتەوە، کە لەناو بەرگ و پێستی ئایینپەروەری و ڕۆشنگەریدا، گەورەترین شەرمەزاری و ڕەخنەیان ڕووبەڕووی ئایین و فەلسەفە کردووەتەوە.

بۆیە ناسۆری و مەینەتییەکانی ئایین لە موماوەسەکردنێکی نامرۆڤانە و ناتەندروستانە و ئائایینییانەی کەسێکی پابەند بە ئایینەوە سەرچاوە دەگرێت، زۆرترین کاریگەریی خراپ کە لەسەر ئایین و ئایدۆلۆژیا بوونی هەبێت، خراپ فۆرمەلەکردن و بەرجەستەکردنی دەق و تێکستە ئایینییەکانە لەلایەن خودی مرۆڤە ئاییندارەکانەوە، کە ئەمەش ئەوە دەخوازێت ئایین بەر لە هەر دوژمنێک هەوڵ بدات ئەم تاکانە لەناو بەرێت یان بیانخاتەوە سەر ڕێگەی دروست، کە لە ڕاستیدا ئەمانە ڕۆڵی تابووری پێنجەم دەبینن و ئەرکیان دزەپێکردن و گەیاندنی زانیاریی ناڕاست و وێناکردنێکی خراپ و ناشیرینی ئایینە لە دیدگا و بیناییی دوژمنەکانیدا.

ئایین هێندەی هەوڵی داوە ئاکار و ڕەوشت و مەترسیی ئەو مرۆڤانە بخاتە ڕوو کە بەڕواڵەت ئایینداردن و کردەوەکانیان دژی ئایین و پرەنسیپ و بەها ئایینی و مرۆڤییەکانە و مایەی توانج و شەرمەزارین بۆ ئایین و بڕوادارانی ڕاستەقینە، هێندە هەوڵی نەداوە نەیاران و دوژمنانی ئایین بناسێنێت و بەرەوڕووییان بوەستێتەوە[1].

هەر بۆیە ئایین دژوارترین و بەهێزترین دەقە ترسێنەرەکانی خۆی بەرەوڕووی ئەم جۆرە مرۆڤانە کردووەتەوە و بە کەسی دووڕوو (منافق) ناوی بردوون، چونکە ئەمانە بەڕووکەش ئایینداردن، بەڵام لە بنەڕەتدا مایەی سووککردن و ڕەخنەبارانکردنی ئایینن. ئەوەتا ئایینی پیرۆزی ئیسلام توندترین سزای خۆی بۆ

<hr>

(1) هەڵبەتە ئایین نەیارە ڕاستەقینەکانی خۆیشی ناساندووە، بەڵام دەکرێت بڵێین لەنێوان ئایینداردەکان و دژەئایینەکاندا دووڕووەکان کە بە بەرگی ئایینیدا خۆیان دەردەخەن، بە خراپترین چین سەیر کراون و زۆرترین دەق دەربارەیان هاتووە، بەتایبەت لە توراس و دەق و تێکستەکانی ئایینی پیرۆزی ئیسلامدا.

ئەم گرووپە ئامادە کردووە، سزایەک کە قورستر بێت لە سزای نەیاران و دوژمنانی ئاشکرای ئایین، کە بێباوا (کافرە)کانن. ئەوەتا خودای گەورە لە قورئانی پیرۆزدا دەفەرموێت: ﴿ إِنَّ ٱلْمُنَٰفِقِينَ فِي ٱلدَّرْكِ ٱلْأَسْفَلِ مِنَ ٱلنَّارِ وَلَن تَجِدَ لَهُمْ نَصِيرًا ﴾ [1].

واتە: "بەڕاستی دووڕووەکان لە چینی هەرە خوارووی ناو دۆزەخدان و هەرگیز بۆ ئەوان پشتیوانێک دەست ناکەوێت."

ئەم ڕەوتە بە ناو ئاییندارە، ئایینی تووشی نەزیفی ناوەکی کردووە، هەمیشە ئایین زۆرترین هێز و توانای خۆی بۆ بەرپەرچدانەوەی ئەو کردارانەیە کە بڕوادارەکان ئەنجامی دەدەن، بە جۆرێک کە هێندەی ئایین خەریکی پۆزشهێنانەوە و پینەکردنی نەنگی و خراپەی هۆگرانی خۆیەتی، هێندە نەیتوانیوە بپرژێتە سەر کردار و بۆچوونی نەیارەکانی خۆی. لە ڕاستیدا زیاتر ئایین خۆی لە دۆخی بەرگریدا بینیوەتەوە و نەیتوانیوە ڕۆڵی هێرشبردن بگێڕێت، چونکە بەرگریکردن لە کرداری مرۆڤە بڕوادارەکان، دەرفەتی نەداوە هێرش بباتە سەر خراپەی دوژمنەکانی.

لەم سۆنگەوە، ڕەوتێک بە ناوی عیرفان و تەسەوفەوە [2]، مشەخۆڕیی بەسەر خەڵکێکی کاڵ فام و ناحاڵی لە ئاییندا دەکەن، هێندەی ئایین بووەتە سەرچاوەی پەیداکردنی سامان و خۆشگوزەرانیی ژیانیان، هێندە نەبووەتە ئامرازێک بۆ چاندنی تۆوی مەعریفەت و بڵاوکردنەوەی جەوهەر و ڕۆحی ڕاستەقینەی ئایین. ڕوونتر

(1) سوورەتی (النساء)، ئایەتی: (١٤٥).

(2) بێگومان ئێمە مەبەستمان تەسەوف و عیرفانی ڕاستەقینە نییە، کە بەشێکی گرنگ و پڕپایەخی نێو توراسی ئیسلام و دەق و تێکستە ئایینییەکانە، هەروەک چۆن مەبەستمان ئەو کەسایەتی و زانا و شێخە ناودار و خواییانە نییە کە سەرتاپای کردارەکانیان لەپێناو بەرژەوەندیی ئایین و مرۆڤایەتیدایە و هەمیشە بوونەتە جێگەی شانازیی ئێمە و تەواوی موسوڵمانان، بەڵکو مەبەستمان ئەو فۆرمەی نیشاندانی تەسەوفە کە هەندێک جار وەک جەهالەت و هێندێک جاریش وەک خورافە بەرجەستە دەکرێت، کە تەواو پێچەوانەی خواستی ئایینە و بەردەوام وەک دەرچە و ئامرازێک دەخرێتە کار، بە مەبەستی خۆدەوڵەمەندکردن و نانپێخواردن.

بڵێین، بەقەد ئەوەی زیانیان بۆ ئایین هەیە، نیوهێنده نەیانتوانیوە سوود و قازانج بە کار و رەوتی ئایینی بگەیەنن.

ئەم رەوتەی ئایین بەر لەوەی قووت و خۆراکی رۆح و دەروونیان بێت، خۆراکی گەدە و ئامرازی دامرکاندنەوەی حەز و ئارەزووەکانیان بووە. ئایین بەر لەوەی ئامرازی سادەیی و ئازادکردنی مرۆڤایەتی بووبێت، بۆتە ئاڵای خۆبەزلزانی و گەمژاندن و بەکۆیلەکردنی مرۆڤایەتی. ئایین لەبری ئەوەی ئامرازی یەکتاپەرستی و خواناسی بووبێت، کەچی ئەوان لە خزمەت بەخواداکردنی خۆیان و هەوڵدان بۆ رەوایەتیدان بە پەرستش و بەندایەتیکردنی عاریف و شێخەکانیان بەکاریان هێناوە، کە ئەمەش هەم پێچەوانەی دەقە ئایینییەکانە، هەم پێچەوانەی خواستی خودی عاریف و شێخە خوداییەکان.

لەولاشەوە کارەکتەرێکی تر بە ناوی بانگخواز و مورشیدی [1] ئایینی، هەرچی ئەتەکێتی ئایینی و بەها و ئەخلاقی ئایینییە خستوویەتە ژێر پێی خۆی لەپێناو دەستخستنی ناوبانگێکی ساختە و پارەوپوولێکی کاتی، تەنانەت درك بەوە ناکات کە بووەتە یاریی دەستی هەندێك میدیا و تۆڕی ئاراستەکراو، کە لە بنەرەتدا ئەرکیان تاشینی پەیکەرێکی پڕکەموکوورپیی ئایینە.

رەوتێکیش بە ناوی ئوسولیەت و پابەندبوون بە دەق و تێکستە خوداییەکان، هەرچی مانای لۆژیك و عەقڵانیەتە لە سیمای ئایینیدا نەیانهێشتووەتەوە، بە جۆرێك کە بە لێکدانەوە و بۆچوونی ئەوان پابەندبوون بە ئایین یەکسانە بە دەستبەرداربوون لە هەرچی لۆژیك و عەقڵ و فەلسەفەیە. بەپێچەوانەوە، بە

____

(١) بێگومان لێرەشدا مەبەستمانە بانگخواز و کارەکتەرە رەسەن و راستەقینەکانی ئایین نییە، کە ئێمە شانازییان پێوە دەکەین و قەرزاری ئامۆژگارییەکانیانین، بەڵکو مەبەستمان ئەو کەسایەتیانەیە کە لەنێو ئەم بەرگەدا خەریکی بەرژەوەندییە تایبەتییەکانی خۆیانن.

بۆچوونی ئەوان پەنابردن یان پشتبەستن بە عەقڵانیەت و ڕۆشنگەری، بە واتای دوورخستنەوەی ئایینە لە کایە و کۆمەڵگا مرۆییەکان.

لەبەرامبەردا، گرووپێک بە ناوی ڕۆشنگەریی ئایینی و بەرجەستەکردنی لۆژیک و فەلسەفە لە توراس و مێژووی ئاییندا، لەژێر ناونیشانی نوێکردنەوە و پاڵفتەکردنی ئایین و توراسی ئایینی، هەموو هەوڵ و کۆششێکیان بریتییە لە ڕووخاندنی ئایین و سەرخستنی عەقڵ و لۆژیک و فەلسەفە، هەموو خواستێکیان لێدانە لە کەسایەتی و زانا ئاییننییەکان کە دەبێ هەمیشە جێگەی شانازی و سەروەریی بڕواداران بن. ئەمانە هەموو دەستگرتنێک بە ئایین و دەق و تێکستە قورئانییەکان، بە واتای دەستەمۆبوونی مرۆڤ بۆ میسۆلۆژیا و دابونەریتی مرۆڤی کۆن لێک دەدەنەوە. لەبەرامبەردا، نماکردن و گەشەپێدانی عەقڵانیەت و ئاڕاستەکردنی مرۆڤ بەرەو مۆدێرنێتە و ڕۆشنگەری، لای ئەوان تەنها و تەنها بریتییە لە پشتکردن لەو پڕەنسیپ و بەها و دەقە ئاییننیانەی کە دەکرێت بە هزرێکی کلاسیکی و بەها و نەریتیێکی کۆن و ماوە بەسەرچووی مرۆڤایەتی ناو ببرێت، بە دید و بۆچوونی ئەوان. بۆیە دەتوانین بڵێین خراپترین کارەکتەرەکانی دژ بە ئایین، ئەو کەسانەن کە لە ڕاستیدا هەڵگری بیروباوەڕێکی ئایینی و پاشخان و باکگراوندێکی ئایدۆلۆژیی ئاییننین، بەڵام هەموو هەوڵەکانیان بەپێچەوانەی خواست و داواکارییەکانی خودی دەق و تێکستە ئاییننییەکانە.

هەڵبەتە دۆخی فەلسەفە و بزاڤی عەقڵانیەت، زۆر لە دۆخی ئایین خراپترە، چونکە دەشێ مرۆڤی ئاییندار لە دەرئەنجامی لێحاڵێنەبوون و دروست بەکارنەهێنانی عەقڵ لە شیکارکردنی دەق و تێکستە ئاییننییەکان، دووچاری هەڵە ببێتەوە و هەڵەکەشی ببێتە مایەی زیانگەیاندن بە ناوبانگی خودی ئایین خۆی، بەڵام ئایین ئەو هەوڵەیان بۆ بە چاکە هەژمار بکات، وەک لە فەرموودەدا هاتووە: "إِذَا حَكَمَ الحَاكِمُ فَاجْتَهَدَ ثُمَّ أَصَابَ فَلَهُ أَجْرَانِ، وَإِذَا حَكَمَ فَاجْتَهَدَ ثمَّ أَخْطَأَ، فَلَهُ

أجْرٌ"(١). واته: "ئەگەر دادوەرێك یاخود كاربەدەستێكی مسولّمانان بریارێکی دا لە
دەرئەنجامی هەولّدان بۆ گەیشتن بە بریارێكی تەندروست، جا ئەگەر لە هەولّەكەی
سەرکەوتوو بوو و ڕاستییەکەی پێکا، ئەوا دوو پاداشتی بۆ هەیە، ئەگەر نەشیپێکا،
لە دەرئەنجامی ماندووبوونەکەی پاداشتێك وەردەگرێت."

ئەمە وێرای ئەوەی كە زۆرینەی پەرستش و بابەتە ئایینییەکان لە ڕوو
عەقلّانییەکەوە گشتگیر نین، بە واتای ئەوەی هەموو تاكێکی ئیماندار پێویست نییە
لەسەری ئەو کارەی ئەنجامی دەدات، لەسەر بنەمای تێگەیشتن و بەلّگە و
ئەرگۆمێنتی ئایینی و عەقلّی و فەلسەفی بێت، بەلّام نەگبەتیی فەلسەفە و عەقلّ
لەوەدایە، كە کارەکتەرەکانیان لە دەرئەنجامی بەكارهێنانی عەقلّ و پرەنسیپە
لۆژیکییەکان دەبنە مایەی ئابڕووچوونی ڕەوتی عەقلّانیەت و دابەزینی کێڕۆ و
بەهای فەلسەفە لە دیدی كەسانی بەرامبەردا.

لەم کۆمەلّگەیەی ئێمەدا بەشێکی ئەوانەی سەرمەشقی ڕەوتی ڕۆشنگەری و
فەلسەفە و مۆدێرنێتەن، پێچەوانەی بنەما لۆژیکی و عەقلّانییەکان دەوەستنەوە،
زۆرینەیان ئەو كارە ئەنجام دەدەن كە لە بنەڕەتدا شۆڕشی ڕۆشنگەری لە دژی
ئەوەدا سەری هەلّداوە.

بەشێك لەوانەی كە لافی ڕۆشنگەری لێ دەدەن، بوونەتە كۆیلە بەدەست پارت و
لایەنێکی دیاریکراو، لە كاتێکدا پێویستە مرۆڤی ژیر خاوەنی بوون و ئازادی و
كەسایەتیی خۆی بێت، بێگومان ڕێنسانس و شۆڕشی نوێگەرییش لەو پێناوەدا
سەری هەلّدا كە مرۆڤ خاوەنی بوونی خۆی بێت و نەبێتە گۆچانی دەستی هیچ
کەسێکی تر. ڕۆشنگەراكان تەنها ڕۆلّی ڕۆبۆتێك دەبینن بەدەست سەرووی
خۆیانەوە، لەبری ئەوەی ئەوان کەسانی کالّفام و دەسەلّاتدار ئاڕاستە بكەن و

____

(١) ئیمامی بوخاری ڕیوایەتی كردووە، بە ژمارە: (٧٣٥٢).

بیانبەن بەڕێوە، کەچی ئەوان بوونەتە ئامرازێک بە دەستی ئەو نەزان و کاڵفامانەی کە سەرچاوەی نەهامەتی و ناسۆڕییەکانی کۆمەڵگەن.

خراپتر لەوە، بە ناو فەیلەسووف و ڕۆشنگەراکان، هێندە دوورن لە هزر و فیکر و فەلسەفە کە گەورەترین زیانیان بەو ڕەوتە گەیاندووە، بە جۆرێک کە نەزانەکانیش درک بە جەهل و نەزانیی ئەوانە دەکەن کە بانگەشەی ڕۆشنبیربوون و هزر و فەلسەفە دەکەن. ڕێک وەک ئەو کەسە وان کە شاعیر لەبارەیانەوە وتوویەتی:

وغیر تقی یأمر الناس بالتقی

طبیب یداوی ─الناس ─ والطبیب مریض [1]

واتە: کەسی خراپ فەرمان بە خەڵکی دەکات باش بن

پزیشک خەڵکی چارەسەر دەکات، لە کاتێکدا خۆی نەخۆشە

ئەم گرووپە بە ناو ڕۆشنگەر و عەقڵانییە بوونەتە یەکەمین دوژمنی عەقڵ و ماریفەت، کە دەشێت لە هەر ساتێکدا بەر ئاھ و نرکەی عەقڵ بکەون و ببنە قوربانیی دەستی خودی عەقڵ و فەلسەفە. ئەم هەوڵەی ئێمەش تەنها و تەنها لەپێناو خستنەڕووی ئەم وێناکردن و بەرجەستە خراپانەیە کە ئاییندۆستان و ڕۆشنگەراکان بە نەزانی و نەفامیی خۆیان دژ بەم دووانە ئەنجامی دەدەن لە دووتوێی بنەما لۆژیکی و فەلسەفی و ئایینییەکاندا. کە لە ڕاستیدا جگە لە شێواندن و ناشیرینکردنی ئایین و فەلسەفە و ئابڕووچوونی خۆیان، هیچ ئەرزش و بەهایەکیان نییە. بێگومان ئەم جۆرە پیادەکردن و گوزارشتکردنە لە بیروباوەڕی ئایینی و ئایدیای فەلسەفی و عەقڵانی، خزمەت بە بەرژەوەندیی ئەو دوو چەمکە ناکات، کە بە هەردووکیان هەوڵی ڕەخساندنی ژینگەیەکی لەبار و گونجاو دەدەن، تا مرۆڤ بتوانێت تیایدا پەرە بە لێهاتوویی و مەعریفەی خۆی بدات و جێنشینایەتیی خۆی لەسەر زەویدا فەراهەم بکات.

---

(١) شعب الإیمان: البیهقی: (٣٢٥/٣).

گومانیش لەوەدا نییە کە ئەو گرووپە ساختەیەی بە ناوی ئایین و فەلسەفە و عەقلانیەت بوونەتە مایەی شەرمەزاریی خۆیان و لەکەدارکردنی ئایین و بزوتنەوەی عەقلانیەت، ئەگەر لەلایەن گرووپە ڕاستەقینەکەی ئاییندار و ڕۆشنگەر بەرپەرچیان نەدرێتەوە و ئەو پێگە و بەهایەی کە بەساختە بۆ خۆیان بەدەستیان هێناوە، بە زووترین کات لێیان نەسەنرێتەوە، ئەوا هەر هەموویان بەر نەفرەتی ئایین و ئاهی فەلسەفە دەکەون، چونکە هەردووکیان بەشدارن لە تێکشکاندنی ئایین و فەلسەفە، یەکیان بە خراپ نیشاندان و هەڵە جێبەجێکردن، یەکیشیان بە خۆبێدەنگکردن و دەست بە کڵاوی خۆوە گرتن لە ترسی با بردن.

بەپێچەوانەوە، هەر هەولێك بۆ بەرەنگاربوونەوەی ئەو گرووپانە —کە ئەم بەرهەمەش هەولێکی سادەیە لەو پێناوەدا— بەدەمەوەچوونی دەق و تێکستەکانی ئایین و بەها و پڕەنسیپەکانی عەقڵ و فەلسەفەیە و خزمەتکردنە بە سروشتی ئەو دووانە و پاراستنی مرۆڤایەتییە لە مەترسییەکی ئێجگار گەورە، دوا جار سەرخستنی هەق و ڕاستییە بەسەر ناهەق و گومڕاییدا.

بەشی سێیەم
فەلسەفە و ئایین لەنێوان تێگەیشتن و بەرجەستەکردندا

چەمکی ئایین و فەلسەفە بەگشتی لە سێ فۆرمی جیاوازدا نمایش دەکرێن، گەورەترین هەڵەی مرۆڤایەتییش لەوەوە سەرچاوە دەگرێت، کە بڕیاردانی لەسەر ئەم دوو چەمکە لە هەر سێ فۆرمدا یەك جۆرە، کە لە بنەرەتدا خودی ئەم جۆرایەتییە لە خۆبەرجەستەکردنی ئەم دوو چەمکەدا، ئاماژەیەکە بۆ مرۆڤایەتی کە لە هەر فۆرمێکدا پێویستە جۆرێك تێڕوانین و بڕیاردانی تایبەت هەبێت. پڕبایەخترین کاریش لەهەمبەر ئایین و فەلسەفەدا، خستنەڕووی فۆرمە جیاوازەکانی ئەم دووانەیە، کە دواتر دەشیت دروستی و نادروستیی هەر بڕیارێك سەبارەت بەم دووانە، لە دەرئەنجامی تێڕوانین بۆ جۆری فۆرمەکە بخرێتە ڕوو، بۆیە ئێمە بەکورتی ئاماژەیەکیان پێ دەکەین:

فۆرمەكانى ئايين:

ئايين يان وەك دەقى نووسراو سەير دەكرێت، يان وەك تێگەيشتن لە دەقە نووسراوەكان، يان وەك بەرجەستەكردنى دەقە نووسراوەكان. هەڵبەت سروشتى ئايين و بڕياردان لەسەر ئايين لە هەريەك لەم سێ فۆرمەدا جياوازە، لێرەدا بەكورتى ئەرگۆمێنتى ئەم سێ فۆرمەى ئايين دەكەين.

فۆرمى يەكەم: ئايين وەك دەق

يەكەم دەركەوتنى ئايين لە كۆمەڵگەدا لە شێوەى دەقى نووسراو و ڕستەى ئاڕاستەكراو بەرجەستە دەبێت. ئەو ئايينانەى ڕەچەتەيان بۆ خواوەند دەگەڕێتەوە، لە بەركەوتنى يەكەمين جارى كۆمەڵگەدا بريتين لە كۆمەلێك تێكستى پيرۆز، كە بە شێوەيەكى نووسراو و نەگۆڕ لە ڕێگەى پەيامبەران (دروودى خودايان لەسەر بێت) دەگەيەنرێتە مرۆڤايەتى و مۆركێكى تەواوى خواوەندى پێوەيە و هيچ هزرێكى مرۆڤايەتيى تێكەڵ نابێت. دواتر لە بەركەوتنى دووەمى كۆمەڵگەدا، ئەم دەق و تێكستانە كۆمەلێك ڕستەى ترى بۆ زياد دەبێت كە خۆى لە شرۆڤە و لێكدانەوە و ديد و تێڕوانينى پەيامبەرەكان (دروودى خودايان لەسەر بێت) دەبينێتەوە، كە ئەمە لە توراسى ئايينيدا بەتايبەت ئايينى ئيسلام، بە فەرمووده (حديث) ناوزەد دەكرێت، كە پەيامبەران (دروودى خودايان لەسەر بێت) بە مەبەستى ڕاڤە و شيكارى دەقە خواييەكان ناچارن ڕستەى تايبەت بە خۆيان بخەنە ڕوو.

ئايين لەم فۆرمەيدا ئەگەرچى لەلايەن بەشێكى مرۆڤايەتى گومان دەخرێتە سەر ڕێژەى خوداييبوونى دەق و تێكستەكانى —بەو پێيەى هەندێك گرووپ ئەوە ڕەد دەكەنەوە، ئەم دەقانە هى خودا بن— بەڵام بەگشتى سيمايەكى ساده و بێگوناهى هەيە، چونكە لەو قۆناغەدا ئايين تەنها بنەما و پڕەنسيپە خوداييەكان وەك خۆى و

بەبیٚ لیٚکدانەوە و تیٚڕوانینە جیاوازەکانی مرۆڤایەتی دەخاتە ڕوو، هەڵبەتە ئەگەر
ڕستە ئاڕاستەکراوەکانی پەیامبەرانیش (دروودی خودایان لەسەر بیٚت) بە دەقی
خودایی هەژمار بکەین، بەڵام بە ڕیٚژەیەکی کەمتر.

ئەم قۆناغەی ئایین ئەگەر وەك خۆی بەرجەستە بکریٚت، کەمترین تیٚکپڕژانی
لەگەڵ بەرژەوەندییە لۆژیکییەکانی مرۆڤایەتی دەبیٚت، چونکە سیٚبەری خواوەند
باڵ بەسەر بووندا دەکیٚشیٚت و خواست و خولیا ڕاستەقینەییەکانی مرۆڤایەتی
بەرجەستە دەبن.

فۆڕمی دووەم: ئایین وەك تیٚگەیشتن

ئایین لە فۆڕمی دووەمدا سیفەتی خوداییبوونی تیٚدا کەمتر دەبیٚتەوە، زیٚتر ئایین
ڕاڤەی بیروبۆچوونە جیاوازەکانی بڕواداران دەکات، نەك بەها و پڕەنسیپەکانی
خۆی، بۆیە دەشیٚت بوتریٚت ئایین لەم قۆناغەدا بەرجەستەی تیٚگەیشتنی مرۆڤایەتی
دەکات، نەك دەق و تیٚکستەکانی خۆی.

ئەگەرچی زۆرترین کیٚشەی ئایین لەگەڵ مرۆڤایەتی لەم فۆڕمەیدا سەرچاوە
دەگریٚت، بەڵام خۆشبەختانە ناکۆکی و کیٚشەکان تیۆرین و بەشیٚکیان تەنها وەك
گەمەیەکی لۆژیکی و مەعریفی هەژمار دەکریٚن.

لە بنەڕەتدا ناشیٚت ئەم کیٚشانە لەسەر ئایین هەژمار بکریٚن، بەڵام نەریتی
مرۆڤایەتی ئەم فۆڕمەشی وەك ئایین هەژمار کردووە، نەك وەك تیٚگەیشتن و
ڕاڤەکردنی تیۆر و دەقە ئایینییەکان، بۆیە کیٚشەکانیش بە کیٚشەی ئایینی هەژمار
کراون، نەك کیٚشەی ڕاڤە و تیٚگەیشتنی ئایینی.

لەم قۆناغەدا ئایین ئامرازی بەرگریکردنە لە تیٚگەیشتنی تاکەکانی، چونکە
عەقڵانیەتی مرۆڤایەتی و جیاوازییان لە ڕاڤەی تیٚکستەکان، دەبیٚتە فاکتەریٚك بۆ
سەرهەڵدانی ڕیٚباز و ڕەوتی جۆراوجۆر، هەر گرووپیٚکیش بانگەشەی ڕەسەنایەتیی

خۆی دەكات و دەق و تێكستەكان بەو شێوەیه ڕاڤە دەكات كه لەگەڵ بۆچوونەكانی خۆی دەلوێت، سەرئەنجام ئاین پیشەی دەبێته ڕەوایەتیدان به تێڕوانین و تێگەیشتنه جیاوازەكانی بڕوادارانی.

هەڵبەته لەم قۆناغەدا ئاین دوو ڕاڤەكەری جیاوازیی بۆ پەیدا دەبێت، هەندێك جار ڕاڤەكەران ئاین لەم فۆڕمەیدا دەوەستێنن و سیفەتی نەزۆكی دەدەنه پاڵی، نەزۆكی بەو واتایەی كه ئیدی ئاین گەشه ناسەنێت و تەنها لەو سەردەمەدا دەژیەت كه له سەرەتادا تێیدا هاتووەته خوارەوە، بێگومان ئەم لێكدانەوەیه هی ئەو گرووپ و ڕەوته ئاینینییانەیه كه بڕوایان وایه ئاین بۆ سەردەمێكی دیاریكراوه و ناشێت له هەموو بوار و زەمەنێكدا جێبەجیّ بكرێت، وەك ئەو ڕەوته عەقڵانییەی كه بڕوایان به توراس و دەق و تێكسته ئاینینییەكان هەیه ـمەبەستمان ئاینی ئیسلامەـ بەڵام وای بۆ دەچن كه ئیتر لەم ڕۆژگارەدا ناكرێت جێبەجیّ بكرێن، چونكه هەم ڕاستەقینەیی، هەم جێبەجێكردنی ئەو ئاینه بۆ سەردەمێكی دیاریكراوی مرۆڤایەتی بووه .

بێگومان ئەم جۆره لێكدانەوەیه ئاین نەزۆك دەكات، چونكه ناتوانێت له فۆڕم و قۆناغی تێگەیشتن و لێكدانەوه پەل بهاوێژێت بۆ قۆناغ و فۆڕمی بەرجەستەكردن، بەمەش ئاین له ڕووی بڕیاردان و كاریگەریبوون و بەردەوامبوون نەزۆك دەبێت.

بەڵام گرووپی دووەمی ڕاڤەكەران، به جۆرێك ڕاڤەی ئاین دەكەن كه نەك هەر نەزۆك و بیّ بەرهەم نابێت، بەڵكو چەند ئاینینێكی جیاواز لەدایك دەبن. یان دروستتر بڵێین، چەند ڕێبازێكی جیاواز لەنێو یەك ئاییندا سەر هەڵدەدەن، ئەوكات ئاین له حاڵەتی فەردانیەت دەگوێزنەوه بەرەو چەندایەتی (تنوع). هەڵبەته جیاوازیی نێوان ئەم دوو ڕاڤەیه لەوەدایه كه: ئاین كاتێك وەك چەمكێكی نەزۆك و وەستاو ڕاڤە دەكرێت، تێكپڕژان و ڕقەبەڕایەتی لەگەڵ مرۆڤدا دروست نابێت و ئاین تووشی ڕەخنه نابێتەوه، چونكه بواری بەرجەستەكردنی نەدراوەتیّ تا ئەوەی

هەڵسەنگاندنی بۆ بکرێت، بەڵام لەگەڵ ئەوەشدا مرۆڤایەتی دووچاری گەورەترین نارەحەتی دەکاتەوە، چونکە ئێمە پێمان وایە بەرجەستەنەکردنی ئایین مرۆڤێکی ناکام دێنێتە بەرهەم.

بەڵام کاتێک ئایین وا نیشان دەدرێت کە هەڵگری بۆچوون و ڕاڤە و جێبەجێکردنی جیاوازە، ئەوکات ئایین تووشی ڕەخنە دەبێتەوە، بەڵام لەبەرامبەردا کۆی مرۆڤایەتی سوودمەند دەبێت، چونکە ئایین لە لایەک مرۆڤایەتیبوونی بۆ کامڵ دەکات، لە لایەکی تریش یارمەتیدەرێکی باشی دەبێت بۆ چارەسەرکردنی کۆمەڵێک پرس و ئاریشەی عەقڵی و فیتری، کە تەنها ئایین توانای چارەسەرکردنیانی هەیە.

بێگومان ئەم فرەییەی کە ئایین لەلایەن بەشێک لە ڕاڤەکاران بۆی دەخرێتە ڕوو، ئایین لە فۆرمی تێگەیشتن دەگوازێتەوە بۆ فۆرمی بەرجەستەکردنی، کە سیمای سێیەمی ئایینە.

فۆرمی سێیەم: ئایین وەک بەرجەستەکردن

لەم فۆرمەیدا، ئایین بە شێوەیەکی کرداری لەگەڵ مرۆڤایەتیدا ڕووبەڕووی کێشە دەبێتەوە، چونکە لەم قۆناغەدا بەریەککەوتنەکان لە تیۆری و دەمەتەقێی نێوان بڕوادارەکان پێ دەنێتە نێو بەرجەستەکردن و پیادەکردن، ئەوکات لێکەوتەکانی ئەم ناکۆکییانە ماددی دەبن نەک هزری و لۆژیکی، کە زۆرترین جار بە ڕشتنی خوێن و ئەشکەنجەدانی مرۆڤایەتی لە لایەک و لەکەداربوون و بێهێزبوونی خودی ئایین لە لایەکی تر تەواو دەبێت.

بێگومان لە ڕووی لۆژیکی و ئاییننییەوە ناشێت بڕیاردان و تێگەیشتن لە ئایین لە هەرسێ حاڵەتدا وەک یەک بێت، چونکە جیاوازیی گۆشەنیگا و خۆنمایشکردنەکانی ئایین فاکتەرێکی هزریی بەهێزە بۆ جۆری بڕیاردانمان لەسەر ئایین.

بڕیاردانی ڕاستەقینە سەبارەت بە ئایین ئەوکاتە دێتە بەرهەم، کە لەسەر
بنەمای ئەرگۆمێنتکردنی خودی دەق و توراسە ئایینییەکان بێت، کە تەنها و تەنها
خۆی لە دەقی خواوەند و ڕستەی پەیامبەران (دروودی خودایان لەسەر بێت)دا
دەبینێتەوە، کە فۆرمی یەکەمی ئایین بوو.

بەڵام کاتێک بڕیاردان لەسەر ئایین لە دەرئەنجامی تێگەیشتنی بڕواداران یان
بەرجەستەکردنە جیاوازەکانیان بۆ دەق و تێکستە ئایینییەکان دێتە بەرهەم، هیچ
کات بڕیاردانێکی لۆژیکی نابێت، چونکە ئایین شتێکە و بەرجەستەکردن و
تێگەیشتنی شوێنکەوتووەکانی شتێکی تر.

فۆرمەکانی عەقڵ و فەلسەفە

چەمکی عەقڵانیەت جیاواز لە ئایین، دەشێت لە دوو فۆرمی جیاوازدا بەرجەستە
بکرێت، عەقڵ وەک دەقێکی ڕەها (مطلق) و تێگەیشتنی مرۆڤەکان بۆ ئاریشە و
پرسە مرۆڤایەتی و گەردوونی (وجودی)یەکان، یان وەک بەرجەستەکردنی ڕاڤەی
تیۆرا و تێگەیشتنە مرۆڤایەتییەکان. بێگومان جۆری بڕیاردانیش لەسەر عەقڵ و
تیۆرە عەقڵییەکان پەیوەستە بە شێوەی فۆرمەکان، بۆیە ئێمە بەکورتی تیشکیان
دەخەینە سەر.

فۆرمی یەکەم: عەقڵ وەک دەقێکی ڕەها و تێگەیشتنی مرۆڤایەتی

هێزی ئایین لە سەرەتادا فۆرمێکی ماددیی نووسراوی هەیە، دواتر دەگۆڕدرێت
بۆ تێگەیشتن، دوا جاریش بۆ بەرجەستەکردن، بەڵام عەقڵ لە بنەڕەتدا هێزێکی
ڕۆحانی و ناماددیی هەیە، عەقڵ دەق و تێکستێکی نووسراو نییە، بۆیە ناتوانرێت لە
قۆناغی یەکەمدا وەک کائینێکی جیا لە مرۆڤ هەژمار بکرێت، ئەمە بەپێچەوانەی
ئایین کە لە سەرەتادا فۆرمێکی خوداییی هەیە و بە هیچ جۆرێک تێکەڵی تۆخمی

مرۆڤبوون ناكەوێت، ئەمە جگە لەو ئاینە مرۆییانەی كە لە سەرەتادا تێگەیشتن و تیۆرای مرۆڤی بوون، دواتر لە دەرئەنجامی زۆر پیادەكردن بوونەتە جۆرێك لە ئاین و بیروباوەڕ.

عەقڵ هەر لە سەرەتادا فۆرمێكی تێگەیشتن و دونیابینیی مرۆڤایەتییە، بۆیە تێڕامان نییە لە دەق، بەڵكو خودی بەكارهێنانی عەقڵ گوزارشت لە دەق و تێكستی عەقڵانیەت دەكات. سادەتر بڵێین، ئەگەر عەقڵ لە شێوەی دەق و تێكستدا بەرجەستە بكەین، ئەوا خودی بەكارهێنانی هێزی عەقڵ گوزارشتە لە دەق و تێكستی عەقڵ.

دەشیّ بوترێت، عەقڵ و فەلسەفە لە پلەیەكی باڵادا لەدایك دەبن، بەو واتایەی كە بە قۆناغی نووسینەوە و توراسێكی ماددی گوزەر ناكەن، بەڵكو ڕاستەوخۆ دەچنە قۆناغی تێگەیشتن. ئەمە بەپێچەوانەی ئاین كە بەر لە قۆناغی تێگەیشتن، پێویستە بە قۆناغی نووسینەوە و دەقدا بڕوات.

عەقڵ بەگەورەیی لەدایك دەبێت و ئاینیش بەمنداڵی، هەڵبەتە ئەم جۆرە لەدایكبوونە لە ڕواڵەتدا دەشێت بە كەم سەیركردنی ئاینی لیّ بخوێنرێتەوە، بەڵام لە ڕاستیدا بەپێچەوانەوە ئەم فۆرمەی هاتنەدونیای ئاین و فەلسەفە، كامڵیی ئاین زیاتر لە عەقڵ و فەلسەفە دەسەلمێنێت، چونكە كاتێك عەقڵ دەقێكی نووسراوی نییە كە وەك مەرجەع پەنای بۆ بەرین لە كاتی ڕوودانی كێشمەكێش و ڕەخنەلێگرتنیدا، سەر دەكێشێت بۆ ئەوەی نەتوانرێت جیاوازی بكرێت لەنێوان خودی عەقڵ و چۆنێتیی بەكارهێنانیدا، بەمەش لە هەموو ئەگەرێكدا ڕەخنەكان بەرەوڕووی عەقڵ دەبنەوە، ئەگەر هۆكارەكەی جۆری بەكارهێنانیشی بێت نەك خودی خۆی.

لەبەرامبەردا، بوونی دەقی نووسراو كە ئێمە وەك قۆناغی منداڵی خستمانە ڕوو، وا دەكات ئاین لە زۆرێك لە ڕەخنە و توانجە جیاوازەكان ڕزگار بكات، چونكە

دەشێت لە ئەگەری هەر رەخنەیەك كە بە هۆی بەكارهێنەرانی ئاین رووبەرووی ئاین دەكرێتەوە، پەنا بۆ دەقە نووسراوەكان ببەین و وەك مەرجەعێك بیكەینە داوەر لە ئاست هەقیقەت و رەوایەتیی توانج و رەخنەكان.

لە هەمان كاتدا بوونی دەق، مەودای رەخنەكان كەمتر دەكاتەوە، بەڵام نەبوونی دەقێكی دیاریكراو عەقڵ و فەلسەفە رووبەرووی كۆمەڵێك پرس و رەخنە دەكاتەوە كە ئەگەر خاوەنی دەق و تێكست بوان، رووبەروویان نەدەبوویەوە.

لەم قۆناغەدا كێشەكانی عەقڵ لەگەڵ مرۆڤایەتیدا، كێشەی تێگەیشتن و راڤەكردنن نەك جێبەجێكردن و مومارەسەكردن، بۆیە تێكپڕژانەكان تەنها لە دۆخی تیۆریدا دەبن و زیانی ماددییان نابێت.

عەقڵ بەپێچەوانەی ئاین هیچ كات نەزۆك و بێبەرهەم نابێت، چونكە ئەگەر عەقڵ و تێگەیشتنێكی دیاریكراو لە زەمەن و شوێنێكی دیاریكراودا بەرجەستەش نەكرێت، مرۆ لە كۆشش ناوەستێت و هەوڵی هێنانەدی عەقڵ و تێگەیشتنێكی تر دەدات كە بۆ ئەو سەردەمە بگونجێت، ئەمە بەپێچەوانەی ئاین كە ئەگەر لە خاڵێكی دیاریكراودا وەستێنرا، تووشی نەزۆكی دەبێت، چونكە مرۆڤەكان لە بنەڕەتدا كەمترین توانایان هەیە تا بتوانن ئاینینێكی تر بخوڵقێنن، هەموو ئەو ئاینانەشی كە لە بنەڕەتدا دەستكردی مرۆڤایەتین، فاكتەری مەعریفی و ئابووری و دەروونی و سیاسی وای كردووە ببنە ئاین، هەڵبەتە ئەمەش دوای چەندین سەدە خەبات و تیكۆشان، كە دوا هەر جار نەشیانتوانیوە لە قاڵبی مرۆڤبووندا بچنه دەرەوە و وەك ئاینینی خودایی خۆیان بەرجەستە بكەن.

فۆرمی دووەم: عەقڵ وەك بەرجەستەكردنی تێگەیشتن

ئاشکرایه که لهم قۆناغهدا عەقڵ و فهلسهفهش له تیۆراوه بهرهو بهرجهستهکردن پهل دههاوێژن، ئیدی لێرهوه عهقڵیش وهك ئایین دهبێته ئامراز نهك ئامانج، به جۆرێك ههر رهوت و رێبازێکی عەقڵانی و فهلسهڤ دهیهوێت عەقڵ به جۆرێك بهرجهسته بکات، که ئامانج و خواسته هزرییهکانی بۆ فهراههم دهكات نهك بهو جۆره که عەقڵ خۆی دهیهوێت.

لهم فۆرمهی عەقڵدا، دهبهر یهکراچوون و کێشهکانی عەقڵ ماددی دهبن و به ههمان شێوهی ئایین سهرهتا مرۆڤایهتی دهبێته قوربانی، دواتر خودی چهمکی عەقڵ.

گهرهکه مرۆڤایهتی کێشه و رهخنهکانی قۆناغی بهرجهستهکردنی عەقڵ لهسهر خودی عەقڵ ههژمار نهكات، ههرچهنده له واقیعدا عەقڵ پێوهرێکی دیاریکراوی نییه تا ئهوهی بتوانین بیکهینه داوهر لهوهی ئاخۆ کێشهکان هی خودی عەقڵن، یان هی فۆرم و میتۆدی بهکارهێنانی عەقڵ، بهڵام لهگهڵ ئهوهشدا دهکرێت بهرژهوهندییه گشتییهکانی مرۆڤایهتی و کۆدهنگیی مرۆڤهکان و عەقڵێکی بێ رتوش بکرێنه پێوهرێکی رهمزی و رۆحی بۆ یهکلاییکردنهوهی کێشهکان لهنێوان پاڵدانی بۆ خودی عەقڵ، یان پاڵدانی بۆ شێوازی بهکارهێنانی عەقڵ لهلایهن مرۆڤهکانهوه.

دوا جار لهم خستنهرووهی فۆرمه جیاوازهکانی ئایین و عەقڵ، ئهوهمان بۆ دهردهکهوێت که لۆژیکیترین رهخنه ئهو رهخنانهن که ئاڕاستهی قۆناغهکانی یهکهمی ئایین و عەقڵ بکرێنهوه، بهڵام له راستیدا ئهوهی دهبینرێت، زۆرترین رهخنه ئایینی و عەقڵانییهکان له فۆرمی سێیهمی ئایین و دووهمی عەقڵدا دهردهکهون، بۆیه زۆرترین رهخنهکان که بهرهورووی ئهم دووانه دهبێتهوه، هۆکارهکهی خۆیان نین، بهڵکو چۆنێتیی راڤهکردن و بهرجهستهکردنیان، فاکتهری ئهم بهریهککهوته و کێشانهن.

بۆیه دەشێ بوترێت ئەم فۆڕمه جیاوازانەی ئایین و عەقڵ تەنها له ڕووی
تیۆرییەوه بوونیان هەیه، بەڵام لەسەر زەمینی واقیع کەمترین مرۆڤ ئەو مرۆڤانەن
که ڕەخنەکانیان بۆ ئەم دووانه لەسەر بنەمای جیاوازی فۆڕمی ئایین و عەقڵ بونیاد
بنێن، ئەو مرۆڤانەی جیاوازی لەنێوان ئایین وەک دەق و ئایین وەک ڕاڤه و
لێکدانەوەی مرۆڤه باوەڕدارەکان دەکەن زۆر کەمن، به هەمان شێوه ئەو مرۆڤانەی
خودی عەقڵانیەت و ڕاڤه و بەرجەستەکردنی ڕۆشنگەراکان بۆ پرسه فیکری و
مەعریفییەکان له یەک جیا دەکەنەوه، یەکجار کەمن.

بۆیه هەوڵ دەدەین له خاڵەکانی داهاتوودا ئەو فۆڕمانه بخەینه ڕوو، که له
واقیعی کۆمەڵگاکاندا بەرامبەر به ئایین و عەقڵ بەرجەسته دەکرێن.

بێگومان له واقیعدا دوو دیدگا و بۆچوونی جیاواز بۆ فۆڕمەلەکردن و لێکدانەوەی
دەق و تێکسته فەلسەفی و ئایینییەکان بوونی هەیه:

دیدگای یەکەم :

تیشک دەخاته سەر خودی فەلسەفه و ئایین خۆیان، واته ڕوانینێکی بابەتییانه و
واقیعییانەیه بۆ ناواخن و کرۆکی فەلسەفه و ئایین و سەرچاوەی دەقەکانیان. ئەم
دیدگایه خستنەڕووی پەیامەکانی فەلسەفه و ئایینه وەک ئەوەی خۆیان بانگەشەی
بۆ دەکەن و دەیانەوێت، نەک وەک ئەوەی بڕواداران و ڕۆشنگەراکان بەرجەستەی
دەکەن.

هەڵبەت ئەم جۆره دید و تێڕوانینەیان، گوزارشت له بوونی ڕاستەقینەی ئەم
دووانه دەکات. به واتایەکی تر، دیدگای یەکەم موماڕەسەکردنی ئایین و فەلسەفەیه
به ستایل و فۆڕمی سروشتیی خۆیان، دوور له هەر جۆره خستنەڕوو و بەکارهێنانی
هەر ماسکێک که لەدەرەوەی پەیام و ئامانجه ڕاستەقینەکانیان بێت.

ئەم دیدگایه ئینتیمای بۆ هیچ بۆچوون و ئایدۆلۆژیا و هزر و ڕێبازێك نییه، كه بشێت كاریگەریی نەرێنیی هەبێت لەسەر نرخ و بەهای ڕاستەقینەی فەلسەفه و ئایین.

ئەم دیدگایه له ڕووه فەلسەفی و لۆژیكییەكەوه پەیوەست نییه به تیۆر و بۆچوونی ڕەوتێكی ڕۆشنگەریی دیاریكراو، هەڵگری پاشخانی ڕێبازێكی تایبەت نییه، وابەستەی هیچ سەردەم و كاتێكی دیاریكراوی مێژووی فەلسەفه و هزری مرۆڤایەتی نییه، تەنانەت هۆگری كەسایەتی و كارەكتەره باو و دیارەكانی ئەو بوارەش نییه.

هەڵبەته ئەمه بەو واتایه نایەت كه ئەم دیدگا و بۆچوونه تەواو دۆگما و دابڕاوه لەو ئامراز و كارەكتەرانەی كه پێویسته ڕۆڵیان هەبێت له هەر تۆێژینەوه و بۆچوونێكی فیكری و فەلسەفیدا، چونكه ناالوێ دیدێكی لۆژیكی و عەقڵانی بخەینه ڕوو كه كاریگەریی هیچ ڕەوت و ڕێبازێكی فەلسەفی و ژینگه و كات و ساتێكی دیاریكراوی لەسەر نەبێت، بەڵكو ئێمه دەمانەوێت بڵێین كه ئەم دیدگایه وێڕای ڕەچاوكردنی توراسی مرۆڤ و ژینگه جیاوازەكانی مەیدانی فیكر و فەلسەفه، تەنها و تەنها هەڵقوڵاوی ئەو دەق و تێكستانەیه كه گوزراشت له هەقیقەتی فەلسەفه و ڕۆشنگەری دەكەن.

هەرچی تایبەته به ڕووه ئایینی و ئایدۆلۆژییەكەوه، ئەم دیدگایه ڕوانینێكی گشتی و ڕەهای هەیه بۆ تێكسته ئایینییەكان، گشتی بەو مانایەی كه تەنها له سووچێكەوه شیكاری دەق و پرسه ئایینییەكان ناكات، بەڵكو ئایین وەك چەمكێكی گشتی دەخاته بەر تۆێژینەوه و كۆی پرس و بابەتەكانی ئایین دەخاته بەر باس و لێكۆڵینەوه، دواتر له دەرئەنجامی ڕوانینێكی گشتی بڕیار لەسەر شێواز و فۆڕمی تایبەت به ئایین دەدات.

ڕەهاش بەو واتایەی کە وابەستەی ڕێباز و ڕەوتێکی دیاریکراوی ئایدۆلۆژیا و
بیروباوەڕی ئایینی نییە، بەڵکو کۆی ڕەوت و تیۆرە ئایینییەکان دەخاتە خزمەت
شیکارکردنی خودی تێکست و توراسە ئایینییەکان.

بەگشتی، دیدگای یەکەم بە هەردوو لقە فەلسەفی و ئاینییەکەیەوە تەقدیسی
تێکست و سەرچاوە تایبەتەکانی فەلسەفە و ئایین دەکات، لەبەرامبەردا کەسایەتی
و ڕێباز و ڕەوتە ئایدۆلۆژی و فەلسەفییەکان تەنها ڕۆڵی شیکردنەوە و یارمەتیدانی
تاکیان هەیە بە مەبەستی تێگەیشتن لە خودی دەقەکان، وەک دەوترێت لەم
بۆچوونەدا پێگەی دەق و پرەنسیپەکان لەسەرووی ڕێز و شکۆی کەسایەتییەکانە.

ئەگەر ڕاست بێت ئایین و فەلسەفە دابەشی بواری تیۆری و پراکتیکی بکەین،
ئەم دیدگایە گوزارشت لە بەشە تیۆرییەکەیان دەکات، کە تەنها لێکدانەوە بۆ فۆڕم
و میتۆدی ئایین و فەلسەفە دەکات و خەسڵەت و تایبەتمەندییەکانیان دەخاتە ڕوو،
لە ئەگەری بانگەشەکردنیش بۆ بەکردارکردن و پراکتیککردنی فەلسەفە و ئایین،
ئەوا لەسەر ئەو شێوازە سروشتییە دەیانخاتە ڕوو کە خۆیان پێیەوە دەرکەوتوون.

گومان لەوەدا نییە کە هەر ڕەخنەیەک لەسەر بنەمای ئەم جۆرە دید و تێڕوانینە
بهێتە ئاراوە، جێگەی ئەرگۆمێنتکردن و گفتوگۆ لەسەر کردنن، تا ڕادەیەکی زۆریش
لۆژیکی و مەقبوڵن، چونکە لەسەر بنەمای دەق و تێکستە ئایینی و عەقڵییەکان
خراونەتە ڕوو، بەڵام مەرج نییە هەموو ڕەخنەکان ڕاست و ڕەوا بن.

دیدگای دووەم :

بریتییه له خستنەڕووی ئایین و فەلسەفه بەپێچەوانەی بوون و سروشتی
راستەقینەی خۆیان، ئەم دیدگایه زیاتر پەیوەسته به جۆری ئەو فۆرمەی که
فەلسەفه و ئایینیان تیادا دەخرێته بواری جێبەجێکردن، واته بەشه کرداری و
پراکتیکییەکەی ئایین و عەقڵ و فەلسەفه دەگرێتەوه.

هەڵبەته فەلسەفه و ئایین خاڵی نین له لایەنی کرداری و پراکتیکی، بەڵام ئەوەی
جێگەی هەڵوەسته لەسەر کردنه، جۆر و شێوازی ئەو میتۆدەیه که هەوڵ دەدرێت
ئایین و فەلسەفه تیایدا موومارەسه و بەرجەسته بکرێن.

ئەم دیدگایه زیاتر کار لەسەر رەوت و رێباز و تیۆره فەلسەفی و ئایینییەکان
دەکات و لێکدانەوەی ئەوان بۆ فەلسەفه و ئایین دەخاته سەرووی خودی دەق و
تێکسته ئایینییەکان. روونتر بڵێین، لەم جۆره دید و بۆچوونەدا کەسایەتی و
بیردۆزەکانیان تەقدیس دەکرێن، خودی ئایین و فەلسەفه دەخرێنه خزمەت پارت و
رێبازه ئایدۆلۆژی و فیکرییەکان، تەواو پێچەوانەی دیدی یەکەمه.

زۆرترین ئەو رەخنانەی ئەم دیده بەرەوڕووی ئایین و فەلسەفەیان دەکاتەوه
نالۆژیکین، چونکه رەخنەکان لەبری ئەوەی لەسەر خودی ئایین و عەقڵ بونیاد
نرابن، کردەوەی بڕواداران و رۆشنگەراکان کراوەته پێوەری رەخنەگرتن له ئایین
یان له عەقڵانیەت، که بەم کردارەیان زۆرترین ستەم لەم دووانه دەکەن، به هۆی
ئەوەی هەندێك رەخنەیان ئاراسته دەکەن که له بنەرەتدا پێویسته لەسەر
شوێنکەوتووەکانیان هەژمار بکرێت، نەك خودی خۆیان.

تا ئێره روونه که ئایین و فەلسەفه دوو جەمسەریان هەیه، چ له خودی خۆیاندا
چ له دیدی پەیرەوکارانیاندا، له خودی خۆیاندا خاوەن جەمسەرێکی تیۆری و
جەمسەرێکی پراکتیکین، له دیدی هۆگرانیشیاندا خاوەن جەمسەرێکی سروشتی و
جەمسەرێکی ناسروشتین.

ئەوەی ئێمە دەمانەوێت قسەی لەسەر بکەین، خودی تێکست و دەقە ئایینییەکان و خودی عەقڵ و فەلسەفە نین کە جۆرێکیان تیۆری و جۆرێکیشیان پراکتیکین، بەڵکو ئێمە قسە لەسەر میتۆدی خستنەڕووی ئەو دەقانە دەکەین، ئاخۆ بە شێوازێکی سروشتی خراونەتە ڕوو وەک ئەوەی خۆیان هەن؟ یان جۆرێک لە ناسروشتییان پێوە بەدی دەکرێت و بەپێچەوانەی پەیام و ئامانجە سەرەکییەکانی خۆیان جیبەجێ کراون؟

هەڵبەتە بۆ بەدەستخستنی وەڵامێکی دیاریکراوی پەیوەست بەم پرسە، پێویستە لە سەرەتادا ئامانجی ڕاستەقینەی دەق و تێکستە فەلسەفی و ئایینییەکان بخەینە ڕوو، بەو پێیەش کە ئایین لە ڕێگەی عەقڵەوە شیکار دەکرێت، سەرەتا قسە لەسەر میتۆدی فەلسەفە دەکەین، دواتر میتۆدی ئایین دەخەینە ڕوو.

لە بنەڕەتدا دەق و تێکستە فەلسەفییەکان، میتۆدێکی لۆژیکی و عەقڵانی مرۆڤن لەهەمبەر ئاریشە ئەندێشەیی و سیاسی و ئایینی و کۆمەڵایەتی و پەروەردەییەکانی کۆمەڵگە، هەمیشە بەرەو ئاڕاستەی سەروەربوونی مرۆڤ و زاڵبوون بەسەر کێشە مرۆڤایەتییەکاندا هەنگاو دەنێن، مەغزای دەقەکان فەراهەمکردنی ئارامی و تێزکردنی غەریزەی زانینییە لە مرۆڤدا. بەگشتی فەلسەفە فۆرمێکی مرۆڤانەیە بۆ خستنەڕوو و چارەسەرکردنی پرسە پەیوەندیدارەکانی پەیوەست بە ژیانی مرۆڤ بەبێ جیاوازی.

ئیتر بەدەر لەمە، فەلسەفە هەرگیز ئەرگۆمێنت و شیکاری پرسێک ناکات کە بخزێتە دەرەوەی چێوارچێوەی بەرژەوەندییەکانی مرۆڤ، هەرگیز توانای خۆی لە کایەیەکدا ناخاتە گەڕ کە کایەی مرۆڤ نەبێت یان لە خزمەت بەرژەوەندییە تیۆری و پراکتیکییەکانی مرۆڤدا نەبێت.

لەم پێناوەدا بە درێژاییی مێژووی هزر و فەلسەفە عەقڵی دروست و فەلسەفەی ڕاستەقینە، هیچ کات نەچوونەتە ژێر باری هێزی هیچ هزر و بۆچوونێک کە میتۆد و

فۆڕمێکی ئەنتی مرۆڤانەیان هەبێت، یان هەلگری خەسلەتێکی نامرۆڤانە بن، چونکە یاسا فەلسەفی و لۆژیکییەکان ئاماژە بۆ ئەوە دەکەن کە ناکرێ بانگەشە بۆ شتێک بکەیت و پێچەوانەکەی ئەنجام بدەیت.

بەو پێیەش کە پەیام و ئامانجی عەقڵ و فەلسەفە لەپێناو مرۆڤ و دۆزەکانیدایە، ناکرێت کارێکی نامرۆڤانە ئەنجام بدەن، یان هەوڵی کارێک بدەن دژی خواست و داواکارییەکانی مرۆڤ بێت، چونکە ئەوکات عەقڵ و فەلسەفە دژی خودی ئامانج و پەیامەکانی خۆیان دەوەستنەوە و کارێکی نالۆژیکی ئەنجام دەدەن.

لەبەرامبەردا، ئایینی ئاسمانی بەرنامەیەکی خواییە بۆ ڕێکخستنی کۆمەڵگەی مرۆڤایەتی لەژێر سایەی سرووش (وەحی)ی خودا و لێکدانەوە عەقڵی و فەلسەفییەکانی خودی مرۆڤدا، بەو پێیەش بێت ئایین میتۆدێکی تێکەڵی هەیە کە خۆی لە دەق و تێکستە موقەدەسەکانی خودا و لێکدانەوە و شیکارییە عەقڵانی و لۆژیکییەکانی خودی مرۆڤدا دەبینێتەوە.

بەڵام یەک ڕەهەندی میتۆدی فەلسەفە (کە میتۆدێکی مرۆڤانەیە)، لەبەرامبەردا دووانەیی میتۆدی ئایین (کە میتۆدێکی خودایی و مرۆڤانەیە)، نابێتە هۆی جیاوازیی ئامانجەکانیان، چونکە فەلسەفە بە فۆڕم و شێوە عەقڵانی و لۆژیکییەکەی خۆی هەوڵی بارگاویکردنی مرۆڤ دەدات لە گۆشەنیگای زانست و بەختەوەری، لەبەرامبەردا ئایین بە میتۆدێکی خوداییانە و لەژێر سایەی عەقڵ و هزری فەلسەفیی مرۆڤدا بە هەمان شێوە بەرەو ئاڕاستەی خزمەتکردن و سەروەربوونی مرۆڤ و لەنگەرگرتنی لەکەناری ئارامیدا هەنگاو دەنێت.

ئیتر ئاساییە کە ئایینیش بە درێژایی مێژووی خۆی لە دووتوێی دەقەکانیدا جگە لە خزمەتکردنی مرۆڤ، بونیادی هیچ تیۆرێکی نەکردووە کە هەڵگری ناوکێکی نامرۆڤانە بێت، هەمیشە ئەرگۆمێنت و بەرسڤەکانی لەپێناو بونیادنانی مرۆڤی ڕاستەقینە بووە، ئەوەشی کە مۆرکێکی ئایینی پێوە لکێنراوە و دژ بە خواست و

بەها مرۆییەکان خراوەتە کار، لە ڕاستیدا کەم تا زۆر پەیوەندیی بە خودی دەق و سروشتی ئایینەکانەوە نییە، بەڵکو لێکدانەوەیەکی هەڵە و بەکارهێنانێکی ناتەندروستی ئایینە لەپێناو مەرامێکی تایبەت.

بە گەڕانەوە بۆ دەقەکانی قورئانی پیرۆز کە کۆکەرەوەی کۆی ئایینە ئاسمانییەکانە، ئەوەمان بۆ ڕوون دەبێتەوە کە ئایین میتۆدێکی مرۆڤانەی هەیە بە هەمان چەشنی عەقڵ و فەلسەفە و لۆژیک، بێگومان ئەم مرۆڤبوونەی میتۆدی ئایین لە چەند گۆشەیەک بەرجەستە کراوە، لەوانە:

١- بوونیادی بوونەوەر خراوەتە خزمەت بەرژەوەندییەکانی مرۆڤ، وەک خوای گەورە دەفەرموێت: ﴿ وَسَخَّرَ لَكُم مَّا فِي ٱلسَّمَٰوَٰتِ وَمَا فِي ٱلْأَرْضِ جَمِيعًا مِّنْهُ إِنَّ فِي ذَٰلِكَ لَآيَٰتٍ لِّقَوْمٍ يَتَفَكَّرُونَ ﴾ [1]. واتە: "هەرچی لە ئاسمانەکان و زەویدا هەیە بۆ ئێوەی ڕام هێناوە، بۆ خزمەتگوزاریی ئێوە فەراهەمی هێناوە، هەمووشی تێکڕا بەخششن لەلایەن ئەو زاتەوە، بەڕاستی ئا لەم بەخشش و دیارییانەدا بەڵگە و نیشانەی زۆر هەن بۆ کەسانێک کە بیر بکەنەوە و تێ بفکرن."

٢- ئایین گەرەکیەتی فۆڕمێکی ئاسان بۆ ژیانی مرۆڤەکان دروست بکات و تەوژم و کاریگەریی خراپ لەسەر توانای مرۆڤەکان لا بدات، وەک خوای گەورە دەفەرموێت: ﴿ يُرِيدُ ٱللَّهُ بِكُمُ ٱلْيُسْرَ وَلَا يُرِيدُ بِكُمُ ٱلْعُسْرَ ﴾ [2]. واتە: "خودای گەورە ئاسانکاریی بۆ ئێوە دەوێت، نایەوێت پەرستش و فەرزەکانتان لەسەر قورس و گران بکات."

٣- خودی بیری ئایینی وابەستەی تواناکانی مرۆڤ کراوە، کە ئەمەش مۆرکێکی مرۆڤانەی تایبەتە، هەر بۆیە مرۆڤ هەرگیز ئاڕاستەی کارێکی ئایینی ناکرێت کە

<hr>

(١) سوورەتی (الجاثیة)، ئایەتی: (١٣).

(٢) سوورەتی (البقرة)، ئایەتی: (١٨٥).

لەسەرووی ئاست و توانای خۆی بێت، وەك خوای گەورە دەفەرموێت: ﴿ لَا يُكَلِّفُ ٱللَّهُ نَفْسًا إِلَّا وُسْعَهَا ﴾ [1]. واتە: "خوای گەورە ئەرك ناخاتە سەر هیچ كەسێك، مەگەر بەقەدەر توانای خۆی نەبێت."

٤- سەرئەنجام سەرتاپای ئایین بۆ ڕۆشنكردنی ژیانی مرۆڤ و ڕزگاركردنیەتی لە زەلكاوی جەهالەت و شەوەزەنگی گومڕایی، وەك خوای گەورە دەفەرموێت:

﴿ الٓر كِتَابٌ أَنزَلْنَاهُ إِلَيْكَ لِتُخْرِجَ ٱلنَّاسَ مِنَ ٱلظُّلُمَاتِ إِلَى ٱلنُّورِ بِإِذْنِ رَبِّهِمْ إِلَىٰ صِرَاطِ ٱلْعَزِيزِ ٱلْحَمِيدِ ﴾ [2]. واتە: "ئەلیف، لام، میم، ئەم قورئانە كتێبێكە دامانبەزاندووە بۆت ئەی موحەمەد‎ﷺ، تا خەڵكی لە تاریكییەكانی بێباوەڕی و نەزانی و سەرلێشێواوی دەربهێنیت بەرەو نوور و ڕێبازی ڕۆشناییی ئیمان بە ویستی پەروەردگاریان، تا دەگەنە ڕێبازی ڕاستی خوای باڵادەست و شایستەی سوپاسگوزاری."

كەواتە ئایین و فەلسەفە خاوەن مۆركێكی مرۆڤانەی سروشتێن، بۆیە بەكارهێنانی هەر میتۆدێكی عەقڵانی و فەلسەفی یان هەر فۆرمێكی ئایدۆلۆژی و ئایینی بەدەر لە میتۆد و فۆرمە مرۆییەكە، بەكارهێنانی فەلسەفە و ئایینە بەپێچەوانەی سروشت و هەقیقەتی خۆیان. بێگومان تێگەیشتن لە ڕووە تیۆرییەكەی ئایین و فەلسەفە، كاریگەریی ڕاستەوخۆی هەیە لەسەر چۆنێتیی بەرجەستەكردنی ئایین و فەلسەفە لەسەر ئەرزی واقیعدا.

هەڵبەتە ئێمە ئەوەمان خستە ڕوو كە ئایین و فەلسەفە لە ڕووە تیۆرییەكەوە دوو چەمكن، كە خاوەن میتۆد و فۆرمێكی مرۆڤایەتین، واتە هەردووكیان لەپێناو

---

(١) سووڕەتی (البقرة)، ئایەتی: (٢٨٦).

(٢) سووڕەتی (إبراهيم)، ئایەتی: (١).

هێنانەدی بەرژەوەندییەکانی مرۆڤ تێدەکۆشن و هەوڵ دەدەن مرۆڤ لە نەهامەتی و لەناوچوون دوور بخەنەوە.

بەڵام تێگەیشتنی مرۆڤەکان بۆ دەق و توراسی ئایین و فەلسەفە، تێگەیشتنێکی ناسروشتییانەیە و دەکەوێتە ژێر جۆری دووەم لەو دوو جۆرە دید و بۆچوونانەی کە بەرامبەر بە ئایین و فەلسەفە خستنمانە ڕوو، بۆیە بەرجەستەکردنی ئەو دووانەش لەسەر ئەرزی واقیعدا، بەرجەستەکردن و موماەرسەکردنێکی ناسروشتییانەیە.

ئا لێرەوە مرۆڤەکان دەکەونە بەر ئاهی فەلسەفە و نەفرەتی ئایین، چونکە ئەو شێواز و فۆرمانەی کە ئێستا ئایین و فەلسەفەیان تیادا دەخرێتە ڕوو و دواتر لەژێر سایەیاندا موماەرسەی دەق و تێکستەکانیان دەکرێت، بەشێکیان تەواو نامرۆڤانەن و پێچەوانەی سروشت و فۆرمی ڕاستەقینەی فەلسەفە و ئایینن.

بە بۆچوونی ئێمە —دەشیّت زۆر کەس هاوڕا نەبن لەگەڵمان— هەموو ئەو نەهامەتییانەی کە دووچاری مرۆڤ دەبنەوە لەسەر بنەمای فەرزکردنی ئایین و تەوژمی فیکرین، هەموو ئەو لێکەوتە خراپانەشی کە ئێستا درکی پێ دەکەین و مرۆڤایەتی پێی دەناڵێنیّت، لە ڕاستیدا ناگەڕێتەوە بۆ دژایەتیی نێوان ئایینەکان یان هزر و فەلسەفەکان، بەڵکو تەنها خراپ لێحاڵیبوونە لە پەیامی ئایینەکان و بە هەڵە تێگەیشتنە لە بەها و پرەنسیپە عەقڵی و لۆژیکییەکان، چونکە هەرگیز خودی عەقڵ و فەلسەفە و ئایین نابنە سەرچاوەی زیان بۆ مرۆڤ، بەڵکو خراپ سوودبینینی مرۆڤ لەو دووانە، هۆکاری کێشەکانە.

ڕاشکاوانە بڵێین، کێشەکان لە بنەرەتدا هی تێڕوانینی بڕواداران و ڕۆشنگەراکانە، بەڵام دوا جار مرۆڤایەتی ئۆباڵی ئەم کێشانە دەخاتە ئەستۆی خودی ئایین و عەقڵ، کە ئەمەش دژوارترین ستەمە کە لەو دووانە دەکریّت، بۆ نموونە: دەمارگیریی ئایینی و خراپ سوود بینین لە ئایدۆلۆژیا و بیروباوەڕ، ئێستا لە جیهاندا فاکتەرێکە

بۆ ئەوەی هەزاران مرۆڤی بێتاوان ببنە قوربانی، وەك ئەوەی لە بەشێك لە وڵاتانی جیهان ڕوو دەدات.

هەروەك بە هەڵە ڕاڤەكردن و تێگەیشتن لە دەقەكانی قورئان و فەرمایشتەكانی پێغەمبەر ﷺ، جارێکی تر بووەتە هۆکاری بەرجەستەکردن و مومارەسەکردنێکی خراپی ئایین لەلایەن چەندین گرووپ کە بە هۆیەوە هەزاران کەسی بێتاوان بوونەتە قوربانی.

تەنانەت زۆرینەی ئەو جەنگ و کوشتارانەی مرۆڤ دووچاریان دەبێتەوە، لە سایەی عەقڵی ئەو مرۆڤانەوەیە کە بۆ سەپاندنی ئایدیا و لۆژیکی خۆیان گاڵتە بە مرۆڤایەتی دەکەن و هۆکارن بۆ پەرتەوازەبوونی کۆمەڵگاکان و لەناوچوونی گیانی هەزاران کەس.

بەڵام مرۆڤایەتی بەگشتی ئەم کێشە و ڕەخنانە ڕووبەڕووی ئایین و عەقڵ دەکاتەوە و ئەم دووانە بە هۆکاری ڕاستەوخۆی ئەو کێشانە دەزانن، کە لە ڕاستیدا ئەمەش بۆ ئەوە دەگەڕێتەوە کە هەموو فۆڕمەکانی ئایین و عەقڵ ─کە لە سەرەتادا ئاماژەمان پێی دا─ بە یەك چاو هەژمار دەکەن و جیاوازیی نێوان ئایین و ئایینداری و عەقڵ و عەقڵداری ناکەن.

بۆیە ئەو ڕەوشەی کە لە واقیعدا هەستی پێ دەکرێت، تەواو پێچەوانەی ئایین و فەلسەفەیە لە ڕووە تیۆرییەکەیەوە، بە جۆرێك کە پەیامی عەقڵ و فەلسەفەو ئایین دژ بە خواست و ئامانجەکانی مرۆڤ خراونەتە کار، لە کاتێکدا عەقڵ و ئایین لەم کارە بێبەرین.

بۆ ڕزگاربوونیشمان لە ئاهی فەلسەفە و نەفرەتی ئایین ─کە شتێکی حەتمین ئەگەر مرۆڤایەتی بەم شێوەی ئێستا بەردەوام بێت─ پێویستە لەسەرمان فۆڕمی تێگەیشتنمان بۆ ئایین و فەلسەفە سروشتی بکەینەوە، ئەوکات جێبەجێکردن و مومارەسەکردنی ئایین و فەلسەفەش ڕێگەی سروشتی خۆی وەردەگرێت،

دەرئەنجام مرۆڤ لەژێر هەژموون و سایەی دەقەکانی ئایین و تێکستەکانی فەلسەفە ژیانێکی سروشتی و ئاسووده بۆ خۆی و نەوەکانی داهاتووی دێنێتە کایەوه، بێگومان ئەم ئەرکەش لە ئەستۆی زانایانی ئایینی و پسپۆرانی بیروباوەڕ و شەیدایانی هزر و فەلسەفەدایه .

بەشی چوارەم
فەلسەفە و ئایین

ئایین و هزر و مرۆڤ، سیانەیەکی لەیەك گرێدراون، هەوڵدان بۆ پەراوێزخستنی هەر کامێکیان، جۆرێکە لە خودکوژی. لە هەر شوێنك ئایین هەبێت، پێویستە هزر و ئەندێشەش بوونیان هەبێت، هزر و فەلسەفەی راستەقینەش بە بوونی ئایین بەرجەستە دەبن، دوا جار مانای بوونی مرۆڤایەتییش ئەو کاتە کامڵ دەبێت کە ئەم دووانە ئاوێتەی یەکتر دەبن. ئەم حاڵەتە وێنە و سیمای راستەقینەی ئایین و عەقڵە، بەڵام ئەوەی مرۆڤە ئایدۆلۆژی و بیرمەندەکان بەرجەستەی دەکەن، تەواو پێچەوانەی ئەم تابلۆیەمان نیشان دەدات، بە جۆرێك کە عەقڵ دژی ئایین و ئایینیش بە دژی عەقڵ و لۆژیکی مرۆڤایەتی دەخەنە روو.

ئەو ڕقەبەرایەتی و دژایەتییەی ڕۆشنگەراکان بە ناوی بیری هاوچەرخ و ڕەوتی
عەقڵانیەت دژی ئاین و ئایدۆلۆژیا ئاسمانییەکان وێنایان کردووە و بەردەوام بە
گوێی خەڵکیدا دەیڵێننەوە، یەکێک لە گەورەترین ئەو نەهامەتییانەی کە بەناڕەوا
بەسەر فەلسەفەدا سەپێنراوە، کە بە هۆیەوە بیرمەندەکان لەبری سوودگەیاندن بە
بزوتنەوەی عەقڵانیەت و ڕۆشنگەری و زیادکردنی ڕێژەی مرۆڤە هزرمەندەکان،
بوونەتە فاکتەری ناشیرینکردنی عەقڵ و لۆژیك و بیرمەندە ڕاستەقینەکانی بواری
ڕۆشنگەری.

ئەگەر سەرنج بدەینە سروشت و پێکهاتەکانی فەلسەفە، ئەوەمان بۆ ڕوون
دەبێتەوە کە هیچ کات فەلسەفە دژی ئاین نەبووە، دوا جار ئەو دژایەتییەی کە
بەهەڵە دروست کراوە، بووەتە هۆی ئەوەی کە زیانێکی ئێجگار گەورە بەر ڕەوتی
فەلسەفە و عەقڵانیەت بکەوێت، چونکە مرۆڤە ئایینداره‌کان بە هۆی ئەم
تێڕوانینەوە ڕقوکینەیەکیان بەرامبەر بە فەلسەفە و لۆژیك و عەقڵانیەت بۆ دروست
بووە و کەمتر بە بنەما و پرەنسیپە لۆژیکی و فەلسەفییەکان ڕازی دەبن.

بێگومان جەوهەری فەلسەفە لەسەر بنەمای عەقڵ و لۆژیکی مرۆڤایەتی
هاتووەتە کایەوە، بەو پێیەش بیت کرۆکی فەلسەفە عەقڵە، بێگومان ئەکتیڤیتی و
چالاکییەکانی عەقڵ و ئاوەزی مرۆڤیش پەیوەندییان بە ئاڕاستەکردنی مرۆڤەوە
هەیە بەرەو کەناری ئارامی و ڕاستی. ڕوونتر بڵێین، کاری عەقڵیش ئاشکراکردنی
ڕاستییەکانە بۆ مرۆڤ، بۆیە ئەگەر عەقڵ بنەمای فەلسەفە بێت و کاری عەقڵیش
ڕوونکردنەوەی ڕاستییەکان بێت بۆ مرۆڤ، ئەوا بە هیچ جۆرێك فەلسەفە و ئاین دژی
یەکتر نین، دوا جار ئەو وێناکردنەی دژایەتیی نێوانیان وێناکردنێکی هەڵەیە و لە
بەرژەوەندیی ڕەوتی عەقڵانیەت و فەلسەفەدا نییە.

چونکە لە ڕاستیدا ئایینیش هەمان ئەو میتۆده دەخاتە نێو پرەنسیپ و بنەما
مرۆڤایەتییەکانی خۆی و بەرگری لەم جۆره چالاکییانە دەکات، واتە ئایینیش

76

بەرگری لە بەدواداگەڕان و لێکۆڵینەوە دەکات بە مەبەستی گەیشتن بە ڕاستی و
هەقیقەت، ئەوەتا قورئانی پیرۆز دەفەرمووێت: ﴿ يَـٰٓأَيُّهَا ٱلَّذِينَ ءَامَنُوٓا۟ إِن جَآءَكُمْ فَاسِقٌۢ
بِنَبَإٍۢ فَتَبَيَّنُوٓا۟ أَن تُصِيبُوا۟ قَوْمَۢا بِجَهَـٰلَةٍۢ فَتُصْبِحُوا۟ عَلَىٰ مَا فَعَلْتُمْ نَـٰدِمِينَ ﴾ [1] .

واته: "ئەی ئەوانەی باوەڕتان هێناوە، ئەگەر کەسێکی لەفەرماندەرچوو و
متمانەپێنەکراو هەواڵێکی گرنگی بۆ هێنان، خێرا بڕوای پێ مەکەن، بەڵکو سەرنج
بدەن، لێی بکۆڵنەوە تا بۆتان ڕوون دەبێتەوە، نەوەکو ئازار و ناخۆشی و
گیروگرفت بۆ خەڵکی دروست بکەن بەنەزانی، جا دوایی پەشیمان ببنەوە لەو
کارەی کە پێی هەڵساون."

ڕاڤەکارانی قورئانی پیرۆز لە ڕاڤەی ئەم ئایەتەدا دەفەرموون: "مەبەست لە
وشەی (فتبینوا)، ئاشنابوون و بەدواداگەڕان و لێکۆڵینەوەیە لەو کارەی کە
هاتووەتە پێش، بۆ ئەوەی ڕوون ببێتەوە"[2] ."

تەوراتیش فەرمان بە جوولەکەکان دەکات بۆ گەیشتن بە هەقیقەت و ڕاستیی
شتەکان، پرسیار لە کەسی پسپۆڕ بکەن کە پیاوانی ئایینین، وەک دەڵێت: "هکذا
قال رب الجنود إسأل الكهنة عن الشريعة"[3] ."

واته: "بەم جۆرە سەرکردەی سەربازەکان گوتی: دەربارەی ئایین پرسیار لە
پیاوانی ئایینی بکەن."

کەواتە ئایینیش داوای هەمان ئەو کارە دەکات کە فەلسەفە داوای دەکات، کە
ئەویش لێکۆڵینەوە و تێکۆشانە بە مەبەستی زیاتر دڵنیابوون و گەیشتن بە هەقیقەت
و ڕاستی.

<hr>

(١) سوورەتی (الحجرات)، ئایەتی: (٦).

(٢) بڕوانە: فتح القدیر: الشوکانی: (٧١/٥).

(٣) سفری حاجی: (١١/٢).

ئەو بانگەشەیەی بەشێک لە بیرمەندان و رۆشنگەراکانی ئەمرۆ دەیکەن و هەوڵ دەدەن فەلسەفە وەک نەیار و دوژمنی ئایین بخەنە روو، ئەگەر ئەم بانگەشەیان تۆزقاڵێک راستی و هەقیقەتی لۆژیکی و فەلسەفی هەبووایە، دەبووایە زۆرینەی فەیلەسووف و بیرمەندانی سەدە زێرینەکانی فەلسەفە و لۆژیک دژی ئایین بووان و زۆرترین ئەرگۆمێنت و گفتوگۆ و بەرهەمە فەلسەفییەکانی خۆیان بۆ روونکردنەوەی ئەو دژایەتییە تەرخان کردبا.

بەڵام ئەوەی لە مێژووی کۆن و هاوچەرخی فەلسەفە و رۆشنگەری بەدی دەکرێت، تەواو پێچەوانەی ئەم گریمانەیە، بە جۆرێک کە بەشێک لە کاراکتەرە فەلسەفی و کەسایەتییە هەرە گەورەکانی رەوتی رۆشنگەری و عەقڵانیەت نەک هەر دژی ئایین نەبوون، بەڵکو پیاوی ئاینییش بوون، زۆرینەشیان نەک هەر رەخنەیان لە ئایین نەگرتووە، بەڵکو بەشێکی هەوڵ و کۆششەکانیان بریتی بووە لە دوورخستنەوەی ئایین لەو ئەفسانە و دەق و تێکستە ئەفسووناوییانەی کە بە ئایینەوە لکێنراون و لە راستیدا پێچەوانەی سروشت و ژینگەی راستەقینەی ئایینن و کاریگەریی خراپیان هەیە لەسەر پێگەی ئایین.

رێژەیەکی زۆری ئەو فەیلەسووفانەی کە تا ئێستاش کاریگەرییان لەسەر رەوتی عەقڵانیەت و رۆشنگەریی ئەوروپا و وڵاتانی ئیسلامی هەیە، کتێبیان دەربارەی ئایین نووسیوە، رەنگە بەشێکی کتێبەکان رەخنەیی بن، بەڵام لە راستیدا رەخنە نین لە خودی ئایین خۆی، بەڵکو رەخنەن:

١- لەو ناوەند و دەزگایانەی کە ئەرکیان پەخشکردن و بڵاوکردنەوەی ئایینە، بەتایبەت کڵێسا و پیاوانی ئایینی مەسیحی.

٢- لەو کاروکردەوە ناشیرینانەی کە بەهەڵە و بە شێوازێکی ناتەندروستانە بە ناوی ئایین ئەنجام دەدرێن و مۆرکێکی ئایینییان پێوە دەلکێنرێت.

٧٨

٣- يانيش بەتايبەتى ڕەخنەبوون لە خودى پەرتووكى پيرۆز -تەورات و ئينجيل- كە چەندين پرس و بابەتيان تىّ خراوە كە نە لەگەلّ پرەنسيپ و بەها عەقلانييەكان دەگونجێن، نە لەگەلّ بەها و ياسا ئايينييەكان دەگونجێن.

٤- هەندێك جاريش ڕەخنەكان فۆرمێكى ڕەهايان هەبووە و لەسەر بنەماى ئايينێكى دياريكراو بووە، كە دەشێت ئەو ڕەخنانە بۆ هەموو ئايينێك دروست نەبن، بەتايبەت ئايينى پيرۆزى ئيسلام، كە سەرتاپاى پرەنسيپەكانى مۆركێكى عەقلانى و لۆژيكيى بەرچاويان پێوە ديارە.

فەيلەسووف بەناوبانگى ئەلّمانى (ئيمانوێلّ كانت) كە بە باوكى فەلسەفەى نوێ دادەنرێت، يەكێكە لەو فەيلەسووفانەى كە زۆرترين كاريگەريى هەيە لەسەر هزرى فەلسەفى و ڕەوتى عەقلانيەت لە تەواوى جيهاندا، ئەم كەسايەتييە بەشێكى زۆرى نووسينەكانى تايبەت كردووە بە تويژينەوە دەربارەى ئايينى مەسيحيەت و كلّيّسا، بەتايبەت كتێبە نايابەكەى (الدين فى حدود مجرد العقل).

ئەگەر ئايين و فەلسەفە دژى يەك بوان، دەبووايە ئەم فەيلەسووفەش بەو پێيەى عەقلێكى ناوازەى مرۆڤايەتيى هەيە و باوكى فەلسەفەى نوێيە، دژايەتيى خۆى بۆ ئايين بخستبايەتە ڕوو.

بەلّام لە ڕاستيدا ئەم فەيلەسووفە نەك هەر دژايەتيى ئايين ناكات، بەلّكو زۆرترين هەولّ دەدات تا ئەوە بخاتە ڕوو كە پەرتووكى پيرۆز -تەورات و ئينجيل- لەگەلّ پايە و بنەما فەلسەفى و عەقلّييەكان دەگونجێت، بۆيە لێكدانەوە و خستنەڕووەكانى بەرەو ئەو ئامانجە دەڕۆّن كە:

١- پێويستە پەرتووكى پيرۆز بخوێنرێت، بەلّام فەرز نەكرێت لەسەر گرووپە ئەخلاقى و بڕوادارەكان[1]، ئەمەش نزيكە لەو ئايەتە قورئانييەى كە دەفەرموێت:

$$﴿ لَا إِكْرَاهَ فِي ٱلدِّينِ قَد تَّبَيَّنَ ٱلرُّشْدُ مِنَ ٱلْغَيِّ ﴾$$ [1].

____

(١) بڕوانە: الدين فى حدود مجرد العقل: كانت: (٢١٥).

واته: "به هیچ جۆرێك زۆركردن نییه له وهرگرتنی بیروباوهڕی ئایینی ئیسلامدا، چونكه بهڕاستی ڕێبازی چاك و دروست، ڕوون و ئاشكرا بووه و جیا بووهتهوه له گومڕایی و سهركهشی."

٢- فهلسهفه و ئایین له ڕووی ناوهڕۆك و بابهتهوه هاوتان، كه مهبهستی ئهوهیه ههردووكیان گرنگی به خودا و مرۆڤ و حهق دهدهن[٢].

٣- فهلسهفه ئامرازی تێگهیشتنه له ئایین، بۆیه جیاوازیكردن لهنێوان ئایین و فهلسهفه و نیشاندانی فهلسهفه وهك چهمكێك كه دژی خوداناسین و وهرع و تهقوایه، ههولێكی بێبهرههمه و به هیچ شێوهیهك دانی پێدا نانرێت[٣].

٤- ههماههنگی و یهككگرتووییی كتێبی پیرۆز (تهورات و ئینجیل) لهگهڵ عهقڵ و فهلسهفه، به چهشنێكه كه ههر كهسێك دوای یهكێكیان بكهوێت، ئهوهی تریش دهدۆزێتهوه[٤]، بهو مانایهی له ههر شوێنێك عهقڵ ههبێت، ئایین ههیه و له ههر شوێنێكیش ئایین ههبێت، عهقڵ ههیه.

بهههمان شێوه، فهیلهسووڤ بهناوبانگی ئهڵمانی (هیگڵ)، زنجیرهیهك پهرتووكی دهربارهی ئایین و مێژووی ئایین نووسیوه لهژێر ناونیشانی (محاضرات في فلسفة الدين)، كه وێڕای ئهوهی شیكاری جۆرهكانی ئایین و تێكپژانی بهشێكیان لهگهڵ عهقڵ و لۆژیكدا دهكات، بهڵام ئهوه دهخاته ڕوو كه:

١- ئایین پلهیهكه له پلهكانی دهركهوتنی خوای گهوره[٥]، چونكه ئهو پێی وایه هونهر (فن) خودا وهك جهسته و پهیكهرێكی ماددی پیشان دهدات، فهلسهفهش خودا وهك شتێكی ڕهها (مطلق) و ڕۆحی (مثال) پیشان دهدات، واته تهنها له هزردا

---

(١) سوورهتی (البقرة)، ئایهتی: (٢٥٦).

(٢) بروانه: الدين في حدود مجرد العقل: كانت: (٥٦–٥٧).

(٣) بروانه: الدين في حدود مجرد العقل: كانت: (٥٤).

(٤) بروانه: الدين في حدود مجرد العقل: كانت: (٥٧).

(٥) بروانه: فينومينولوجيا الروح: هيگل: (٦٧١). محاضرات في تاريخ الفلسفة: هيگل: (١٦١و١٩٣).

وێنا دەکرێت و بە هیچ شێوەیەك وەك شتێكی ماددی ناخرێتە ڕوو، بەڵام ئاین لەم نێوەندەدایە هەندێك جار خودا بە شێوەیەك وەسف دەكات كە سیفەتی ماددیی هەبێت، وەك: (دەست و قاچ و چاو)، هەندێك جاریش بە جۆرێكی فیكری و ڕۆحی وەسفی دەكات، وەك خوای گەورە دەفەرمووێت: ﴿لَيْسَ كَمِثْلِهِ شَيْءٌ وَهُوَ السَّمِيعُ الْبَصِيرُ﴾[1]. واتە: "هیچ شتێك نییە لە وێنەی ئەو زاتە، هیچ شتێك لەو ناچێت، هەر ئەویش بیسەر و بینایە."

٢- هەم ئاین هەم فەلسەفە گرنگی بە خودا دەدەن بۆیە لە ناوەڕۆكدا هاوتان[2]، كە ئەمەش هەمان ئەو بۆچوونەی كانتە كە پێی وایە ئاین و فەلسەفە گرنگی بە خودا و مرۆڤ و هەقیقەت دەدەن.

٣- دوا جار فەلسەفە هەرگیز نایەوێت ئاین لەناو بەرێت، چونكە ئاین هەقیقەتە[3].

ئەمە وێڕای ئەوەی كە چەندین فەیلەسووفمان هەیە كە لە جیهاندا تاكو ئێستاش بەرهەمەكانیان جێگەی بایەخن و خۆیان هەڵگری بیروباوەڕی ئایینی بوون، بەتایبەت ئایینی ئیسلام، وەك: كیندی[4]، فارابی[5]،

<hr>

(١) سوورەتی (الشوری) ئایەتی: (١١).

(٢) بڕوانە: محاضرات في تاريخ الفلسفة: هیگل: (١٤٧-١٤٨).

(٣) بڕوانە: فلسفة الدين: هیگل: (٩٠).

(٤) كیندی: ناوی یەعقوبی كوڕی ئیسحاقی كیندییە، ساڵی (١٨٥ك.) لە شاری كوفە لەدایك بووە و ساڵی (٢٦٠ك.) لە بەغدا كۆچی دوایی كردووە. بە (فەیلەسووف عەرەب) ناوبانگی دەركردووە، چونكە تاكە فەیلەسووف عەرەبە كە گرنگیی زۆری داوە بە وەرگێڕانی پەرتووكە فەلسەفییەكانی یۆنان بۆ سەر زمانی عەرەبی. زانا بووە لە زانستەكانی ماتماتیك و مۆسیقا و كەلام و فەلسەفە و هەندەسە و فەلەكناسی. بڕوانە: معجم الفلاسفة: جۆرج طرابیشی: (٥٢٨).

(٥) فارابی: ناوی موحەممەدی كوڕی موحەممەدی كوڕی تەرحانی فارابییە، ساڵی (٢٦٠ك.) لە ناوچەی فارابیی توركیا لەدایك بووە و ساڵی (٣٣٩ك.) لە دیمەشق كۆچی دوایی كردووە. زانستەكانی فەلسەفە

ئیبنو سینا، ئیبنو ڕوشد (1)، ئیبنو خەلــدون (2)، غەزالی (3)، ئیبنو توفەیل (4)،

و ماتماتیك و لۆژیك و موسیقای زۆر بەباشی زانیوه، پێی گوتراوه (مامۆستای دووەم – المعلم الثاني)،
ئەوەش بە هۆی ڕاڤە و شیكارییە زۆرەكانی لەسەر بەرهەمەكانی ئەرستۆ كە پێی دەگوترێت (مامۆستای
یەكەم– المعلم الأول). بەرهەمی زۆری هەیە، لەوانە: (آراء أهل المدينة الفاضلة، الجمع بين رأي
الحكيمين، السياسة المدنية، تحصيل السعادة)، بڕوانە: سير أعلام النبلاء: الذهبي: (416/15). معجم
الفلاسفة: جۆرج طرابيشي: (449).

(1) ئیبنو ڕوشد: ناوی موحەممەدی كوڕی ئەحمەدی كوڕی موحەممەدی كوڕی ئەحمەدی كوڕی ڕوشدی
ئەندەلووسییە، نازناوی (حەفیده)، سالّی (520ك.) لە قورتوبە هاتووەتە دونیاوه، سالّی (595ك.)
كۆچی دوایی كردووە. زانستەكانی فەرمووده و فەلسەفە و كەلام و ماتماتیك و فیقهی مالیكی
خوێندووه. بەرگرییەكی زۆری لە فەلسەفە كردووە و ڕەخنەی توندی ڕووبەڕووی ئیمامی غەزالی
كردووەتەوە سەبارەت بە هێرشەكانی بۆ سەر فەلسەفە. بە تۆمەتی دەرچوون لە ئایین، شاربەدەر كراوه
و كتێبەكانی سووتێنراون. بەشێك لە بەرهەمەكانی: (بداية المجتهد، تهافت التهافت، فصل المقال،
الكشف عن مناهج الأدلة)، بڕوانە: سير أعلام النبلاء: الذهبي: (307/21). الأعلام: الزركلي: (318/5).
معجم الفلاسفة: جۆرج طرابيشي: (23).

(2) ئیبنو خەلدون: ناوی عەبدولڕەحمانی كوڕی موحەممەدی كوڕی موحەممەدی كوڕی خەلدونی
ئەشبیلییە، فەیلەسووف و مێژوونووس و كۆمەلّناسێكی ئیسلامییە و دامەزرێنەری فەلسەفەی مێژرووه،
سالّی (732ك.) لە تونس لەدایك بووه، سالّی (808ك.) لە قاهیره كۆچی دوایی كردووه. بەشێك لە
بەرهەمەكانی: (مقدمة ابن خلدون، رسالة في المنطق، شفاء السائل لتهذيب المسائل)، بڕوانە: الأعلام:
الزركلي: (330/3). معجم الفلاسفة: جۆرج طرابيشي: (21).

(3) غەزالی: ناوی موحەممەدی كوڕی موحەممەدی كوڕی ئەحمەدی كوڕی غەزاللییە، سالّی
(450ك.) لەدایك بووه و سالّی (505ك.) كۆچی دوایی كردووه. لە زانستەكانی كەلام و فەلسەفە و لۆژیك
و فیقه و ئوسولّ و تەسەوف و عیرفاندا دەستێكی بالّای هەبووه. نزیكەی دوو سەد پەرتووكی هەیە،
لەوانە: (تهافت الفلاسفة، مقاصد الفلاسفة، المنقذ من الضلال، المستصفى من علم الأصول). بڕوانە:
طبقات الشافعية الكبرى: السبكي: (191/6). معجم الفلاسفة: جۆرج طرابيشي: (429).

(4) ئیبنو توفەیل: ناوی موحەممەدی كوڕی عەبدوللّای كوڕی عەبدولمەلیكی كوڕی توفەیلە، سالّی
(494ك.) لەدایك بووه، سالّی (580ك.) لە مەراكشی مەغریبی كۆچی دوایی كردووه. ئەم فەیلەسووفە بە
كتێبی (حي بن یقظان) ناوبانگی دەركردووه، كە تیایدا سەلماندوویەتی چۆن مرۆڤێك بەتەنها لە ڕێگەی

ئیبنو باجه^(١) ... هتد، هەموو ئەوانە ئەوە دەردەخەن کە لە ڕاستیدا فەلسەفە دژی ئایین نییە، بەڵکو لێکدانەوەیەکی لۆژیکی و جیهانبینییانەی مرۆڤایەتییە بۆ دەق و تێکستە خوداییەکان، بۆیە ئەم بانگەشەیە پێچەوانەی واقیع و هەقیقەتی مێژووی هزری بیرمەندە ناوازەکانی ڕەوتی ڕۆشنگەرییە.

ئەمە بەدەر لەوەی کە بەڵێ بەشێک لە فەیلەسووف و بیرمەندەکانی ڕەوتی ڕۆشنگەری لە کۆی سەردەمەکانی ئەم ڕەوتە دژایەتیی خۆیان بۆ ئایین و ئایدۆلۆژیا ئاسمانی و دەستکردەکان خستۆتە ڕوو و بەشێک لە بەها و پرەنسیپە بەرجەستەکراوەکانی ئایین -جگە لە ئایینە ئاسمانییەکان- لە سەردەمێکی دیاریکراو و لە حاڵەت و گۆشەیەکی دیاریکراودا دژی عەقڵ و هزری مرۆڤایەتی بوون.

سەردەمانێکی زۆر خەڵکی بەیەکەوە لەژێر سایەی بنەما و یاساکانی ئایین و فەلسەفەدا ژیاون، بەبێ ئەوەی هەست بە دژایەتیی نێوانیان بکرێت، ئەوەتا خاوەنی پەرتووکی (مێژووی فەلسەفەی نوێ)، ئاماژە بەم خاڵە دەکات و دەڵێت: "لە سەدەکانی ناوەڕاستدا ژیانی مرۆڤ لە زۆربەی لایەنەکان لەلایەن کەنیسەوە دیاری دەکرا، بەردەوامیش فەیلەسووف و بیرمەندەکان لە پیاوانی ئایینی کەنیسە بوون^(٢) ".

<hr>

لێکۆڵینەوە لە گەردوون دەتوانێت بگاتە ئاستی خوداناسی. بڕوانە: معجم الفلاسفة: جۆرج طرابیشی: (٣٠).

(١) ئیبنو باجه: ناوی موحەممەدی کوڕی یەحیای کوڕی سائیغی کوڕی باجەیە، لە کۆتاییەکانی سەدەی پێنجەمی کۆچی لە شاری سەرەقستەی ئەندەلووسی لەدایک بووە و ساڵی (٥٣٣ک.) کۆچی دوایی کردووە. گرنگیی داوە بە زانستەکانی پزیشکی و ماتماتیک و مۆسیقا و ئەدەب و فەلەکناسی. بەناوبانگترین بەرهەمی بریتییە لە (تدبیر المتوحد). بڕوانە: معجم الفلاسفة: جۆرج طرابیشی: (١٨).

(٢) تاریخ الفلسفة الحدیثة: ولیم کلی رایت: (٢٥).

٨٣

له لایەکی تر کرۆکی فەلسەفە لەسەر بنەمای لێکۆڵینەوە و هەوڵدان بۆ گەیشتن به ڕاستی سەری هەڵداوە، لەو بوارەشدا فەلسەفە خاوەن میتۆدێکی ڕەها (مطلق)ە، به واتای ئەوەی هیچ پرس و بابەتێک نییه که فەلسەفە قسەی تایبەتی تێدا نەبێت، چونکه فەلسەفە جیهانبینیی مرۆڤەکانه، مرۆڤیش سروشتێکی سەرەڕۆی هەیه و بەردەوام هەوڵ دەدات کۆی چەمکه جیاوازەکانی دەوروبەری بخاته ژێر توێژینەوە و لێکدانەوه تایبەتەکانی خۆی.

بۆیه له فەرهەنگی فەلسەفەدا هەموو شتێک دەکەوێته ژێر هەیمەنه و هەژموون و لێکۆڵینەوە، لەناویشیاندا ئایین و خودا و پرسه میتافیزیکییەکان.

کێشەی فەلسەفه لەگەڵ ئاییندا لەوەوه سەرچاوه دەگرێت که ڕۆشنگەراکان وا گومان دەبەن که له ئاییندا کۆمەڵێک پرسی نالۆژیکی و میسۆلۆژی بوونیان هەیه و ئاییینەکانیش ئاماده نین ڕێگه به عەقڵانیەت بدەن ئەو پرسانه به شێوازێکی لۆژیکییانه و لەژێر سێبەری یاسا بنەڕەتییەکانی عەقڵدا شیکار بکات. به گوزارشتێکی تر، ئایین له دیدی فەلسەفەدا خۆی به لاواز دەبینێت و ئامادەش نییه لاوازییەکانی خۆی بۆ عەقڵانیەتی مرۆڤەکان بخاته ڕوو.

بەڵام له ڕاستیدا ئەگەر کاری فەلسەفه سەبارەت به ئایین لێکۆڵینەوه بێت لەبارەی ڕاستی و ناڕاستیی ئاییینەکان و گەیشتن به هەقیقەت، ئەوا بێگومان ئەم کاره له خودی ئاییندا ڕێگەپێدراو. دواتر ئەگەر لێکۆڵینەوەی عەقڵانی و فەلسەفی دەربارەی ئایین به ئامانجی دوورخستنەوەی خورافه و ئەفسانه بێت که لەگەڵ عەقڵدا ناگونجێن، ئەوا هەم دیسان ئەمه له ئاییندا جێگەی قبوڵکردنه، ئەوەتا له فەرمایشتی پەیامبەری ئیسلامدا ﷺ هاتووه که دەفەرموێت: "إنّ الله عز وجل يبعث لهذه الأمة على رأس كل مئة سنة من يجدد لها دينها[1]".

---

(١) ئەبو داود ڕیوایەتی کردووه به ژماره: (٤٢٩١)، هەروەها حاکمیش ڕیوایەتی کردووه به ژماره: (٨٥٩٢).

واته: "خوای گەورە لەسەری هەموو سەدەیەکدا کەسێك دەنێرێت بۆ ئەم ئوممەتە، تا کاروباری ئایینەکەیان بۆ نوێ بکاتەوە."

بێگومان نوێکردنەوەی ئایینیش لەم فەرمایشتەدا بریتییە لە زیندووکردنەوەی ئەو ئاکار و رەوشتە ڕاستەقینانەی کە لەنێو خەلکیدا نەماون، هەروەها لەناوبردنی ئەو شتانەی کە داهێنراو و سەرپێچین لە ئایینداⁱ⁽¹⁾.

بەشێکیش لەو دژایەتییەی دەخرێتە ڕوو، هۆکارەکەی بۆ ئەوە دەگەڕێتەوە کە ڕۆشنگەراکان بڕوایان وایە هەر شتێك یاسا عەقڵی و فەلسەفییەکان نەتوانن شیکاری و لێکدانەوەیان بۆ بکەن، پرس و بابەتی بۆش (فاریغ) و بێمانان، بەو پێیەش کە لە ئایینداکۆمەلێك پرس و بابەتی لەو جۆرە بوونیان هەیە و ئایینیش ئامادە نییە سازشیان لەسەر بکات و دان بنێت بەوەی کە ئەو پرسانە هەلەن و پێچەوانەی عەقڵی مرۆڤایەتین، بۆیە فەلسەفە لەو ڕووەوە دەبێتە دوژمنێکی سەرسەختی ئایین.

بەلام لە ڕاستیدا ئەم دید و بۆچوونە پێچەوانەی بۆچوونی فەیلەسووف و بیرمەندە ناودارەکانی جیهان و هێز و توانای عەقڵ خۆیەتی، چونکە لە ڕووە فەلسەفی و عەقلانییەکەوە عەقڵ ناتوانێت هەموو پرس و چەمکێك بخاتە ژێر شیکاری و هەژموونی خۆیەوە. بە گوزارشتێکی تر، عەقڵ لەبەرامبەر هەندێك پرسدا بێتوانایە و ناتوانێت دەرکیان بکات، جا بەشێکی ئەو پرسانەی کە عەقڵ توانای وەلامدانەوەیانی نییە، پرسی عەقڵی و فەلسەفین، بۆیە ئەگەر عەقڵ نەتوانێت شیکاری ئەو بابەتانە بکات کە پەیوەندییان بە خۆیەوە هەیە، ئەوا بێگومان ناشتوانێت بەشێك لەو بابەتانە شیکار بکات کە پەیوەندییان بە ئایینەوە هەیە. دوا جار نەتوانینی عەقڵ بۆ شیکارکردنی ئەو بابەتانە مانای هەلبوون و نادروستیی ئەو بابەتانە ناگەیەنێت، بۆیە هەر دژایەتییەك لەسەر ئەم بۆچوونە بونیاد بنرێت،

<hr>

(١) بڕوانە: عون المعبود شرح سنن أبي داود: العظيم آبادي: (٢٦٣/١١).

٨٥

دووره له هەقیقەت، ئەوەتا کەسێکی وەک (کانت) دان به بێتوانایی عەقلّدا دەنێت که کرۆکی فەلسەفه و لۆژیکه، کاتێک لەهەمبەر سروشتی عەقلّدا دەلێت: "عەقلّی مرۆڤ له بەشێک له زانیارییەکانیدا ئەو تایبەتمەندییەی هەیه که ماندوو بێت بەدەست هەندێک پرسیار، که ناتوانێت رەتیان بکاتەوه، چونکه ئەو پرسیارانه به سروشتی عەقلّ خۆی لەسەری فەرز کراون، ناشتوانێت وەلّامیان بداتەوه، چونکه بەتەواوی لەدەرەوەی تواناکانی عەقلّی مرۆڤن[1]".

هۆکاری ئەمەش بۆ ئەوه دەگەرێتەوه، که ئایین و فەلسەفه له سەرچاوەی زانیاریییەکانیاندا جیاوازیان هەیه، بۆیه کاتێک فەلسەفه و عەقلّانییەتی مرۆڤەکان تەنها دان به سەرچاوەکانی خۆیاندا دەنێن، ئەم دژایەتی و تێکپرژانه روو دەدات.

میتۆدی ئایین له تیۆری زانین (نظرية المعرفة)دا میتۆدێکی دوو رەهەندەیه، واته ئایین له رێگەی دوو ئامرازەوه پەیام و بنەماکانی خۆی دەخاته بەردەم شوێنکەوتووانی خۆی، وەک پێشتر ئاماژەمان پێی دا:

یەکەم: له رێگەی سرووش (وەحی)یەوه، واته بەشێک له پرەنسیپ و بەها و پرسه ئایینییەکان تەنها وەحی دەتوانێت شیکاریان بکات و عەقلّ بێتوانایه له ئاست دۆزینەوەی وەلّامێک بۆیان.

دووەم: له رێگەی عەقلّەوه، واته بەشێک له یاسا و پرسه ئایینییەکان دەکەونه ژێر سایه و هەژموونی عەقلّ و جیهانبینیی مرۆڤەکان، ئەمەش لەمیانەی ئەو بەلّگه و نموونه عەقلّی و لۆژیکیانەی که لەمەر هەندێک له پرسه ئایینییەکان خراونەته روو و عەقلّیش توانای شیکارکردنیانی هەیه.

بەلّام میتۆدی فەلسەفه میتۆدێکی یەک رەهەندییه، که بێگومان ئەویش میتۆدێکی عەقلّییه، واته له فەلسەفەدا تەنها ئەو پرس و بابەتانه جێگەی قبولّ و

(١) نقد العقل المحض: کانت: (٢٥).

بایەخپێدانن کە عەقڵ بەڵێیان بۆ دەکات و بڕوای پێیان ھەیە. بە گوزارشتێکی تر، فەلسەفە کاتێک بابەتێک ڕاڤە دەکات، تەنھا پشت بە عەقڵ دەبەستێت.

ئەو میتۆدەی کە ئایین لە ڕێگەی سرووش (وەحی)یەوە دەیخاتە ڕوو، پشت بە عەقڵ نابەستێت، بەڵکو پشت بە قەناعەت پێکردن (الإقناع) دەبەستێت، بە بۆچوونی ئێمەش ئەو شتانەی کە مرۆڤ لە ڕێگەی ئیقناعەوە قبوڵیان دەکات، بەھێزترن لەو شتانەی کە لە ڕێگەی عەقڵ و بەڵگەوە قبوڵیان دەکات، چونکە ئەو پرسانەی مرۆڤ لە ڕێگەی بەڵگە و عەقڵەوە بڕوایان پێ دەکات، زیاتر قابیلی ئەوەن مرۆڤ لێیان پاشگەز ببێتەوە، ئەمەش کاتێک مرۆڤ بەڵگەیەکی بەھێزتر لەو بەڵگە دەبینێتەوە کە وای کردووە متمانەی بەو شتە ھەبێت.

بەڵام ئەو پرسانەی کە لە ڕێگەی ئیقناعەوە قبوڵ کراون، دوورن لەم ئەگەرە، چونکە ھەر لە سەرەتادا مرۆڤ بۆ بڕواکردن بەو شتە پشتی بە عەقڵ و بەڵگە نەبەستووە تا دواتر ئاشنای بەڵگەیەکی وا بەھێز ببێت، کە لە بڕواکردن بەم شتە پاشگەزی بکاتەوە.

لە ڕاستیدا ھەموو مرۆڤێک خاوەنی ئایدۆلۆژیای ئایینی بێت یان نا، بڕوای بە بنەماکانی عەقڵ و فەلسەفە ھەبێت یان نا، ھەندێک پرس و بابەت ھەن کە ئەو لە ناخیدا بڕوای پێیان ھەیە، ھەرچەندە لە ڕێگەی عەقڵیشەوە نەتوانێت وەڵامێک بۆ ھۆکاری بڕوابوونی بەو شتانە بدۆزێتەوە. لێرەوە پێویستە ئاماژە بە خاڵێکی ئێجگار گرنگ بدەین، ئەویش ئەوەیە: کاتێک ئایین جگە لە عەقڵ و فەلسەفە و لۆژیک، پشت بە ئیقناع و وەحی دەبەستێت، ئەمە بێھێزیی ئایین و نەگونجانی لەگەڵ عەقڵ ناگەیەنێت. کاتێکیش عەقڵ و فەلسەفە تەنھا پشت بە بەڵگەی عەقڵی دەبەستێت، مانای بەھێزیی عەقڵ و فەلسەفە ناگەیەنێت لە ئاست وەحی و ئاییندا، چونکە:

زانسته مرۆڤایەتییەکان -بە فەلسەفەشەوە- پەیوەندییان بە عەقڵەوە هەیە، بەڵام ئیمان و بڕواهێنان پەیوەندیی بە دڵەوە هەیە، بێگومان ئەو پرس و بابەتانەش کە مرۆڤ لە ڕێگەی دڵەوە بڕوایان پێ دەکات و قبوڵیان دەکات، بەهێزترن لەو پرس و بابەتانەی کە لە ڕێگەی عەقڵەوە بڕوایان پێ دەکات و قبوڵیان دەکات. بۆ ئەو مەبەستە، بەشێک لە زانایان نموونەیەکی کرداری دەهێننەوە و دەڵێن:

کاتێک مرۆڤێک ناچار دەکرێت لە ژوورێکدا بەتەنها لەگەڵ لاشەی مردوویەکدا بمێنێتەوە و لەو ژوورەدا بخەوێت، مرۆڤ بە عەقڵ دەزانێت کە ئەو مردووە ناتوانێت زیان بە هیچ کەسێک بگەیەنێت، هەموو مردووەکانی جیهان بەقەد مێشوولەیەک جووڵە و هەستیان نییە، هەموو هێزەکانی جەستە و دڵ و دەروونیان لێ جودا بوونەتەوە و پەیوەندییان بەو مردووە نەماوە، بەڵام چونکە دڵ و دەروونی مرۆڤ ئەو کارەی پێ قبوڵ ناکرێت و وەک عەقڵ بڕوای پێ نییە، ئەوا مرۆڤ ناتوانێت تەنها یەک شەوی تاریک لەگەڵ مردوویەکدا بمێنێتەوە [1].

کەواتە خودی مرۆڤ هەندێک جار بۆ بڕوابوون بە شتێک، پشت بە قەناعەت دەبەستێت، هەر چەندە ئەو قەناعەتەی پێچەوانەی عەقڵ و لۆژیک بێت و عەقڵی ئەو توانای لێکدانەوەی نەبێت.

بۆیە کاتێک ئاین هەندێک بابەت دەخاتە بەردەم بڕوداران و تەنها ئیقناعکردن و وەحی دەکاتە بەڵگە و پشت بە عەقڵ نابەستێت، ئەوا لە ڕاستیدا ئەو قەناعەت و بڕوایەی لای شوێنکەوتووەکانی دروستی دەکات، زۆر لەو بڕوایە بەهێزترە هەندێک جار لە ڕێگەی عەقڵەوە دروست دەبێت، ئەمە وێڕای ئەوەی کە ئەو قەناعەتەی ئاین لە ڕێگەی وەحییەوە دروستی دەکات، لەگەڵ ئەو سروشتەی مرۆڤ دەگونجێت کە بڕوا بە شتێک بکات، هەرچەندە عەقڵ نەتوانێت شیکاری بکات یان دانی پێدا نەنێت. کەواتە هەم دیسان ئەم بانگەشەیە بە ناو ڕۆشنگەراکان

---

(1) بڕوانە: المعاد الجسمانی إنسان ما بعد الموت: شفیق جرادی: (٢٥٦)، پەراوێزی دووەم.

خستوویانەتە ڕوو بۆ دەرخستنی دژایەتیی نێوان ئایین و فەلسەفە، بانگەشەیەکی
ناڕاستە و خودی عەقڵ و فەلسەفە و واقیع بەدرۆی دەخەنەوە.

سەرەڕای هەموو ئەوانە، ئەم جۆرە بانگەشانە ڕقی بڕواداران بەرامبەر بە عەقڵ
و فەلسەفە زیاتر دەکات، دوا جار ئەو هەوڵەی بیرمەند و نوێگەراکان لەبری ئەوەی
لە بەرژەوەندیی ڕەوتی ڕۆشنگەری بێت، دەبێتە مایەی ناشیرینکردن و
لەکەدارکردنی کەسایەتیی خۆیان و هێنانەخوارەوەی بەها و نرخی عەقڵ و
فەلسەفە لە دیدی نەیاراندا. ئێمە لێرەدا نامانەوێت ئەو بەڵگە و ڕاوبۆچوونانە
بخەینە بەر دەست کە ئەوە دەسەلمێنن فەلسەفە دژی ئایین نییە، چونکە پێشتر
فەیلەسووفە ناودارەکانی وەک: کیندی و فارابی و ئیبنو سینا و غەزالی و ئیبنو
ڕوشد و کانت و هیگڵ... هتد، ئەم بابەتەیان خستووەتە ڕوو. ئەوەی ئێمە
گەرەکمانە ئەوەیە، کە ئەم خستنەڕووەی فەلسەفە و عەقڵانیەت وەک نەیار و
دوژمنێکی سەرسەختی ئایین، کارێکی ئێجگار هەڵە و مەترسیدارە.

هەڵەیە چونکە لە ڕاستیدا ئەو بۆچوونە لەسەر هەندێک بنەما خراوەتە ڕوو، کە
لەگەڵ خودی عەقڵ و فەلسەفەدا ناگونجێن، ئەمە وێڕای ئەوەی کە کەسایەتییە
هەرە ناودارەکانی بواری فەلسەفە و لۆژیک ئەم بۆچوونەیان ڕەت کردووەتەوە و
وتوویانە فەلسەفە دژی ئایین نییە، تەنها کارێک کە فەلسەفە دەیەوێت ئەنجامی
بدات ئەوەیە، هەوڵ دەدات ئایین لە میسۆلۆژیا و ئەفسانە و شتی نالۆژیکی دوور
بخاتەوە.

مەترسیداریشە چونکە ئەم بۆچوونە پەرچەکرداری خراپ لەلایەن بڕواداران
دروست دەکات، کە پێمان وایە بەشێکی کێشەکە لەو خاڵەدایە. بۆیە لە ڕاستیدا ئەو
کارانەی کە ئێستا بەشێک لە کارەکتەرەکانی بواری فەلسەفە و عیرفان و نوێگەریی
ئایینی بە ناوی فەلسەفە بەرامبەر بە ئایین ئەنجامی دەدەن، کارێکی مەترسیدار و

نالۆژیکییانەیە، کە پێویستە بە زووترین کات ڕێگە لەو کارانە بگیرێت، ئەگەر نا بەر نەفرەتی ئایین و ئاهی فەلسەفە دەکەون، بۆ نموونە:

١- گاڵتەکردن بە پرس و بابەتە ئایینییەکان بە پاساوی نەگونجانیان لەگەڵ عەقڵ و سەردەمدا، کە ئەمە گیانی توندوتیژی لە هزری خەڵکی عەوامدا بونیاد دەنێت.

٢- گومان دروستکردن لەسەر پرس و بابەتە ئایینییەکان، وێڕای ئەوەی کە لەدیدی ئایینندا ئەو پرسانە قەتعینە و قابیلی ئەرگۆمێنتکردن نین.

٣- ڕەتکردنەوەی توراسی زانا و پێشینە ناودراەکانی ئیسلام و ناوزڕاندنی کارەکتەرە دیارەکانی ئیسلام، بە ناوی ڕۆشنگەری و گونجاندنی ئایین لەگەڵ جهانبینیی سەردەمدا.

هەموو ئەم پرسانە و چەندین پرسی تر، کۆمەڵێک کەس بە ناوی مۆدێرنێتە و جیهانبینی و نوێگەری بۆ مەرامی تایبەت بە خۆیان دەیانخەنە ڕوو، هێڵێکی ناتەبایی و دژایەتی لەنێوان ئایین و فەلسەفەدا دروست دەکەن، کە لە ڕاستیدا پێچەوانەی بنەما فەلسەفییەکان و هەقیقەتە ئایینییەکەیە.

ڕێگەگرتن لەم هەوڵانە، فەلسەفە و ڕەوتی عەقڵانیەت دەگێڕێتەوە سەر مەسار و ڕێڕەوی ڕاستەقینەی خۆی، هاوشان لەگەڵ ئایین نموونەیەکی جوان پێشکەش بە مرۆڤایەتی دەکەن و لەژێر سایەی دەق و شیکارییەکانیاندا بەختەوەری فەراهەم دەبێت، عەقڵ و مەریفەت و بیروباوەڕی ئایینی ڕاستەقینە باڵ بەسەر تەواوی کۆمەڵگەدا دەکێشێت.

بەپێچەوانەوە، بەردەوامبوون لەسەر ئەم میتۆدە و بڕەودان پێی، مرۆڤایەتی و بزاڤی ڕۆشنگەری بەرەو ئاڕاستەیەکی نادیار دەبات و تووشی داڕووخان و ئازاریان دەکاتەوە.

بەشی پێنجەم
ئایین و فەلسەفە

ئەگەر بەشێک لە رۆشنبیر و فەیلەسووفەکان بەناڕەوا و بەهەڵە فەلسەفە و لۆژیک وەک نەیار و دوژمنێکی ئایین نیشان بدەن، بە بیانووی ئەوەی کە ئایین کۆمەڵێک شتی تێدایە کە لەگەڵ عەقڵ و لۆژیکدا ناگونجێن و عەقڵ تواناى شیکارکردن و وەڵامدانەوەیانی نییە، ئەوا لەبەرامبەردا بەشێکیش لە زانایان و بیرمەندانی ئایینی بەناڕەوا و بەهەڵە ئایینیان وەک نەیار و دوژمنی فەلسەفە و لۆژیک خستووەتە ڕوو.

سەرئەنجام چۆن ڕەوتە ڕۆشنگەرییەکە لەبری ئەوەی سوود بە فەلسەفە و
بزوتنەوەی عەقلانیەت بگەیەنێت، مایەی نەگبەتی و زیادکردنی نەیارانی ڕەوتی
ڕۆشنگەری بوون. بە هەمان شێوە ئەو ڕەوتە ئایینیەش لەبری ئەوەی ببنە مایەی
زیاتر بڵاوکردنەوەی ئایین و لێک نزیککردنەوەیان لەگەڵ عەقڵ و لۆژیکی مرۆڤایەتی،
بوونەتە مایەی لەکەداردکردنی ئایین و ناوزەدکردنی بە ناعەقلانیەت و نالۆژیکیبوون.

بێگومان کێشەی سەرەکیی نێوان ئەم دوو ڕەوتە دەگەڕێتەوە بۆ کورتبینی و
دەمارگیرییان بۆ ڕێبازەکانیان، کە ئەمەش فاکتەرێکی بەهێزە بۆ بەهەڵە
تێگەیشتنیان لە چەمکی بەرامبەر و دروستبوونی دوژمنایەتی و ڕقەبەرایەتی
لەنێوانیاندا.

ڕەوتە ڕۆشنبیرەکە لەوەدا کەوتووەتە هەڵە کە بڕوای بە وەحی نییە و تاکە
سەرچاوەی زانیاریی ڕاستەقینە کە هەقیقەت بە مرۆڤ ببەخشێت بە دیدی ئەو
عەقڵ و هزری مرۆڤ خۆیەتی، ئەمە بەدەر لەوەی کە ئەم ڕەوتە خۆیشی دان بە
وەدا دەنێت کە هەندێک پرس و بابەت هەن لەدەرەوەی تواناکانی عەقڵ و لۆژیکی
مرۆڤایەتین.

ڕەوتە ئایینیەکەش لەوەدا کەوتووەتە هەڵە کە پێی وایە عەقڵ و لۆژیک و
فەلسەفە پێچەوانەی وەحی و بنەماکانی ئایین دەوەستنەوە و ئەو پرسانەی ئەوان
دەیسەلمێنن هیچ بەها و ئەرزشتێکیان نییە، ئەمە بەدەر لەوەی کە ئەم ڕەوتەش
خۆیان دەزانن ئایین بەشێک لە پڕەنسیپ و یاسا و بنەماکانی خۆی لەسەر عەقڵ و
لۆژیک بوونیاد دەنێت.

هەڵبەتە هەڵەی ڕەوتە ئایینییەکە لاوازتر و کەمترە بە بەراورد لەگەڵ هەڵەی
ڕەوتە ڕۆشنبیرەکە، چونکە ئەو ڕەوتە ئایینییەی کە دژی ڕەوتی عەقلانیەت و
لۆژیک وەستاوەتەوە، عەقڵ و فەلسەفە و لۆژیکی بە شێوەیەکی گشتی لەلا قبوڵە،

بەڵام زیاتر ئەو ڕەوت و ڕێبازانەی کردووەتە ئامانج کە لەگەڵ ئاییندا یەك ناگرنەوە و یاسا و بەهاکانیان پێچەوانەی بەها و پرەنسیپە ئاییننییەکانە.

ئاشکراشە کە ئەم ڕەوتە بە ناو ئاییننییە بە دوو فۆڕمی جیاواز ئاین وەك نەیار و دوژمنی عەقڵ و لۆژیك دەناسێنێت، فۆڕمێکیان خۆی لە دەرخستنی کەموکوڕییەکانی فەلسەفەدا دەبینێتەوە کە بە دیدی ئەوان هۆکاری ڕقەبەرایەتی و ناکۆکیی نێوانیان لەم کەموکوڕییانەوە سەرچاوە دەگرێت، فۆڕمێکی تریشیان لە شێوازی خۆدەرخستنی ئاییندا دەبینێتەوە کە ئاین بە شێوەیەك دەخرێتە ڕوو کە هیچ سیما و نیشانەیەکی عەقڵانیەت و لۆژیکی بوونی پێوە دیار نابێت، بێگومان لە هەردوو فۆڕمیشدا نموونە و حاڵەتی جیاجیا بوونیان هەیە، کە ئێمە بەکورتی ئاماژەیان بۆ دەکەین.

فۆڕمی یەکەم: دژایەتیکردن و هێرشکردنە سەر عەقڵانیەت و فەلسەفە و لۆژیك

یەکێك لە هەڵە گەورەکان کە ڕەوتە ئاییننییەکان بەرامبەر بە ئاین ئەنجامی دەدەن بریتییە لە هێرشکردنە سەر هزر و لۆژێك و فەلسەفەی مرۆڤایەتی بەبێ بوونی پاساوێکی گونجاو یان لێکۆڵینەوەیەکی ورد، ئەم هەڵەیەشیان پەیوەستە بە پاشخانی فیکری و مەعریفییان، بە شێوەیەك کە لە حاڵەتێکدا بڕیار لەسەر فەلسەفە و لۆژیك و عەقڵی مرۆڤایەتی دەدەن کە نەخزاونەتە نێو کرۆکی ئەو زانستە مرۆڤییانە.

بێگومان ئاین پێش بزوتنەوە عەقڵانییەکان بوونی هەبووە، بۆیە زیتر و زووتر توانیویەتی مرۆڤایەتی بەلای خۆیدا کەمەندکێش و دەستەمۆ بکات، کاتێکیش کەسانێکی هەڵکەوتە هەوڵیان داوە لە ڕێگەی عەقڵ و لۆژیکەوە ڕاڤەی پرس و بابەتە ئاینینی و میتافیزیکییەکان بکەن بەشێك لە کارەکتەرە باوەڕدارەکان نەیانتوانیوە ئەو ڕەوشە ئیستیعاب بکەن، بۆیە پەنایان بۆ هێزی ئاین بردووە تا لە

ڕێگەیەوە گومان بخەنە سەر ئەو ڕاڤە و شیکارییانەی لە ڕێگەی لۆژیک و عەقڵەوە بۆ ئایین دەخرێنە ڕوو، هەڵبەتە ئەمە جگە لە زانا ڕاستەقینەکان کە هەوڵیان داوە ئەو هەوڵانە وەک جیهانبینییەکی مرۆڤایەتی هەژمار بکەن و لە هەندێک بڕیاریاندا پشتگیری بکەن و لە هەندێکیشدا نەیار و دژایەتی.

دەستپێکی ئەم دوژمنایەتییە لەوەدا دەبێت دەبێت کە بەشێکی زۆری هێرشەکانی ئەم ڕەوتە ئایینییە لەسەر بنەمای زانست و پسپۆڕی نییە، بە بۆچوونی هەندێک لە شارەزایانی بواری ئایین تەنانەت ئەو کەسایەتییە دیارانەی ئایینی ئیسلام کە وەک ڕەخنەگری ڕاستەقینەی بزوتنەوەی عەقڵانیەت و چەمکی لۆژیک و فەلسەفە هەژمار دەکرێن، زانای تایبەتمەند و پسپۆڕ نین لەو بوارەدا، واتە پسپۆڕی ئەو زانا بەڕێزانە فەلسەفە و لۆژیک نەبووە تا توانای ئەوەیان هەبێت بڕیاری لە دژدا بدەن، بۆیە بەدەر لە ئەبو حامیدی غەزالی بۆچوون و ڕای زاناکانی تر هێندە جێی بایەخ و تێڕامان نەبووە، چونکە تەنها غەزالی لەسەر بنەمای پسپۆڕی قسەی لە فەلسەفەدا کردووە و هێرشێکی لۆژیکی کردووەتە سەری، ئەمە وێڕای ئەوەی کە غەزالی تەواوی فەلسەفە و لۆژیکێ ڕەت نەکردووەتەوە، بەڵکو لە هەندێک بواردا بە ڕاستی داناوە و لە هەندێکیشدا بە هەڵە.

بێگومان ئاشنانەبوونی بەشێک لەو کارەکتەرانەی کە هێرشیان کردووەتە سەر لۆژیک و فەلسەفەی مرۆڤایەتی وای کردووە بۆچوونەکانیان زۆر لاواز بێت، کە دواتر ئەم لاوازی بۆچوونە دەشێت هۆکارێک بێت بۆ ئەوەی ئایین وەک نەیاری عەقڵانیەت و ڕۆشنگەری پیشان بدرێت، بۆ نموونە دیارترین زانای ئایینی ئیسلام کە لەبەرامبەر لۆژیک و فەلسەفەدا وەستابێتەوە، ئیبنو سەلاحی[1] شارەزوورییە کە لە فەتاواکەیدا

---

(۱) ئیبنو سەلاح: ناوی عوسمانی کوڕی عەبدولڕەحمانی کوڕی موسای شارەزوورییە، بە (ئیبنو سەلاحی شارەزووری) ناوبانگی دەرکردووە، ساڵی (٥٧٧ک.) لەدایک بووە و ساڵی (٦٤٣ک.) کۆچی دوایی کردووە. ئەم زانایە بەرەچەڵەک کوردە و خەڵکی دەڤەری شارەزوورە، یەکێک لە گەورەزانایانی

٩٤

هێرشێکی توند دەکاتە سەریان و دەڵێت: "وأمّا المنطق فهو مدخل الفلسفة، ومدخل الشر شرّ، وليس الإشتغال بتعليمه وتعلّمه مما أباحه الشارع ولا استباحه أحد من الصحابة والتابعين وأئمة المجتهدين وسائر من يهتدي بهم من أعلام الأئمة وسادتها"[1].

واته: "هەرچی زانستی لۆژیکە، ئەوا دەرگای زانستی فەلسەفەیە، دەرگای شەڕیش شەڕە، خۆڕەریککردن بە فێربوونی و هەروەها فێرکردنی خەڵکیش خودا (شاریع) ڕێگەی پێ نەداوە، هیچ کام لە هاوەڵان و شوێنکەوتووان و زانا موجتەهیدەکان و تێکڕای ئەوانەی شوێنپێیان هەڵدەگیرێت لە گەورە زانایان، ڕێگەیان پێی نەداوە."

ئەمە وێڕای ئەوەی کە ئەم دژایەتیکردنە دەدرێتە پاڵ هەریەک لە ئیمامی سیوطی[2] و ئیمامی نەواوی[3]، بەڵام لە ڕاستیدا هیچ کام لەم زانا بەڕێزانە پسپۆڕی ئەم بابەتە نین و ڕاو بۆچوونەکەیان زۆر بەهەند وەرناگیرێت، بە بەراورد لەگەڵ ئەو

مەزهەبی ئیمامی شافیعی، لە زانستەکانی فەرموودە و فیقهو تەفسیر و ئوسوڵ دەستێکی باڵای هەبووە. گرنگترین بەرهەمی بریتییە لە: (مصطلح علم الحديث)، بڕوانە: سير أعلام النبلاء: الذهبي: (١٤٠/٢٣).

(١) فتاوى ومسائل ابن الصلاح: (٢٠٩/٢).

(٢) سیوطی: ناوی عەبدولڕەحمانی کوڕی ئەبو بەکری کوڕی موحەممەدی کوڕی سابیقولدینی سیوتییە، زانا و ئەدیبێکی ئیسلامییە، شارەزاییەکی تەواوی هەبووە دەربارەی فەرموودە و فیقه و نەحوی عەرەبی، یەکێک لە گەورزانایانی مەزهەبی ئیمامی شافیعی. ساڵی (٨٤٩ک.) لەدایک بووە و ساڵی (٩١١ک.) کۆچی دوایی کردووە. گرنگترین بەرهەمەکانی: (الإتقان في علوم القرآن، الأشباه والنظائر)، بڕوانە: الأعلام: الزركلي: (٣٠١/٣).

(٣) نەواوی: ناوی موحیەدینی کوڕی یەحیای کوڕی شەڕەف کوڕی حەسەنی نەواوییە، ساڵی (٦٣١ک.) لە گوندی (نەوا) لە دیمەشقی سوریا لەدایک بووە و ساڵی (٦٧٦ک.) وەفاتی کردووە. یەکێک لە گەورەزانایانی مەزهەبی ئیمامی شافیعی. لە بەرهەمەکانی: (المجموع شرح المهذب، روضة الطالبين، المنهاج شرح صحيح مسلم بن الحجاج)، بڕوانە: طبقات الشافعية الكبرى: السبكي: (٣٩٥/٨).

زانا بەڕێزانەی کە لەسەر بنەمای لێکۆڵینەوە و پسپۆڕی بڕیاریان لەسەر فەلسەفە و لۆژیك داوە.

بێگومان پاساوی ئەم زانا بەڕێزانە زۆرترین جار بریتییە لەوەی کە ئەم زانستانە کۆمەڵێك دەرچەی گومان لای باوەڕداران دەکەنەوە و زۆرترین جار بەهەڵە بەکار هێنراون، یاخود ئەم زانستانە لە سەردەمی زێڕینی پێغەمبەری خودا ﷺ و یاوەرانیدا ﷺ بوونیان نەبووە و ئەوان ڕێگەیان پێ نەداوە، بەڵام دەشێ ئێمە لە وەڵامی ئەم پاساوانەدا بپرسین:

۱- ئەگەر مەبەست لە فەلسەفە و لۆژیك خودی خۆیان بێت وەك دوو زانستی مرۆڤایەتی، ئەوا بە هیچ جۆرێك هیچ دەقێك نییە لەسەر ئەوەی بڵێت حەرامن، تەنانەت لە سەردەمی پێغەمبەر ﷺ و یاوەرەکانیدا ﷺ ئەو دوو زانسته بەم دوو ناوە تایبەتەوە هەر بوونیان نەبووە، تا خودای گەورە یان پێغەمبەر ﷺ حوکمی لەسەر بدەن. خۆ ئەگەر مەبەستیش کۆی پرۆسەی عەقڵانیەت و بیرکردنەوە بێت، ئەوا تەواو پێچەوانەی ئایەتەکانی قورئانی پیرۆزە، کەواتە دەشێ بپرسین: ئەم حوکمه لەسەر چ بنەمایەك دراوە؟

۲- دواتر نەبوونی ئەم دوو زانسته بەدیاریکراوی لە سەردەمی پێغەمبەر ﷺ و یاوەراندا ﷺ و موماڕەسەنەکردنیان لەو سەردەمدا، نابێتە بەڵگە لەسەر حەرامبوونیان، چونکە چەندین زانست ئێستا بوونیان هەیە و لە سەردەمی ئەواندا نەبوون، لەگەڵ ئەوەشدا ڕێگەپێدراون.

۳- پاشان بەهەڵە بەکارهێنانی عەقڵ و فەلسەفە دژ بە بنەماکانی ئایین، نابێتە پاساوی حەرامکردنی ئەو دوو زانسته، بە بەڵگەی ئەوەی چەندین کەسیش ئایین بەهەڵە بەکار دەهێنن، بەڵام هیچ کاتێك ناکرێ بوترێت ئایین حەرامه.

بەشێکی تری کێشەکه ئەوەیه، کە ئەم ڕەوته ئایینییه بە جۆرێك بڕیار لەسەر فەلسەفە و لۆژیك دەدات، وەك ئەوەی هەرچی لۆژیك و فەلسەفە بێت دژی خواست

و بنەماكانی ئایین بێت، بە واتای ئەوەی كە بڕیاردانیان لەسەر تەواوی لۆژیك و
فەلسەفەی مرۆڤایەتی یەك جۆرە و جیاوازی لەنێوان فەلسەفە و لۆژیكی ڕاستەقینە
و هەڵەدا ناكەن، گومان لەوەدا نییە كە بەشێكی فەلسەفە مرۆڤایەتییەكان
پێچەوانەی دەق و ڕێسا ئاینییەكانن، بەڵام ئەمە نابێتە پاساوێكی زانستی و
لۆژیكی بۆ ئەوەی تەواوی فەلسەفە و بزوتنەوەی عەقڵانیەت بخەیتە ژێر پرسیار، بە
بەڵگەی ئەوەی كە زانایانی ڕاستەقینە مەبەستیان لە دژایەتیكردنی فەلسەفە و
لۆژیك تەواوی ئەم پرۆسەیە نییە بەگشتی، بەڵكو تەنها مەبەستیان ئەو بەشەیانە
كە تێكەڵ بە گومان بووە، ئەگینا هەموو ئەو زانا بەڕێزانە فەلسەفە و لۆژیكیان
بەكار هێناوە، بەڵام لەژێر ئەو دوو ناوەدا نا، چونكە وەك دەگوترێت فەلسەفە و
لۆژیك هەبوونیان پێش ناوەكانیان كەوتووە، واتە ئەم دوو زانستە هەر هەبوون،
بەڵام نەك بەم ناوە، بەڵكو دواتر ئەم ناوەیان لێ نراوە، بۆیە دەربارەی
حەرامكردنی لۆژیك -و فەلسەفە- لەلایەن بەشێك لە زانایانی ئایینی ئیسلامەوە
وتراوە :

فــإن تقــل حــرَّمه الــنواوي

وابن الصلاح والسيوطي الراوي

قــلت نرى الأقوال ذي المخالفة

مــحلها مــا صنف الــفلاسفة

أمــا الذي خلصه مــن أســلما

لابدّ أن يعلم عــند العلما[1].

واتە: "ئەگەر بڵێی ئیمامی نەواوی و ئیبنو سەلاح و سیوطی -مەنتیق و
فەلسەفەیان- قەدەغە كردووە، ئەوە من دەڵێم ئەم بۆ چوونە دژانە مەبەستیان
تەنها ئەو بەشەیە كە فەیلەسووفە نامسوڵمانەكان دایانناوە و نووسیویانەتەوە- كە

---

(١) آداب البحث والمناظرة: محمد الأمين الشنقيطي: (٥).

پڕ له هەڵە و گومان- بەڵام ئەو لۆژیك و فەلسەفەی كه زانا مسوڵمانەكان نووسیویانەتەوه و پوختیان كردووه، ئەوا زانایان ڕایان وایه كه پێویسته بخوێنرێت و بزانرێت."

هەڵبەته خاڵێكی تر كه بەشێك لەو ڕەوته ئاینییه پشتی پێ دەبەستن و وەك پاڵپشتییەك بۆ ڕقەبەرایەتی و ناكۆكیی نێوان ئاین و فەلسەفه نیشانی دەدەن، بریتییه لەوەی كه بەردەوام ئەوه دووپات دەكەنەوه كه زانایان ئەم زانسته مرۆییانەیان له بەشێك له پرس و بابەتەكانیاندا به هەڵەیان داناون، كه ئەمەش بەڵگەیه لەسەر دژایەتی و ناكۆكیی نێوان ئەم دووانه، بێگومان بەشێك له زانا ناودارەكانی ئیسلام وەك ئەبو حامیدی غەزالی و ئیبنو تەیمییه^(١)، هێرشیان كردووەته سەر فەلسەفه و لۆژیك لەو بەشێك لەو پرسانەی كه تیایدا بڕیاری به هەڵەیان داوه، بەڵام:

— وەك دەوترێت: "التخطئة لا تفید التحریم"

واته: "به هەڵەدانان واتای حەرامكردن ناگەیەنێت."

— ئەم زانایانه مەبەستیان كۆی فەلسەفه و لۆژیك نەبووه، بەڵكو تەنها ئەو بەشەیان ڕەت كردووەتەوه كه لەگەڵ بنەما و دەق و تێكسته ئاینییەكان تێك دەگیرێت.

— ئەم زانایانه خۆیشیان زۆر بەچڕی له بەرهەم و نووسینەكانیاندا پەنایان بردووەته بەر ڕێكاره لۆژیكی و فەلسەفییەكان، كه ئەوەش بەڵگەیه لەسەر ئەوەی ئەوانه تەنها بەشێكی فەلسەفەیان ڕەت كردووەته نەك هەمووی.

---

(١) ئیبنو تەیمییه: ناوی ئەحمەدی كوڕی عەبدولحەلیمی كوڕی عەبدولسەلامی حەڕانییه، ساڵی (٦٦١ك.) لەدایك بووه و ساڵی (٧٢٨ك.) كۆچی دوایی كردووه. له زانستەكانی فەرمووده و تەفسیرو كەلام و فەلسەفه و فیقهدا دەستێكی باڵای هەبووه، به ڕێبەری سەلەفیەت هەژمار دەكرێت و نازناوی (شەیخول ئیسلامی) لێ نراوه. گرنگترین كتێبەكانی ئەمانەن: (منهاج السنة، درء تعارض العقل والنقل، السیاسة الشرعیة)، بڕوانه: الأعلام: الزركلی: (١٤٤/١). معجم الفلاسفة: جۆرج طرابیشی: (٩١).

فۆرمی دووەم : نیشاندانی ئایین وەک کایەکی ئاعەقلّانی و ئالۆژیکی

بەشێک لەو کردارانەی هەندێک کەس لەژێر پەردەی زانای ئایینی ئەنجامی دەدەن، پێچەوانەی میتۆدە عەقلّانییەکەی ئایینە، کە بێگومان ئەوەش بووەتە بەھانەیەک بەدەست ڕەوتی ڕۆشنگەری کە ئایین بە میسۆلۆژیا و ئەفسانە و خوڕافات و ناعەقلّانیەت ناو ببەن، بەشێکیش لەو کردارانەی بوونەتە مایەی ناوزڕاندنی ئایین و بوونەتە بەلّگەیەک بەدەست ڕەوتی ڕۆشنگەری بۆ لێدان لە ئایین، بریتین لەمانەی خوارەوە:

یەکەم: پشتبەستن بە ئەفسانە

بەشێک لەو کارەکتەرە ئایینییانەی کە ئەم ڕەوشەی ئێستای موسلّمانان وای کردووە ببنە دەمڕاست و قسەکەری ئایین، بە جۆرێک مەھزەلەن بۆ سەر پێگە و بەھای ئایین کە تەنانەت بڕوادارانیش بوونەتە بەشێک لەو دەنگانەی کە بانگەشەی وەلانانی ئەو کاراکتەرانە دەکەن، هێندەی تاکە بڕوادارەکان بوونەتە قوربانیی دەستی ئەم گرووپە، هێندە نەیاران و دوژمنانی ئایین زیانیان ڕووبەڕوو نەبووەتەوە.

بێگومان ئایین وێڕای ئەوەی کە کایەیەکی ئیمانی و ڕۆحییە، گرنگی بە ناواخن و دلّ و دەروونی مرۆڤەکان دەدات، لەگەلّ ئەوەشدا کایەیەکی مەعریفییە و لە دووتوێی دەق و تێکستەکانیدا هەولّ دەدات زۆرترین زانیاری ببەخشێتە پەیڕەوانی، ئەوپەڕی کۆشش دەکات و توانای دەخاتە گەڕ تا بڕواداران وا لێ بکات لە ڕووی زانست و زانیارییەوە بتوانن لەگەلّ ڕۆژگاردا بگونجێن، بۆ ئەو مەبەستەش ئایینی ئیسلام هەموو هەفتەیەک کۆڕبەندێکی گشتی لە سەرتاسەری خاکی موسلّمانان ڕێک دەخات کە ئەویش بریتییە لە (گوتاری ڕۆژی هەینی).

بەلّام ئەوەی جێگەی هەلّوەستە لەسەر کردنە، ئەم گوتارە مەعریفییە بۆتە دەروازەیەک بۆ کۆمەلّێک کەس کە تیایدا تەنها خەریکی خوێندنەوەی چیرۆکی

ئەفسوناوی و خەوننامەن، کە نە لەگەڵ ژینگە و ناوەڕۆکی ئاییندا و نە لەگەڵ عەقڵ و لۆژیکدا دەگونجێن، ئیدی مرۆڤیان بە شێوەیەك تووشی شۆك و بێزاری کردووە، کە دەشێ بپرسین ئایا ئەمانە وتارن یان ڕۆمانن یاخود خەوننامە؟

بێگومان ئەم جۆرە پێشکەشکردنەی گوتاری ئایینی بووەتە ئامرازێك بەدەست نەیارانی ئایین تا ئایین بە دواکەوتن و کەلەپووری کۆن و گەڕانەوە بۆ دواوە لەقەڵەم بدەن، تەنانەت بڕوادارانیش تووشی بێزاری و بێهیوایی بوون لەم جۆرە پێشکەشکردن و نیشاندانەی ئایین.

دووەم: نەبوونی نوێگەری

هەڵبەتە ئایین واتا ڕۆیشتن لەگەڵ ڕۆژگار و دوانەکەوتن لە شەمەندەفەری مەعریفە و لۆژیك، ئایین واتا دۆزینەوەی دەرگای نوێی زانست و زانیاری، ئایین واتە نوێگەری لە هزر و بۆچوون و بیرکردنەوە، بەڵام ئەوەی ئێمڕۆ بەشێك لە کارەکتەرە ئاییننیەکان نیشانمان دەدەن بریتییە لە چەند بابەتێك کە نەك مرۆڤە بەتەمەنەکانمان، بەڵکو منداڵانیش بە دەیان جار گوێبیستی بوون، ئیدی وەك چیرۆکی هەزار و یەك شەوەی لێهاتووە هێندەی دووبارە بکرێنەوە.

بێگومان ئێمە لەگەڵ ئەوەدا نین کە پرس و بابەتە ئاییننیەکان کۆن بن و پێویستیمان بە دووبارە وەبیرهێنانەوەیان نەبێت، نەخێر ئێمە دەڵێین پێویستە هەمیشە مامۆستایان و زانایان ئەو بابەتە ئاییننیانەمان بۆ باس بکەن کە مرۆڤایەتی پێویستی پێیان هەیە، بەڵام دەبێت لەگەڵ ڕۆژگاریشدا بڕۆن و ئەو پرس و بابەتە هەنووکەییانە بۆ بڕوادان باس بکەن کە ناخی مرۆڤایەتی پێویستی بەوە هەیە لێیان ئاگادار بێت.

هەر کەسێك هەفتانە گوێ لە گوتاری بەشێك لە کارەکتەرە ئاییننیەکان بگرێت، دەگاتە ئەو ئەنجامەی کە بەڵێ دەشێ لە سەددا حەفتای بابەتەکان دووبارە بن.

دراوسێیەکمان هەیە دەیووت بەر لەوەی بچمە مزگەوت دەزانم بابەتی ئەمڕۆ چییە، چونکە مامۆستاکەمان یەك ساڵ سوورەتی فاتیحە ڕاڤە دەکات! من خۆم لە ماوەی چەند ساڵێك لە هەمان مزگەوتدا زیاد لە پێنج جار گوێم لە ژیاننامەی وەیسی قەرەنی بوو!

دوا جار تەنها نموونەیەکی زیندوو دەهێنمەوە کە بەسەر یەکێك لە ناسیاوەکانی خۆمان هاتبوو: ناسیاوێکمان سێ کەسی خانەوادەکەی مامۆستای ئایینین، هەڵبەتە لەو مامۆستا بەڕێزانەن کە دڵسۆزن بۆ ئایین و کەسی خواناس و دیندارن، ئەم ناسیاوەمان شێوەی زۆر لە برایەکی دەچێت کە مامۆستای ئایینییە، ئەویش ڕۆژێك بەسەردان دەچێتەوە لادێکەی خۆیان، قەدەری خوا ئەو ڕۆژە هەینی دەبێت و مامۆستای لادێکەش لەوێ نابێت، بۆیە دەیەوێ بگەڕێتەوە بۆ شار بەڵام کە خەڵکەکە بینیبوویان و خەبەریشیان هەبوو کە مامۆستاکەیان لە ماڵ نییە، ڕێگەی پێ دەگرن و پێی دەڵێن مامۆستا فڵان، بە خوا تا ئەمڕۆ وتارمان بۆ نەخوێنیتەوە، ڕێگەت پێ نادەین بڕۆیت. خەڵکەکە وایان زانیبوو براکەیەتی کە مامۆستای ئایینییە، ئەم ناسیاوەشمان کڵاو و جەمەدانییەك لە کەسێك وەردەگرێت و گوتارێکی قیتیان بۆ دەخوێنیتەوە. باوکم لێی پرسیبوو ئەی تۆ خۆ وتاربێژ نیت، چۆن توانیت وتار بدەی؟ ئەویش گوتبووی وەڵا ئەو وتارەی بابم هەندە گوێی لێ بووبوو، کە لەسەر وەرەقەی دەخوێندەوە من لەبەرم کردووە !

سێیەم: گرنگینەدان بە عەقڵانیەتی ئایین

هەڵبەت دەق و تێکستەکانی ئایین کۆمەڵێك بنەمای عەقڵانی و لۆژیکی گرنگیان تێدایە کە پێویستە بۆ مرۆڤایەتی نیشان بدرێن، وەك وەڵامدانەوەیەك بۆ ئەو گرووپەی بە ناوی عەقڵانیەت ڕەخنە لە ئایین دەگرن و بە ناعەقڵانیبوون تۆمەتباری دەکەن، بەڵام ئەوەی جێگەی داخە، کەمتر ئەم بابەتانە دەخرێنە بەر باس و

لێکۆڵینەوە، ئەمەش وای کردووە ئایین وەک چەمکێکی دژ بە فەلسەفە و لۆژیک دەربکەوێت. بێگومان بەشێک لەو خاڵانەی کە عەقڵانیەتی ئایین دەخەنە ڕوو، لەم ئایەتانەی خوارەوەدا بەدەردەکەون کە دەبێت زیاتر تیشکیان بخرێتە سەر:

۱- پێویستی تێڕامان و بیرکردنەوە: وەک خوای گەورە دەفەرموێ:

﴿ أَوَلَمْ يَنظُرُواْ فِي مَلَكُوتِ ٱلسَّمَوَٰتِ وَٱلْأَرْضِ وَمَا خَلَقَ ٱللَّهُ مِن شَيْءٍ ﴾ [1]. واتە: "ئایا بۆ سەرنجیان نەداوە لەو هەموو دەسەڵاتە گەورەیەی خوا لە ئاسمانەکان و زەویدا و ئەو هەموو شتانەی خوا بەدی هێناون؟"

۲- بانگەشەکردن بۆ بەکارهێنانی عەقڵ و تێفکرین لە گەردوون بەگشتی، وەک خوای گەورە دەفەرموێ: ﴿ أَفَلَا يَنظُرُونَ إِلَى ٱلْإِبِلِ كَيْفَ خُلِقَتْ ۝ وَإِلَى ٱلسَّمَاءِ كَيْفَ رُفِعَتْ ۝ وَإِلَى ٱلْجِبَالِ كَيْفَ نُصِبَتْ ۝ وَإِلَى ٱلْأَرْضِ كَيْفَ سُطِحَتْ ﴾ [2].

واتە: "ئایا سەرنجی وشتر نادەن چۆن دروست کراوە! ئایا سەرنجی ئاسمان نادەن چۆن بەرز کراوەتەوە، ئەی سەرنجی کێوەکان نادەن چۆن داکوتراون و دامەزرێنراون و ڕەگیان چووە بە ناخی زەویدا! ئەی سەرنجی زەوی نادەن چۆن تەخت کراوە!"

۳- پشتبەستن بە دیالۆگی بەڵگەدار، وەک خوای گەورە دەفەرموێ:

﴿ قُلْ هَاتُواْ بُرْهَنَكُمْ إِن كُنتُمْ صَدِقِينَ ﴾ [3]. واتە: "پێیان بڵێ ئەگەر ڕاستگۆن، بەڵگەکانتان (لەسەر ئەم قسەیە) بهێننە مەیدانەوە."

٤- ڕەخنەگرتن لە بەکارنەهێنانی عەقڵ، وەک خوای گەورە دەفەرموێ:

---

(۱) سوورەتی (الأعراف)، ئایەتی: (۱۸۵).

(۲) سوورەتی (الغاشية)، ئایەتەکانی: (۱۷- ۲۰).

(۳) سوورەتی (البقرة)، ئایەتی: (۱۱۱).

﴿وَلَقَدْ ذَرَأْنَا لِجَهَنَّمَ كَثِيرًا مِنَ الْجِنِّ وَالْإِنسِ لَهُمْ قُلُوبٌ لَا يَفْقَهُونَ بِهَا وَلَهُمْ أَعْيُنٌ لَا يُبْصِرُونَ بِهَا وَلَهُمْ آذَانٌ لَا يَسْمَعُونَ بِهَا أُولَٰئِكَ كَالْأَنْعَامِ بَلْ هُمْ أَضَلُّ أُولَٰئِكَ هُمُ الْغَافِلُونَ﴾ (١).

واته: "سوێند به خوا بێگومان ئێمه زۆر له پەری و ئادەمیزادمان بۆ دۆزەخ دروست کردووه، ئەوانەی دەزگای دڵیان هەیه و کەچی حەقی پێ تێناگەن، چاویشیان هەیه کەچی حەقی پێ نابینن، گوێیان هەیه کەچی حەقی پێ نابیستن، ئا ئەوانه وەکو ئاژەڵ وان (له شوێنکەوتنی ئارەزوودا) بەڵکو ئەوانه وێڵتریشن، ئا ئەوانه هەر غافڵ و بێئاگان له حەق."

٥- چەسپاندنی پرەنسیپی ئیجتهاد و ڕا دەربڕین، که فیقهی ئیسلامی و بەشێکی زۆری زانسته ئیسلامییەکان بەرهەمی ئەم خاڵەن.

له ڕاستیدا ئەم بابەته دەمانگەیەنێت به دوو خاڵی گرنگ:

١- وەک چۆن بەشێک له ڕۆشنبیران بوونەته مایەی ڕەخنه بۆ عەقڵانیەت، به هەمان شێوه بەشێک له پسپۆڕان و کارەکتەره سەرەکییەکانی ئایینی بوونەته مایەی ڕەخنه بۆ سەر ئایین و بەها و پڕەنسیپەکانی.

٢- ئەوانەی له ئاییندا دژی فەلسەفه و لۆژیک وەستاونەتەوه پسپۆڕی ئەو بوارانه نین، ئەمه وێڕای ئەوەی که مەبەستیان کۆی فەلسەفه و لۆژیک نییه، بەڵکو مەبەستیان ئەو بەشەیه که دژی بنەما گشتیەکانی ئایینه و دەبێته مایەی دروستکردنی گومان لای موسڵمانان.

دوا جار گەورەترین فاکتەر بۆ سەرکەوتن، بەرەنگاربوونەوەی ئەو بەها و نەریته هەڵه و ناڕاستانەیه که لای خەڵکی بوونەته یاسا و پرەنسیپی ژیان، پێوییسته دەستپێکی گۆڕانکاری لەو شتانەوه دەست پێ بکات، تا زانایانی ئایینی

<hr>

(١) سوورەتی (الأعراف)، ئایەتی: (١٧٩).

١٠٣

راستەقینەش بەرەنگاری ئەو بەها ناڕاستەقینانە نەبنەوە و جێگە بەو کەسانە چۆڵ نەکەن کە بە ناوی ئایینەوە قسە دەکەن بە بێ ئەوەی زانیارییان لەو بارەوە هەبێت، گومان لەوەدا نییە کە ڕەوشەکە زیاتر بەرەو کەناری ئائارامی هەنگاو دەنێت.

دیارترین ئەو هۆکارانەی یارمەتیدەر بوون بۆ سەرکەوتنی پەیامی موحەممەدﷺ، بریتی بوو لە لێهاتووی و بوێریی ئەو زاتە بەرامبەر بە دژایەتیکردن و بەرەنگاربوونەوەی دیاردە باوەکانی ئەوسای نێو کۆمەڵگە، وەک: هاوبەشدانان بۆ خودا و بەکۆیلەکردن و خیانەت و داوێنپیسی و ستەم... هتد، بێگومان ئەگەر سەرەتا دژ بەو نەریتانە نەوەستابایە و لەبری ئەمە پایە و بنەماکانی ئیسلامی بۆ خوێندبانەوە، نەیدەتوانی بەم شێوە گەورەیە دەستکەوت و سەرکەوتن بکاتە بەشی خۆی، چونکە بەر لە تێکدانی دابونەریت و بەها کۆنەکان، ئەستەمە مرۆڤ بتوانێت دابونەریت و بەهای نوێ بۆ کۆمەڵگە بکاتە بەها و پڕنسیپ لای هاوڵاتیان.

بۆ ئەوەی بتوانین دیدگایەکی نوێ لای هاوڵاتیان دروست بکەین سەبارەت بە عەقڵانیەتی ئایین، پێویستە ناعەقڵانیەکان لە ئایین دوور بخەینەوە، پێویستە ئەو بەها و پڕنسیپانەی چەندین ساڵە کەسانێک لە دەرئەنجامی نەزانیندا وەک ئایین بۆ خەڵکی باسیان دەکەن، لە دیدی خەڵکیدا بسڕینەوە و بەهای عەقڵانیەتی ئایینی ڕەسەن لە شوێنیاندا بونیاد بنرێت.

نووسەری بەناوبانگی فەڕەنسی (گۆستاڤ لۆبۆن) لە پەرتووکی (سیکولوجیة الجماهیر)، ئاماژە بۆ بایەخی دابونەریت لەسەر دروستکردنی بیروباوەڕەکان دەکات و دەڵێت: "لە واقیعدا دوو گەورەترین کار و ئەرکی مرۆڤ لەوەتەی هاتووەتە سەر ئەم زەمینە، بریتین لە: دروستکردن و هێنانەکایەی تۆڕێک لە دابونەریت لە سەرەتادا، دواتر لەناوبردن و خاپووڕکردنی ئەو دابونەریتانە کاتێک شوێنەوار و دەرئەنجامە ئیجابی و بەسوودەکانیان تەواو دەبێت، بەبێ هەبوونی دابونەریتی

چەسپاو و نەگۆڕیش ناکرێ شارستانیەت هەبێت، بەبێ لادانێکی لەسەرخۆ و
پلەبەپلەی ئەو دابونەریتانەش پێشکەوتن بەدی نایەت ^(١) ."

لەبری ئەوەی ڕووبەڕووی عەقڵانیەت ببینەوە، پێویستە هەوڵی لەناوبردنی ئەو
نەریتە نائاینینییانە بدەین کە بە ئاینینەوە لکێنراون، بەر لەوەی ڕەوتی عەقڵایەت
بە دژایەتیکردنی ئاین تۆمەتبار بکەین، دەبێ تۆمەتەکان لەسەر خۆمان لا ببەین.
ئەوەی ئێمە دەیڵێین، هەمان ئەو شتەیە کە پەیامبەری ئیسلام موحەممەد ﷺ
ئەنجامی دا، لە سەرەتادا بوونی خۆی بۆ خەڵکی سەڵماند، ئینجا پەیامەکەی پێ
ڕاگەیاندن، سەرەتا سەڵماندی کە لێهاتووە، دەستپاکە، ڕاستگۆیە، میهرەبانە،
دڵسۆزە... هتد، ئینجا هات بانگی گەل و هۆزی خۆی کرد و پێی ڕاگەیاندن کە
ئەوەی ئەو هێناویەتی، ڕاستەقینەیە و ئەو نەریت و بەهایانەی ئێستا ئەوان لە
کۆمەلگەدا پەیرەوی دەکەن، هەڵە و ناڕەوان.

ئەو دیمەنەش کە دەستپێکی ئەم پەیامە نوورانییەی بە ئێمەی مرۆڤ ڕاگەیاند،
سەلمێنەری ئەم وتەیەی ئێمەیە. ئەوەتا کاتێک خوای گەورە فەرمانی پێ دەکات،
پەیامی پاکی ئیسلام ڕابگەیەنێت و گەل و نەتەوەکەی خۆی بۆ لەباوەشگرتنی
بانگهێشت بکات، ئەو زاتە نوورانییە دەچێتە سەر کێوی سەفا و ئاوازی پاکی و
ڕاستگۆیی خۆی بۆ ئەوان دەچڕیکێنێت. ئینجا کاتێک ئەوان خۆشحاڵیی خۆیان بۆ
ئەو نەغمەخوانییەی ئەو دەربڕی، ڕوویان تێ دەکات و پێیان دەڵێت: من نێردراوی
خوای گەورەم بۆ ئێوە، ئەوەتا پڕ بە دەمی دەفەرمووێت: "أَرَأَيْتَكُمْ لَوْ أَخْبَرْتُكُمْ أَنَّ
خَيْلاً بِالْوَادِي تُرِيدُ أَنْ تُغِيرَ عَلَيْكُمْ أَكُنْتُمْ مُصَدِّقِيَّ قَالُوا نَعَمْ مَا جَرَّبْنَا عَلَيْكَ إِلاَّ صِدْقًا
قَالَ فَإِنِّي نَذِيرٌ لَكُمْ بَيْنَ يَدَيْ عَذَابٍ شَدِيرٍ ^(٢) ."

---

(١) سيكولوجية الجماهير: گۆستاڤ لۆبۆن: (١٠١).

(٢) ئیمامی بوخاری ڕیوایەتی کردووە بە ژمارە: (٤٧٧٠).

واته: "ئایا ئەگەر پێتان ڕابگەیەنم کە لەدواوەی ئەم کێوە کۆمەڵێک ئەسپسوار هەن دەیانەوێت بەسەرتاندا بدەن، ئایا ئێوه پێم بڕوا دەکەن؟ وتیان بەڵێ، هیچ کات جگە لە ڕاستی، شتی ترمان لە تۆ نەبینیوه. ئینجا فەرمووی: کەواته بزانن من بۆ ئێوه ترسێنەرم و سزایەکی بەهێزم پێیە (بۆ ئەو کەسانەی کە بڕوام پێ ناکەن)."

تاکە چارە بۆ ڕێگەگرتن لەوەی چیتر ئایین بەهەڵە وەک نەیاری عەقڵ و لۆژیك و فەلسەفە هەژمار نەکرێت، تیشك خستنەسەر ئەو ڕەهەندە عەقڵانی و لۆژیکییانەیه کە لە ئاییندا بوونیان هەیه، پاشان ڕێگەنەدان بەو کەسانەی کە ئایین وەک میسۆلۆژیا و چیرۆك و ئەفسانە نیشانی خەڵك دەدەن، ئەمەش یان بەدوورخستنەوەیان لە کایە ئایینیەکان یان بە کردنەوەی خولی شیاندن و ئامادەکردنیان بۆ ئەو کارە.

ئەگەر ئەم کارەمان کرد، ئەوا ئایین و فەلسەفە بەیەکەوه ئەم شانۆی ژیانەمان بۆ وەجۆش دەهێنن و بەختەوەرمان دەکەن، بەپێچەوانەوه جەنگێکی هزری و ئایینی بەرەوڕوومان دەبێتەوه و تاکە قوربانییش تیایدا ئێمه دەبین، ئەمه وێرای ئەوەی کە بەر نەفرەتی ئایین و ئاهی عەقڵ دەکەوین.

بەشی شەشەم
فەلسەفە و فەلسەفە

ئەفلاتون[1] لە کۆمارەکەی خۆیدا، بە جلۆکۆنی هاوڕێی دەڵێت: "لەمەودوا لەگەڵ من هاوڕا دەبیت کە ئەگەر خەڵکی لە فەلسەفە ڕابکەن، هۆکارەکەی دەگەڕێتەوە بۆ ئەو کەسانەی بەناچاری هاتوونەتە ناوی و خۆیان خەریک کردووە بە ڕقوکینە و ململانێ لەناو خۆیاندا، وە تەنها کاریان بەخشینەوەی تۆمەت و سووکایەتی پێکردنی یەکترییە، ئەمانەش دوورترین کارن لە ڕەوشت و ڕێڕەوی فەیلەسووف[2]." فەلسەفە لەژێر هەرەشەی بەکارهێنەرەکانیدا تووشی دوو جەنگی فیکری و ئایدۆلۆژی خەتەرناک بووە، کە هێز و توانای ڕەوتی عەقڵانیەتی دووچاری گومان و ڕەخنە و بێهێزی کردووە، بەم شێوەیەی خوارەوە:

---

(١) ئەفلاتون: فەیلەسووفێکی یۆنانییە، بە گەورەترین فەیلەسووڤ فەلسەفەی کۆن هەژمار دەکرێت، ساڵی (٤٢٧پ.ز.) لەدایک بووە و ساڵی (٣٤٧پ.ز.) کۆچی دواییی کردووە. بەشێکی زۆری فەیلەسووف و قوتابخانە فەلسەفییەکانی ئیسلام کاریگەریی ئەم فەیلەسووفەیان بەسەرەوە هەیە و شوێنکەوتووەکانی لە ئیسلامدا پێیان دەگوترێ (ئیشراقییەکان/الإشراقيون)، بەشێک لە بەرهەمەکانی: (الجمهورية، القوانين، محاورات أفلاطون)، بڕوانە: أعلام الفلاسفة: هێنری تۆماس (٩٥). معجم الفلاسفة: جۆرج طرابيشي: (٧١).

(٢) الجمهورية: ئەفلاتون: (٣٠٥).

جەنگی ماسکدار

دیارترین جەنگ کە ئەمرۆ بە عەقڵ دەکرێت، بریتییە لە بەکارهێنانی عەقڵ وەک ئامرازی جەنگ و ڕووبەڕووبوونەوەی ئایین، کە لە واقیعدا بە خواست و ئارەزووی خۆی نییە، بەڵکو لەژێر فشار و دەسەڵاتی گرووپێکی دیاریکراوە کە بۆ مەبەستی تایبەت تووشی ئەم جەنگەی دەکەن.

گومان لەوەدا نییە ناکۆکی و تێکپڕژانی هزر و ئایدیا جیاوازەکان، تەوژم و شەپۆلێکی جیهانیی هاچەرخ و مۆدێرنێتەیە، بەردەوام وەک ئامرازی داگیرکردن و دەستەمۆکردنی گەلان بەکار دەهێنرێت، کە تیایدا وێرانکردنی ژێرخانی ئابووریی نەیاران و بەهێزکردنی هەژموون و هەیمەنەی خود، دیارترین لێکەوتە و فاکتەرە هەرە گرنگەکانی ئەم جەنگەن.

ئەم فۆرمەی جەنگ و دوژمنایەتیکردنە ئێستا لە جیهاندا شتێکی بەرباڵوە، بەتایبەت لە جیهانی ڕۆژئاوادا بەرامبەر بە جیهانی ئیسلامی، ئەمەش لە دەرئەنجامی کۆششی وڵاتانی ئەوروپا و ئەمەریکا بۆ قەتیسکردنی هێزی ئایین و ڕێگەگرتن لەو شەپۆل و تەوژمە ئایدۆلۆژییەی کە لەنێو وڵاتانی خۆرئاوادا سەری هەڵداوە و لە بەرهوودایە.

هەڵبەت ئەم جەنگە لەژێر ماسکی تیرۆر و ڕووبەڕووبوونەوەی بیری تۆندوتیژی ئەنجام دەدرێت، تیایدا هەوڵ دەدرێت لە ڕێگەی هزر و لۆژیکەوە جەنگ دژی ئایین و بیریباوەڕداری بەرپا بکرێت.

ئەم جۆرە جەنگ و ململانێیە خاڵییە لە بوێری و ئازایەتی، چونکە وەک خۆی ئەنجام نادرێت و ماسکی تری دەخرێتە سەر، لەبری ئەوەی ڕاشکاوانە دژایەتی بۆ ئایین ڕابگەیەنرێت، بانگەشەی ئەوە دەکرێت کە ئامانج لەو جەنگ بەرەنگاربوونەوەی بیری تۆندڕەوییە، بۆ ئەوەی سیمای دژایەتیی ئایینی پێوە دیار نەبێت و وەک جەنگێکی فیکری هەژمار بکرێت.

۱۰۸

لەگەلٚ ئەوەشدا ئەمە جەنگێکی چاوەڕوانکراوە، چونکە هەمیشە ئایدۆلۆژیا و ئایینەکان هێز و کاریگەرییان زیاتر بووە لە هزر و فەلسەفەکان، بە مەبەستی ڕێگەگرتن لە هەیمەنەی ئایین و بچووککردنەوەی مەودا و بواری کاردکرن و بلٚاوبوونەوەشی، هەمیشە هەولٚ دراوە لە ڕێگەی عەقلٚ و هزر و بۆچوونە مرۆڤایەتییەکانەوە بەرەوڕووی بوەستنەوە.

ئەم دژایەتیکردن و ڕێگەگرتنەی هزر و بۆچوونە مرۆڤایەتییەکانیش لە بلٚاوبوونەوەی ئایدۆلۆژیا و بیروباوەڕە جیاوازەکان پەیوەندیی بە سروشتی عەقلٚ و ئایینەوە نییە، بەلٚکو پەیوەندیی بە بەرژەوەندیی ئەو کارەکتەرانەوە هەیە کە هەولٚ دەدەن لە ڕێگەی عەقلٚ و هزری مرۆڤایەتییەوە جیهان ببەن بەڕێوە.

ئەم کارەکتەرانە کاتێک ئایین وەک لەمپەرێک دەبیینن لەبەردەم بەدیهاتنی ئەو خواستەیاندا، ناچارن بەرەوڕووی بوەستنەوە، جا بە هۆی ئەوەش کە بیروباوەڕی ئایینی لای زۆرینەی مرۆڤەکان بوونی هەیە و وەک شکۆمەندترین چەمک دێتە هەژماركردن، ناتوانن بەئاشکرا و بەبیٚ بەکارهێنانی ماسکی ساختە ئەو کارە ئەنجام بدەن، بۆیە هەولٚ دەدەن لە ڕێگەی ترەوە ئەو دژایەتییەیان بۆ ئایین بخەنە ڕوو، تاوەکو بوار نەدەن زیاتر تەشەنە بکات، هەموو ئەمانەش لە سەردەمی مۆدێرنێتە و جیهانی هاوچەرخدا لەژێر پەردەی ڕووبەڕووبوونەوەی بیری تووندڕەوی ئەنجام دەدرێت.

پێشتر لە بەشی سێیەمدا ئاماژەمان بەوەدا کە بەکارهێنانی فەلسەفە دژی ئایین، کارێکی ناڵۆژیکی و هەلٚەیە، بۆیە لێرەدا زیٚتر باسی ناکەین، ئەوەی گرنگ لێرەدا زیادی بکەین ئەوەیە کە ئەم بەکارهێنانەی عەقلٚ و فەلسەفە دژ بە ئایین، ئێستا لەژێر دەمامك و ماسكی ساختەدا ئەنجام دەترێت و ئامانج لێی پاراستنی بەرژەوەندیی گرووپێکی تایبەتە، هەروەك جۆرێکیشە لە بەکارهێنانی عەقلٚ وەك ئامرازی جەنگ و بەرەنگاربوونەوەی نەیاران، بۆیە جەنگەكە جەنگێکی ماسكدارە.

جەنگی خود

جگە لە بەکارهێنانی هزر و عەقڵ دژ بە ئایدۆلۆژیا و ئایینە جیاوازەکان کە ئێمە ناومان نا (جەنگی ماسکدار)، فۆڕمێکی تری ئەو بەکارهێنانەی عەقڵیش هەیە، ئەویش بریتییە لە بەکارهێنانی هزر و فەلسەفە دژ بە خۆی، کە ئێمە ناوی دەنێین (جەنگی خود). ئەم جۆرەش لە بەکارهێنانی عەقڵ دژ بە خۆی، لە دوو فۆڕم و شێوازی جیاوازدا بەدی دەکرێت، بەم شێوەیەی خوارەوە:

یەکەم: جەنگی ئەرێنی (پۆزەتیڤ)

ئەم جۆرە لە بەکارهێنان و شەڕکردنە بە عەقڵ، بریتییە لە بەکارهێنانی عەقڵ بەرامبەر بە عەقڵێکی تر کە ستایل و دەرکەوتنێکی جیاوازی هەیە، وەک ئەوەی لەنێوان قوتابخانە و ڕەوتە عەقڵانی و فەلسەفییە جیاوازەکانی جیهاندا بەدی دەکرێت.

بێگومان ئەم جۆرە لە بەکارهێنانی عەقڵ دژ بە عەقڵ، وێڕای ئەوەی دەبێتە مایەی بەدیارخستنی کەموکووڕییەکانی عەقڵ و کەمبوونەوەی ئاستی پشتپێبەستنی لای نەیارەکانی، بەڵام لە ڕاستیدا جەنگێکی تەواو سروشتی و ڕێگەپێدراوە، چونکە ئامانج لە عەقڵ و فەلسەفە، گەیشتنە بە کرۆکی شتەکان، بۆ ئەم مەبەستەش پێویستە عەقڵ و هزرە ڕاستەقینەکان لەبەرامبەر عەقڵ و لۆژیکە ساختەکاندا بەدیار بکەون و جەنگیان لەگەڵدا بکەن.

لەم فۆڕمەی جەنگی عەقڵ لەگەڵ خۆیدا، عەقڵ و لۆژیکە ڕاستەقینەکان مەبەستیان لەناوبردنی عەقڵانیەت نییە، بەڵکو تەنها دەیانەوێت ڕیشاڵە ئەستۆک و زیانبەخشەکانی عەقڵ لەناو ببەن و بیرۆکەی نوێ و تازە موتوربە بکەن، بۆیە مێژووش ئەم جەنگانە بە تۆراسیێکی گرنگ و ئەزموونێکی باش هەژمار دەکات.

لە ڕاستیدا ئەم فۆڕمەی جەنگ تەنها بەڕواڵەت پێیان دەوترێت جەنگ و ڕووبەڕووبوونەوە، بەڵام لە بنەڕەتدا بوونیادنانی ڕەوتی عەقڵانیەتە، هەروەها

هەوڵدانە بۆ تەواوکاریی مەعریفە و لۆژیکە مرۆڤایەتییەکان. کارەکتەرەکانی ئەم جەنگە نایانەوێت بیرمەند و فەیلەسووفە نەیارەکان بکوژن، تەنها دەیانەوێت لە هەڵە و کەموکوورپییەکانی بیرکردنەوەیان ئاگاداریان بکەنەوە و ڕەوتی عەقڵانیەت بەرەو قۆناغی کامڵبوون ببەن.

بە هۆی ئەوەی کە ئامانجی ئەم دەبەریەکڕاچوونانە تەکامولی مەعریفەی مرۆڤایەتییە، بەردەوام ئەم جەنگە لە دۆخی تیۆریدا ماوەتەوە و نەچووەتە قۆناغی ڕووبەڕووبوونەوەی ماددی و مرۆیی.

دەشێت بوترێت هۆکاری چڕبوونەوەی ئەم جەنگە تەنها لە بواری تیۆریدا و نەگەیشتنی بە ئاستی ماددی، بۆ ئەوە دەگەڕێتەوە کە بەردەوام کارەکتەرە سەرەکییەکانی ئەم جەنگە لە زەمەنێکی دیاریکراودا نەبوون، بەڵکو پانتاییەکی زەمەنی دوورودرێژ لەنێوانیاندا هەبووە، بۆیە جەنگەکان لە دوو زەمەنی جیاوازدا ڕوویان داوە، بۆ نموونە: ئەبو حامیدی غەزالی کاتێک هێرشێکی لۆژیکییانە و ئایینییانە دەکاتە سەر فەیلەسووفە یۆنانییەکانی وەک ئەفلاتون و ئەرستۆ و فەیلەسووفە ئیسلامییەکانی وەک فارابی و ئیبنو سینا لە دۆخێکدا بوو کە ئەوان لە ژیاندا نەمابوون، دواتریش کە ئیبنو ڕوشدی ئەندەلووسی هێرش دەکاتەوە سەر ئەبو حامیدی غەزالی و بەرگری لەوانی تر دەکات، ئەو کاتەش غەزالی لە ژیاندا نەمابوو، بۆیە جەنگەکە زیاتر لە جەنگی کەلتوورێکی مردوو لەگەڵ کەلتوورێکی زیندوو دەچێت، نەک دوو کەلتوور و مەعریفەی زیندوو.

بەڵام لە ڕاستیدا ئەم ئەگەرە زۆر لاوازە لەبەر دوو هۆکار:

١- لە مێژووی ڕەوتی عەقڵانیەتدا نموونەی بەرچاو هەن کە کارەکتەرە سەرەکییەکان لە یەک سەردەمی دیاریکراودا بوون و ناکۆکیی فیکریشیان هەبووە، بەڵام ئەو ناکۆکییە تەنها تیۆری بووە و نەگەیشتووەتە ئاستی ڕووبەڕووبوونەوەی

ماددی و جەستەیی، وەك ئەوەی لەنێوان ئیمامی شافیعی و ئیمامی ئەحمەدی کوڕی حەنبەل و ئیمامی مالیك ڕووی داوە، کە هاوچەرخی یەکتر بوون و ناکۆکیی فیکری و تێگەیشتنی جیاوازیان بۆ دەقەکان هەببووە، بەڵام هیچ کات نەگەیشتووەتە ئەوەی ئەو ناکۆکییەیان پەل بکێشێت بۆ ڕووبەڕووبوونەوەی جەستەیی.

٢- ئەگەر فاکتەری زەمەن هۆکاری ڕوونەدانی جەنگی نێوانیان بووایە، پێویست بوو ئەو شەڕە لەنێوان هەوادارانی ئەو قوتابخانە جیاوازانە ڕووی دابا، بەڵام ئەوەی ئێستا دەبینرێت چ لەسەر ئاستی عەقڵانیەتی مرۆڤایەتی یان عەقڵانیەتی ئایین چەندین ڕێباز و ڕەوتی جیاواز بوونیان هەیە، بەڵام ناکۆکیی نێوانیان تەنها ناکۆکیی فیکرە و شۆڕنەبووەتەوە بۆ ناکۆکیی ماددی و جەستەیی.

دەشیٚ بوترێت لە ڕاستیدا جەنگی ماددی لەنێوان هەوادارانی ئەم قوتابخانە عەقڵانی و ئایینیانە ڕووی داوە، وەك ئەوەی لەنێوان بزوتنەوەی عەقڵانیەتی ئیسلامی هاتە کایەوە بەتایبەت لەنێوان موعتەزیلەکان و قوتابخانەی ئەشعەرییەکان و ئەهلی کەلام، بە هەمان شێوە ئەو جەنگ و ڕووبەڕووبوونەوەیەی کە لەنێوان هەوادارانی قوتابخانە و ڕەوتە فیقهییەکانی ئایینی ئیسلام بەرپا بووە، یان ئەو دژایەتی و ناکۆکییەی لەنێوان قوتابخانە و ڕێبازە جیاوازەکانی بیروباوەڕی مەسیحیدا بوونی هەیە.

لە وەڵامدا دەگوترێت کە: لە ڕاستیدا ئەو جەنگانە کە ڕوویان داوە، لە بنەڕەتدا ڕیشاڵ و بنەمایەکی سیاسییان هەببووە نەك فیکری و لۆژیکی، بە بەڵگەی ئەوەی کە ڕووبەڕووبوونەوەکان بەردەوام لەلایەن دەسەڵاتی سیاسی سەرکردایەتی کراوە، نەك دەسەڵاتی هزری و مەعریفی، بۆیە دەسەڵات بەردەوام پشتگیری لەو ڕەوت و ڕێبازە کردووە کە خزمەت بە مانەوە و بەردەوامبوونی خۆی دەکات، بەمەش ناچار دژایەتیی ڕەوت و ڕێبازەکانی تری کردووە.

دوا جار پێویسته بزانین که ئەم فۆرمەی جەنگ لەپێناو عەقڵ و شێوەیەکی
عەقڵانی رەهای هەیە و تا سەر ئێسقان رێگەپێدراوه، تەنها کارێک که گەرەکه تیایدا
رەچاو بکرێت، بریتییه له سەروەربوونی عەقڵ و رێزگرتن له کاراکتەری بەرامبەر
وێرای جیاوازی بیروبۆچوونەکان.

دووەم: جەنگی نەرێنی (نێگەتیڤ)

بەڵام فۆرمێکی تری جەنگی عەقڵ هەیە، ئەویش بریتییه له شەڕی عەقڵ لەگەڵ
ئەو کارەکتەرانەی که لەناوەوەی بازنەی خۆیدا هەن، بەبێ ئەوەی پاساوێکی
دیاریکراوی لۆژیکی و رێگەپێدراو هەبێت، که ئێمه ئەم جەنگە ناو دەنێین جەنگی
خۆبەخۆ (خۆکوژی).

بێگومان جەنگی عەقڵ له هەموو بوارێکدا مایەی زیان و ئەشکەنجه و ئازاره،
بەڵام بەشێک له ئازارەکان مایەی لەدایکبوونی عەقڵی نوێ و بۆچوونی تازەن، وەک
نموونەی فۆرمی یەکەم، که عەقڵ له دەرئەنجامی رووبەرووبوونەوه زیانی پێ
دەگات و کەموکوورپییەکانی دەردەکەون، بەڵام دوا جار ئەم ئازاره دەبێته مایەی
لەدایکبوون و هاتنەدونیای عەقڵانیەتی راستەقینه.

بەپێچەوانەوه، بەشێک له جەنگەکان دەبنه مایەی مردن و لەپەلوپۆکەوتن، وەک
فۆرمی شەڕ و جەنگ کردنی عەقڵ لەگەڵ خۆی، که لەسەر بنەمای برەودان به
رەوتی عەقڵانیەت و چارەسەرکردنی کەموکورتییەکانی نایەته بەرپاکردن، بەڵکو
لەپێناو بەرژەوەندیی نامەعریفی، و لەسەر حسابی بەها و پرەنسیپەکانی عەقڵ
دێته ئەنجامدان. لەم فۆرمەی جەنگدا، عەقڵ خودی خۆی دەبێته فاکتەر بۆ
لەناوبردنی خۆی، بۆیه ئازاری عەقڵ لەم حاڵەتەدا ئێجگار زۆرتره، چونکه ئەو ئازار
و زیانانەی له توخم و خانەوادەی خۆی تووشی دەبێت، ناخەژێنتره به بەراورد
لەگەڵ ئەو ئازار و مەینەتییانەی لەدەرەوەی خۆی بەرەوپرووی دەبنەوه.

سەرکەوتنی ڕەوتی عەقلانییەت بەندە بە تەباییی عەقڵ لەنێو خۆیدا و کارکردن لەپێناو بونیادنانی کۆڕبەندێکی هزری بۆ کۆی مرۆڤایەتی، هاوشان لەگەڵ تەرخانکردنی هێز و تواناکانی خۆی بۆ بەرەنگاربوونەوەی نەیارەکانی.

بەڵام کاتێک عەقڵ و فەلسەفە دژ بە خۆیان وەگەڕ دەخرێن، هەم ڕەوتی عەقلانییەت دووچاری شکست دەبێتەوە، هەم مرۆڤایەتیش دەکەوێتە بەر پرسیاری خودی عەقڵ، کە دەشێ لە هەر کاتێکدا لەپای ئەم جەنگپێکردنەی دووچاری ئاهی خۆیان بکاتەوە. لە جیهانی مۆدێرنێتە بەگشتی و کۆمەڵگەی خۆمان، بەتایبەتی عەقڵ زێتر بۆ فۆرمی دووەم بەکار دەهێنرێت، کە ئەمەش پێچەوانەی خواستی فەلسەفە و عەقڵ خۆیەتی.

هەر لە کۆنەوە عەقڵ تەنها لە بەرژەوەندیی مرۆڤدا خراوەتە کار، تەنانەت دەستپێکی سەرهەڵدانی بەشێک لە زانستە فەلسەفییەکان دەگەڕێتەوە بۆ کارکردن لەپێناو داهێنان، داهێنانیش لەپێناو دۆزینەوەی چارەسەر بۆ گرفتەکانی مرۆڤ، بۆیە هەر بەکارهێنانێکی عەقڵ دژ بە عەقڵ، داهێنانێکی خراپ و نامرۆڤانەیە و هۆکارێکە بۆ شکستپێهێنانی پرۆژە و هەوڵە پۆزەتیڤەکانی هزر و لۆژیک.

لە دونیای هاوچەرخیشدا، سەرکەوتنی شارستانیەتەکان پەیوەستە بە ڕێژەی بەکارهێنانی عەقڵ لە خزمەت بەرژەوەندی و خواست و داواکارییەکانی مرۆڤایەتی.

وڵاتانی ڕۆژئاوا کە نموونەی پێشکەوتنی تەکنۆلۆژیا و هزر و فەلسەفەن، سەرچاوەی سەرکەوتنەکانیان دەگەڕێتەوە بۆ سوودبینین لە عەقڵ و زانست و دوورکەوتنەوە لە بەکارهێنانی عەقڵ دژ بە خواست و بەهاکانی خۆی، بۆیە توانیویانە گەورەترین شارستانیەتی مۆدێرن و هاوچەرخ بۆ خۆیان دروست بکەن، کە تیایدا تاک زۆرترین ماف و خواست و خولیاکانی بۆ فەراهەم کراوە.

بەڵام ئەوانیش لە ئاست سوودبینین لە عەقڵ و زانست ڕێژەیین، بۆیە پێشکەوتن و مۆدێرنێتەی بەشێکیان باڵاترە لە هی بەشێکیان، کە بێگومان ئەمەش دەگەڕێتەوە بۆ جیاوازیی پشتبەستنیان بە عەقڵ و بەها مرۆڤایەتییەکان.

ئەوەی جێی بایەخە، وڵاتە پێشکەوتووەکان تەنانەت لە کاتی هێرشکردنە سەر ئایینیش، هەوڵ دەدەن سوود لە عەقڵ و هزر و فەلسەفە ببینن، بۆیە توانیویانە مۆرکێکی مرۆڤایەتی بەسەر ئەو جەنگە فیکری و ئایدۆلۆژییەدا بدەن، کە بەرامبەر بە ئیسلام و موسڵمانان ئەنجامی دەدەن.

لە وڵاتانی ڕۆژئاوادا، ئەرکی عەقڵ بریتییە لە کارکردن دژ بە دوژمن و زیادکردنی هەژموون و پانتاییی دەسەڵاتەکانی خۆی، کەچی بەپێچەوانەوە لە کۆمەڵگەی ئێمەدا کاری عەقڵ بریتییە لە ناشیرینکردنی خۆی و بەرتەسککردنەوەی مەودای دەسەڵاتەکانی.

کۆمەڵگەی ئێمە بە شێوەیەکە، خەڵکە سادە و هەژارەکە دژی نەیاران و دوژمنان دەجەنگن، تەنانەت پارێزگاری لە عەقڵمەند و ڕۆشنبیرانی وڵاتیش دەکەن و سەرچاوەی ژیانێکی ئاسوودەی کاربەدەستان و ڕەوتی ڕۆشنگەرین، کەچی لەبەرامبەردا ڕەوتە ڕۆشنگەر و بیرمەندەکە لەبری دانانی نەخشەڕێگای ڕزگاریی وڵات، خەریکی جەنگ و دژایەتیی یەکترن، ئیدی عەقڵ لەبری ئەوەی ڕزگارکەر بێت، وێرانکەرە، عەقڵانیەت لەبری ئەوەی ئامرازی جەنگی دوژمنان بێت، ئامرازی خۆکوژی و جەنگی ناوخۆیە.

ئەوەی زێتر هزر و عەقڵ و فەلسەفەی لای خەڵک ناشیرین کردووە، ئەو دیمەنە ناشارستانی و نالۆژیکییەی کارەکتەرە هزرییەکانە، کە لەسەر سەکۆ و شاشەی کەناڵەکانی ڕاگەیاندن نیشانی مرۆڤایەتی دەدەن، کە بوونەتە مایەی پێکەنین و خەجاڵەت بۆ خودی هزر و فەلسەفە و بزاڤی عەقڵانیەت.

ئەوەی لە جیهانی ئیسلامی و کۆمەڵگەی خۆماندا ڕوو دەدات و بەدی دەکەین، شانۆیەکی نەبڕاوەی نیشاندانی عەقڵ و ڕۆشنبیرییە بە سیمایەکی شێواو و جەستەیەکی شەکەت، کە نەك توانای ئەوەی نییە مرۆڤایەتی ڕزگار بکات، بەڵکو توانای خۆڕزگارکردنیشی نییە .

هێندەی بیرمەندەکانمان دژ بە یەکتر ئاڵای نەبەردی و بەرخودان و شۆڕشیان بەرز کردووەتەوە، هێندە نەیانتوانیوە هزری خۆیان بۆ بەرژەوەندیی هاونیشتیمانیان بەکار بهێنن، ئەمەش وای کردووە مرۆڤی ئێمە ڕقی لە هەرچی کۆڕ و دیبەیت و کۆڕبەندی هزری و ڕۆشنگەرییە ببێتەوە، چونکە دوا جار دەزانن ئەو کۆبوونەوانە لەپێناو ڕەوتی عەقڵانیەتدا نین، بەڵکو هەمووی لەپێناو شکاندنی عەقڵ و بەگژداچوونەوەی یەکترییە .

سەرئەنجام کۆمەڵگەی ئێمە وەك تەواوی کۆمەڵگە ئیسلامییەکان دووچاری چەقبەستووی و دواکەوتن بووە، ئۆباڵی هەموو ئەو دواکەوتنەش لە ئەستۆی ئەم شێوازەی بەکارهێنانی توانا عەقڵی و لۆژیکییەکانی مرۆڤدایە، کە لەجیاتی ئەوەی گەشە بەو توانایانە بدرێت لەپێناو داهێنان و بوژاندنەوەی وڵات، تۆوی ڕقەبەرایەتی و یەکتر سڕینەوە لەنێو کۆمەڵگەدا دەچێنرێت، بۆ بەرەنگاربوونەوەی یەکتری و بڵاوکردنەوەی شەڕ و نەهامەتی لەنێو هاوڵاتیاندا.

هەرچۆنێك بێت جەنگی عەقڵ لەگەڵ عەقڵ ئایدۆلۆژیا و عەقڵە جیاوازەکانی تر مایەی ئەرگومێنت و قبولکردنە، چونکە وێڕای زیانگەیاندن بە ڕەوتی ڕۆشنگەری، دەتوانێت مرۆڤ لە ڕووی ناخ و ویژدانەوە بگەینێتە ئامانج.

بەڵام جەنگی عەقڵ لەگەڵ خودی عەقڵ یان بەکارهێنانی عەقڵ بەرامبەر بە خودی خۆی، لە هەموو باریکدا جگە لە زیانگەیاندن بە عەقڵانیەت و دوورخستنەوەی مرۆڤایەتی لە کایە و پرس و بەها فیکرییەکان، هیچ بایەخ و

ئەنجامێکی تری نابێت، ئەمە وێڕای ئەوەی خۆیشی دژ بە کارەکتەرەکانی دەوەستێتەوە و نەفرینبارانیان دەکات.

عەقڵ و ئایدۆلۆژیا تەنها ئەو کاتانە لەناو دەچن کە خۆیان ببنە دوژمنی خۆیان، هەرگیز شۆڕشی چەکداری توانای کپکردنەوەی شۆڕشی ئایین و عەقڵ و فەلسەفەی نییە، دەشێ بۆ ماوەیەك بێدەنگیان بکات، بەڵام لە هەر کاتێکدا دەتوانن دەنگی عەقڵانیەت و ئیمانی خۆیان بگەیەنن، ئەگەر نەمری لە جیهاندا بۆ شتێك هەبێت، ئەوا بۆ ئایدۆلۆژیا و هزرو فەلسەفەکان دەبێت، کۆن دەبن، بەڵام لەناو ناچن، دەکوژرێن، بەڵام نامرن، بەخاك دەسپێردرێن، بەڵام ڕۆحیان هەمیشە لەنێو کۆمەڵگەدا دەبێت.

بەڵام کاتێك مرۆڤ بەهەڵە یا بۆ ئامانجێکی دیاریکراو عەقڵ دژی عەقڵ بەکار دەهێنێت، ئەوا لە یەك کاتدا هەردووکیان تووشی کەمئەندامبوون دەبن، دەشێ هەمیشە لە دنیادا بوونیان هەبێت، بەڵام بەردەوام بێبایەخ و بێ هاندەر و پاڵپشت دەمێننەوە، تەنانەت نەبوونیان باشتر دەبێت بۆ خۆیان و بۆ هەوادارەکانیان.

ئەوەی ئێمە لەم بەشەدا ویستمان بە شێوەیەکی ناڕاستەوخۆ بیخەینە ڕوو، بریتییە لە ئاماژەدان بەو ڕەوتەی ئێستا هەیە بە ناوی عەقڵانیەت، عەقڵی خستووەتە مەترسی، بە هۆی بەکارهێنانی عەقڵ دژی خواست و سروشتی خۆی، بەمەش هەم عەقڵ هەم عەقڵانییەکان دووچاری کێشە و ڕەخنە هاتوون، کە ئەگەر ئەم ڕەوشە بەم شێوەیە بەردەوام بێت، تەواوی مرۆڤایەتی دەکەوێتە ژێر ئاهی عەقڵ و فەلسەفە و لۆژیك.

<h1 style="text-align:center">بەشی حەوتەم
ئایین و ئایین</h1>

ئایین چەمکێکی شێوە موگناتیسییە بەرامبەر بە مرۆڤایەتی، لە کۆمەڵگەدا هەرچی توخمی مرۆڤ بێت، هەوڵ دەدات بۆ خۆی ڕابکێشێت و لە چێوارچێوە و سنووری خۆیدا کۆی بکاتەوە.

هێزی ئایین وەك هێزی موگناتیس جەزاب و ڕاکێشەرە، ئەگەر موگناتیس هێزی ڕاکێشان و کۆکردنەوەی توخمە ئاسنینەکانی نەبێت، سیفەت و نیشانەی موگناتیسی لێ دەسەنرێتەوە. بە هەمان شێوە، هەر کاتێکیش ئایین تووانای کۆکردنەوەی مرۆڤایەتیی نەبوو، یان لەبری کۆکردنەوە، فاکتەری دوورخستنەوەی مرۆڤایەتی بوو لە یەکتری، ئەوا سیفەت و نیشانەی ئایینبوونی لێ دەسەنرێتەوە.

بۆ ئەوەی بتوانین ئامانجی ئەم بەشمان بەڕوونی بگەیەنین، پێویستە لە سەرەتادا ئامانجی ئایینەکان بخەینە ڕوو، دواتر دەست بخەینە سەر ئەو نموونانەی کە تیایدا ئایین وەك نەیار و دوژمنی ئایین بەکار دەهێنرێت.

١١٩

په‌یامی ئایینه‌كان:

ئایینه‌كان له‌ بنه‌ڕه‌تدا هه‌ڵقولاوی یه‌ك سه‌رچاوه‌ن، هه‌موویان یه‌ك په‌یام و خواستیان هه‌یه‌، ئه‌ویش یه‌كتاپه‌رستیی خودا و یه‌كپارچه‌یی مرۆڤایه‌تی، ئه‌مه‌ جگه‌ له‌ ئایینه‌ ده‌ستكرده‌كانی مرۆڤ كه‌ په‌یامێكی فره‌ خودایی، به‌ڵام یه‌كپارچه‌یی مرۆڤایه‌تیان هه‌یه‌.

هیچ ئاییننێكی ئاسمانی ڕێگه‌ی به‌ هاوبه‌شدانان بۆ خودا نه‌داوه‌، هیچ ئاییننێكیش بۆی ڕه‌وا نه‌بووه‌ دژایه‌تیی ئایینی پێش خۆی بكات، یان هه‌وڵ بدات یه‌كپارچه‌یی مرۆڤایه‌تی تێك بشكێنێت، مه‌گه‌ر له‌ كاروباری ڕۆژانه‌دا هه‌مواری به‌شێك له‌ ده‌ق و تێكست و یاسا و بڕیاره‌كانی ئایینی پێش خۆی بكاته‌وه‌، كه‌ ئه‌مه‌ش له‌ شه‌ریعه‌تی پێغه‌مبه‌راندا (سلاوی خوایان لێ بێت) ڕۆشن و نمایانه‌.

ئایینی ئیسلامیش وه‌ك دواهه‌مین په‌یام و ڕێنوماهی خوای گه‌وره‌ بۆ مرۆڤایه‌تی، هه‌مان ئه‌و ئه‌ركه‌ی هه‌یه‌، له‌ ده‌ق و تێكسته‌كانیدا دووپاتی یه‌كتاپه‌رستی خودا ده‌كاته‌وه‌ و یه‌كپارچه‌یی موسوڵمانانیش ده‌كاته‌ كاری له‌پێشینه‌ی خۆی، ئاییننییه‌كانی پێش خۆیشی ته‌واو ده‌كات، له‌ هه‌مان كاتدا به‌شێك له‌ كاروباری ڕۆژانه‌ و په‌رستشه‌ ئاییننییه‌كان هه‌موار ده‌كاته‌وه‌ و نوێكارییش له‌ هه‌ندێكیاندا ده‌كات، ئه‌مه‌ به‌بێ ئه‌وه‌ی هیچ توانج و ڕه‌خنه‌یه‌ك ئاڕاسته‌ی خودی ده‌ق و تێكست و كاره‌كته‌ره‌ ڕاسته‌قینه‌كانی ئاییننه‌كانی تر بكات، یان هه‌وڵ بدات هێز و توانای خۆی بۆ دژایه‌تیكردنی ئه‌وان به‌كار بهێنێت.

ئه‌وه‌تا خوای گه‌وره‌ له‌م باره‌وه‌ ده‌فه‌رموێت: ﴿ وَأَنزَلْنَا إِلَيْكَ ٱلْكِتَٰبَ بِٱلْحَقِّ مُصَدِّقًا لِّمَا بَيْنَ يَدَيْهِ مِنَ ٱلْكِتَٰبِ وَمُهَيْمِنًا عَلَيْهِ ﴾ [1].

واته: "ئێمه قورئانمان هاوڕێ لهگهڵ ههموو حهقیقهت و ڕاستییهکدا بۆ تۆ دابهزاندووه، ڕاستی و دروستیی کتێبهکانی پێش خۆیشی دیاری دهکات و چاودێره بهسهر ههموویاندا."

دوا جار ئایینی ئیسلام هیچ کات خۆی وهک نهیار و دوژمنی ئایینهکانی تر نمایش ناکات، تهنها کارێک که دهیکات تهواوکردنی پهیامی ئهوان و تێرکردنی لایهنی ڕۆحی و مهعریفیی مرۆڤایهتییه بهگشتی.

پهیامبهری ئیسلام موحهممهد ﷺ، که بهرجهستهکهری ڕهسهن و فهرمیی ئایینهکهیهتی جگه له دژایهتیکردنی ئهو کهلتووره نامرۆڤانهی که له کۆمهڵگهدا بوونیان ههبوو، ههرگیز نهکهوته بهکارهێنانی ئایینهکهی خۆی وهک نهیار و دژومنی ئایینه ئاسمانییهکانی تر، بهڵکو بهپێچهوانهوه به ڕێز و حورمهتهوه باسی پهیامبهرانی پێش خۆی دهکرد و کامڵبوونی بڕوای شوێنکهوتووهکانی خۆی دهبهستهوه به بڕوابوون به پهیام و بهرنامهی ئهوانیش. ئهوهتا قورئانی پیرۆز دهفهرموێت: ﴿ءَامَنَ ٱلرَّسُولُ بِمَآ أُنزِلَ إِلَيْهِ مِن رَّبِّهِۦ وَٱلْمُؤْمِنُونَ كُلٌّ ءَامَنَ بِٱللَّهِ وَمَلَٰٓئِكَتِهِۦ وَكُتُبِهِۦ وَرُسُلِهِۦ لَا نُفَرِّقُ بَيْنَ أَحَدٍ مِّن رُّسُلِهِۦ وَقَالُوا۟ سَمِعْنَا وَأَطَعْنَا غُفْرَانَكَ رَبَّنَا وَإِلَيْكَ ٱلْمَصِيرُ﴾ ‏(١).

واته: "پێغهمبهر و ئیمانداران باوهڕیان ههیه بهوهی لهلایهن پهروهردگاریانهوه هاتووهته خوارهوه، ههموویان باوهڕیان ههیه به خوا و فریشتهکانی و کتێبهکانی و پێغهمبهرهکانی، دهڵێن: هیچ جیاوازییهک ناکهین لهنێوان هیچ پێغهمبهرێک له پێغهمبهرهکانی خودا، ههروهها وتیان گوێڕایهڵ و ملکهچین بۆ بهدیهێنهرمان، پهروهردگارا لێبۆشبوونی تۆمان دهوێت و سهرئهنجام ههر بۆ لای تۆیه گهڕانهوه."

____

(١) سوورهتی (البقرة)، ئایهتی: (٢٨٥).

ئامانجی ئەو زاتە ﷺ لە ئایینەکەیدا، کۆکردنەوەی مرۆڤایەتی بوو لەسەر خوانی
یەکپارچەیی و یەکتاپەرستی، بۆیە ئەمەی وەک بەخشش و خەڵاتێکی خودایی بۆ
شوێنکەوتووەکانی باس دەکرد. ئەوەتا خوای گەورە لە قورئانی پیرۆزدا
دەفەرموێت: ﴿ وَٱعْتَصِمُوا۟ بِحَبْلِ ٱللَّهِ جَمِيعًا وَلَا تَفَرَّقُوا۟ وَٱذْكُرُوا۟ نِعْمَتَ ٱللَّهِ عَلَيْكُمْ إِذْ
كُنتُمْ أَعْدَآءً فَأَلَّفَ بَيْنَ قُلُوبِكُمْ فَأَصْبَحْتُم بِنِعْمَتِهِۦٓ إِخْوَٰنًا وَكُنتُمْ عَلَىٰ شَفَا حُفْرَةٍ مِّنَ ٱلنَّارِ
فَأَنقَذَكُم مِّنْهَا ﴾ [1].

واتە: "هەر هەمووتان بەتوندی دەست بگرن بە ئایینی خواوە و پەرتوبڵاو مەبن،
یادی ناز و نیعمەتی خوا بکەنەوە بەسەرتان، چونکە کاتی خۆی دوژمنی یەکتر
بوون، ئەوە بوو دڵەکانتانی بە هۆی نیعمەتی ئیسلامەوە پەیوەست کرد بە یەکەوە
و هەموو بوونە برای یەکتر، هەروەها ئەو کاتە ئێوە لەسەر لێواری چاڵێکی ئاگر
وەستابوون و خەریک بوو بکەونە ناوی، بەڵام خوا بە ڕەحم و میهرەبانیی خۆی لەو
ئاگرە ڕزگاری کردن."

بە درێژاییی سەردەمی ژیانی سەروەری مرۆڤایەتی ﷺ و جێنیشین و
هاوەڵانیش ﷺ — تا ئەو ساتەی ئەو لەناویاندا بوو— هیچ کات ئایین دژ بە ئایین
بەکار نەهێنراوە، چونکە ئەوان دەیانزانی خواست و ئامانجەکانی ئایین نانەوەی
شەڕ و دژایەتی نییە لەنێو ئاییینەکان و هەر هەوڵ و بڕیارێکی لەو جۆرەش، لە
شکۆی ئاییین دێنێتە خوارەوە و موسوڵمانانیش بێهێز دەکات.

ئەوەتا جوولەکەکان لە مەدینەی مونەوەرەدا خاوەن ئایدۆلۆژیا و ئاییینی
تایبەت بە خۆیان بوون، بەبێ ئەوەی هیچ کات ناچار بکرێن واز لە ئاییین و

پەرستشەکانیان بهێنن، وەک لە دەستووری مەدینەدا هاتووە: "وإنّ يهود بني عوف

أمّة مع المؤمنين، لليهود دينهم، وللمسلمين دينهم ^(١)."

واته: "جوولەکەکانی نەوەی عەوف گەلێکن لەگەڵ موسڵمانان، جوولەکەکان

ئاینی خۆیان هەیە و موسڵمانانیش ئاینی خۆیان هەیە."

ئەگەر لە سەردەمی ئەو زاتەدا ﷺ ئاین دژی ئاینەکانی تر بەکار نەهاتبێت،

ئەوا بە بێگومان بەکارهێنانی ئاین- مەبەستمانە ئیسلامە- دژی خۆی، هەر بوونی

نەبووە، تەنانەت رۆژێک لە رۆژان هاوەڵان ﷺ تا ئەو ساتەی ئەو لەناویاندا بوو، بە

هۆی ئاینەوە دژایەتیی یەکیان نەکردووە، هیچ کامیان ئاینی دژ بەوەی تر بەکار

نەهێناوە، بەرژەوەندیی تاکەکان نەبووە مایەی ئەوەی ئاین بکەن بە ئامرازێک بۆ

دوژمنایەتیی هاوئاینەکانیان، ئەوان ئەو کارەیان ئەنجام نەدەدا نەک لەبەر ئەوەی

نەیاندەتوانی و پێویستیان پێی نەبوو، بەڵکو لەبەر ئەوەی دەیانزانی ئەو کارەیان

پێچەوانەی سروشت و بەها و پرەنسیپەکانی ئاینەکەیانە، هەر بۆیە بەم شێوازە

پیادەکردنەی ئاین، توانییان خۆشترین ژیانی رۆحی و پتەوترین بیروباوەڕی ئاینی

بۆ خۆیان بەرجەستە بکەن و ببنە نموونەیەکی پرشنگداری تەبایەتی ئاین و

ئاینەکان. تەنها ئەوەی لێرەدا پێویستە بوترێت ئەوەیە، کە ئیسلام وەک دواهەمین

ئاینی خودا دژی گۆڕین و دەستکاریکردنی دەقەکانی ئاینە ئاسمانییەکان و

شێواندنیان لەلایەن پەیرەوانیان دەوەستایەوە و دژایەتیی خۆی بۆ هەموو جۆرە

هاوبەشدانان و لادانێک لە رێبازی پێغەمبەران (دروودی خوایان لەسەر بێت)

راگەیاند.

<hr>

(١) السيرة النبوية: ابن هشام: (٢/ ٣٢١)

دەستپێکی کەوتن

کاتێک ئایین بووە ئامرازێک بۆ دژایەتیکردنی ئایین و بڕواداران دەق و تێکستە ئایینییەکانیان لە مانا و ئامانجە ڕاستەقینەکان وەلا دا و بۆ مەبەستی زاڵکردنی بیروبۆچوونە تایبەتەکانی خۆیان بەسەر لایەنی بەرامبەر بەکاریان هێنا، ئەوکات ئارامی و تەبایی و یەکپارچەیی لەنێو بڕواداران درزی تێ کەوت و دەلاقەی ئاژاوە و شەڕانگێزی و ناکۆکی بەڕوویاندا بوویەوە.

سەرەتای بەکارهێنانی ئایین دژ بە خۆی لە مێژووی ئایینی پیرۆزی ئیسلامدا، لە جەنگی خەواریجەکان دژ بە ئیمامی عەلی ﷺ و هاوەڵانی تری پێغەمبەر ﷺ دەست پێ دەکات، ئیدی هەر ئەوکات نەفرەتی ئایین ڕووی تێ کردن و یەکپارچەیی نێوانیان کەوتە مەترسی، دوا جار سەری کێشا بۆ کوشتار و خوێنڕێژی.

ئەم دژایەتیکردنەی نێوان بڕواداڕانی ئایینە جیاوازەکان بە درێژاییی مێژوو، وای لە بەشێک لە تویژەران و نووسەران کردووە کە بگەنە ئەو ئەنجامەی ئایینەکان لەبری دوژمنایەتیکردنی بێباوەڕی، دژایەتیی یەکتر دەکەن، بڕواداڕانیش لەبری دژایەتیکردنی بێباوەڕان، دژایەتیی مرۆڤە باوەڕدارەکان دەکەن. نووسەری بەناوبانگی ئێرانی دکتۆر عەلی شەریعەتی [1]، لە دەستپێکی پەرتووکی (دین ضد الدین) ئاماژە بۆ ئەو بۆچوونە دەکات، ئەو وای بۆ دەچێت کە قەناعەتێک لای زۆرینەی خەڵکی هەیە، پێیان وایە ئایین هەمیشە دژی کوفر و بێباوەڕی بووە و ئەو جەنگەی بە درێژاییی مێژوو بەردەوام بووە، هەمیشە لەنێوان ئایین و نائایین (الدین واللادین)دا بووە، بەڵام ئەو پێی وایە کە ڕاستییە مێژووییەکان پاڵپشتیی

(١) عەلی شەریعەتی: ناوی عەلی کوڕی موحەممەدی کوڕی تەقیی شەریعەتییە، نووسەر و بیرمەند و تویژەرێکی ئێرانییە، پسپۆڕیی لە زانستی کۆمەڵناسی و ئایینەکاندا هەبووە، ساڵی (١٩٣٣ن) لە خوراسان لەدایک بووە و ساڵی (١٩٧٧ن) لە لەندەن کوژراوە، دوو بڕوانامەی دکتۆرای لە مێژووی ئیسلام و زانستی کۆمەڵناسیدا بەدەست هێناوە. بڕوانە: هكذا تكلم علي شريعتي: فاضل رسول: (٧).

پێچەوانەی ئەو بۆچوونە دەکەن کە ئێستا باسمان کرد، بە شێوەك کە ئایین تەنها بە ئایین بەرهەڵستی کراوە و ئایین تەنها دژی ئایین وەستاوەتەوە.

ئینجا دواتر ئاماژە بۆ ئەوە دەکات کە لە هەر کات و شوێنێکدا ئایینێکی نوێ سەری هەڵدابێت، دوو پرس بوونیان دەبێت:

یەکەم: ئەو ئایینە نوێیە لەسەرپشت و حسابی ئاییەکەی پێش خۆی بەدیار دەکەوێت، تەنانەت بۆ ئەو ئامانجە بەدەر دەکەوێت کە ڕووبەڕووی ببێتەوە.

دووەم: ئاییینە کۆنەکە و خەڵکەکەشی یەکەمین کەس دەبن کە جەنگ دژی ئاییینە نوێیەکە بەرپا دەکەن و ئیعلانی ڕووبەڕووبوونەوەی دەکەن[1].

لە ڕاستیدا ئەم بۆچوونەی شەریعەتی دەکرێت لە دوو ڕەهەند و گۆشەنیگای جیاوازەوە سەیر بکرێت و لێکدانەوەی بۆ بکرێت، بەم شێوەیەی خوارەوە:

۱– دەشیٚ مەبەست لێی دژایەتیکردنی دەق و تێکستە ئاییننییەکان بێت بۆ یەکتر، بێگومان ئەم بۆچوونەشی وێرای ئەوەی پێچەوانەی دەق و تێکستە قورئانییەکانە، زۆر دوورە لەو ئامانج و خواستەی کە نووسەر دەیەوێت بیگەیەنێت.

پێچەوانەی دەقە ئاییننییەکانە، چونکە ئاییینە ئاسمانییەکان وەك دەق و تێکستی نووسراو بە هیچ شێوەیەك بۆ دژایەتیکردنی یەکتر نەهاتوون، بەڵکو بۆ تەواوکردنی یەکتر هاتوون وەك پێشتر ئاماژەمان پێی دا و دووریشە لە ئامانجی نووسەر، چونکە ئەو دەیەوێت لە ڕووی مێژووەوە ئەو بابەتە بخاتە ڕوو، بێگومان مێژووش مرۆڤەکان دەینووسنەوە و بەرجەستەی دەکەن نەك دەق و تێکستی ئاییینەکان.

۲– هەروەها دەشیٚ مەبەست لێی دژایەتیکردنی پەیرەوکارانی ئاییینەکان بێت بۆ یەکتری، کە ئەمەیان هەم مێژوو بۆمانی دەسەلمێنێت، هەم نزیکترە لە خواست و مەبەستی نووسەر.

---

(۱) بڕوانە: دین ضد الدین: دکتۆر علی شەریعەتی: (۲۳–۲۷).

بەڵام لای ئێمە گرنگ نییە نووسەر کام ئەگەری لا مەبەستە، بەڵکو ئەوەی لای ئێمە گرنگە ئەوەیە کە لە مێژوودا ئەوەی بینراوە ئاییندارەکان دژی یەکتر بوون نەک ئایینەکان، دوا جار جەنگی نێوان ئایینەکان لە دەرئەنجامی ڕاڤە و هەڵوێستی شوێنکەوتووەکانیان سەری هەڵداوە، بەڵام ئەو جەنگە کاریگەریی خراپی هەبووە بۆ سەر خودی ئایینەکان و ڕووبەڕووی ڕەخنە و کێشەی کردوونەتەوە.

ئەگەر گریمان نووسەر ئەگەری یەکەمی لا مەبەستە و بۆچوونەکەشی ڕاستبێت، تەنها تا ئەو ئاستە ڕاستە کە بڵێین ئایینێک دژی ئایینێکی تری جیاواز لە خۆی جوولاوەتەوە، وەک ئەوەی بڵێین: ئایینی مەسیحی بۆ دژایەتیکردنی ئایینی یەهودی هاتووە، دواتر ئایینی ئیسلامیش بۆ دژایەتیکردنی ئایینی مەسیحیەت هاتووە، سەرئەنجام ئەو ناکۆکییەی نێوان بڕواداران پەیوەستە بە دژایەتیی خۆڕسکی نێوان ئایینە جیاوازەکان خۆیان.

ئەم گریمانەیە ئەگەرچی بەپێی دەقەکان دوورە لە ڕاستی، بەڵام ئەگەر دانی پێدا بنێین لە ڕووی لۆژیک و عەقڵەوە جێگەی ئەرگومێنت و قبوڵکردنە، چونکە هەموو ئایدۆلۆژیا و بیروباوەڕێکی ئایینی دەیەوێت سەرمەدی و نەمری بۆ خۆی دەستەبەر بکات، ئینجا کاتێک لەمپەرێک دێتە بەردەم ئەو خواستەی، ئاساییە هەموو هەوڵێک بدات بۆ لادان و لەناوبردنی ئەو لەمپەرە.

بەم لێکدانەوەیەش بێت، شەڕی نێوان ئایینە جیاوازەکان کارێکی ئاساییە و لێکەوتەی ئەو سروشتەیە کە ئایینەکان هەیانە سەبارەت بە خواست و خەونی نەمری و بەردەوامبوونیان.

بەڵام ئەوەی ناسروشتییە لە دژایەتیکردن و شەڕی ئایینەکان بریتییە لە شەڕکردن دژی خۆیان، ئەمەش کاتێک ئایینێکی تایبەت دژی خۆی دەخرێتە کار و هەوڵ دەدرێت هێز و توانا و دەقەکانی دژی هۆگران و شوێنکەوتووانی خۆی بخرێنە

کار، ئەوکات ناسروشتی ئایین هەستی پێ دەکرێت و نەفرەتی ئایین دژی بڕوادارەکان سەر دەردەکات.

تا ئێرە ڕوونە کە ئایین ناکرێت نە دژی ئایینێکی تر بێت نە دژی خۆی، هەر بۆچوونێکیش لەم بارەوە هۆکارەکەی مێژووی بڕوادارەکانە کە لە ڕێگەی بەهەڵ بەکارهێنانی ئایین بوونەتە هۆی ئەوەی وا دەربکەوێت کە خودی ئایینەکان دژی یەکترن.

ئایین لە ئاست نەیارانیدا :

ئەوەی لەم ڕۆژگارەدا لە کۆمەڵگە ئیسلامییەکان بەدی دەکرێت بریتییە لەوەی کە ئایین دژی خۆی بەکار دەهێنرێت نەک دژی ئایدۆلۆژیا و ئایینێکی جیاواز، بە جۆرێک کە هێندەی موسڵمانان ئایینەکەیان بۆ دژایەتیکردنی یەکتری و شکاندنەوەی هاوئایینەکانیان کردووەتە ئامراز، هێندە نەیانکردووەتە ئامرازی بڵاوکردنەوەی ئایینەکەیان و زاڵکردنی بە سەر ئایدۆلۆژیا و هزرە نائایینییەکان.

بیری شیوعیەت و سیکۆلاریزم و ئیلحاد دیارترین ئەو هزر و تەوژمانەن کە لە کۆمەڵگە ئیسلامییەکاندا ڕەچەتەیان کردووە، بەڵام ئەوەی دەبینرێت لەسەر ئاستی باڵای کارەکتەرە ئایینییەکان، کەمترین کاردانەوە و هەڵوێستیان بەرامبەر ئەنجام دەدرێت.

زۆربەی کارەکتەرە دیارەکانی ئایین، زۆرترین دەرکەوتنیان دژ بە ڕەوت و تەوژمە ئایینییەکانە، کە بەردەوام هەوڵ دەدەن لە ڕێگەی بەکارهێنانی دەقی ئایینی بەرهەڵستی خۆیان بۆ پارتێک یان بۆچوونێکی دیاریکراوی ئایینی بخەنە ڕوو، کە زۆر جار ئامانجی بەناوبانگ بوون و پۆست و پارە لەپشت ئەم کارەیان بوونی هەیە.

بەکارهێنانی ئایین دژی خۆی لە کۆی کایە و ئاستەکانی جیهانی ئیسلامیدا بەدی دەکرێت، سەرەتا لە ئاستی بالا کە خۆی لە کۆمەلگە و ولاتە جیاوازەکاندا دەبینێتەوە، بە جۆرێک کە چەندین جار جیاوازیی بیروبۆچوونی ئایینی کاریگەریی هەبووە لەسەر ئاستی تەبایی و پەیوەندییەکانیان.

دواتر لە ئاستی رێباز و رەوتە ئیسلامییەکان، هێندەی ئەهلی تەسەوف و عیرفان بانگەشە بۆ دژایەتیکردنی رەوتی سەلەفیەت دەکات، هێندە ئاماژە بە دەق و تێکستە جوانەکانی ئایین ناکات، بەپێچەوانەوە هێندەی رەوتی سەلەفیەت دژایەتی ئەهلی عیرفان و تەسەوف دەکات هێندە دژایەتی رەوتە سیکۆلاریزم و ئەنتی ئایینییەکان ناکات، ئیدی هەموو رێبازەکان بەم فۆرمە خۆیان نمایش دەکەن، موعتەزیلە دژی ئەهلی سوننە، ئەوان دژی ئەهلی کەلام و ئەشعەری ...هتد، هەلبەتە دووبارە دەلێین ئەم کردارانە دوورن لە خواستی راستەقینەی ئایین و هەلوێستی راستەقینەی زانا و بانگخواز و بیرمەندە رەسەنەکان.

خوێندنەوەی توراسی رێبازە فیکرییە جیاوازەکانی ئایینی ئیسلام پێمان دەلێت کە کەم زانا و بیرمەندی ئیسلامی هەن لەلایەن نەیارە فیکرییەکانیانەوە رووبەروویی کافرکردن و جنێودان نەبووبنەوە، هەر لە ئەبو حەسەنی ئەشعەری[1] و

(١) ئەبو حەسەنی ئەشعەری: ناوی عەلی کورپی ئیسماعیلی کورپی ئیسحاقە، سالی (٢٦٠ك.) لەدایک بووە، سالی (٣٢٤ك.) کۆچی دواییی کردووە، لە نەوەکانی ئەبو موسای ئەشعەرییە، دامەزرێنەری مەزهەبی ئەشعەرییەکانە، بۆ ماوەی (٤٠) سال موعتەزیلە بووە، دواتر وازی لێهێنان. بروانە: الأعلام الزرکلي: (٢٦٣/٤).

ئەبو هوزەیلی حەلاف[1] و قازی عەبدول جەباری موعتەزیلە[2] و ئیبنو تەیمیەی حەڕانی و فەخری ڕازی[3] و ئیبن عەرەبی[4].. بگرە تا دەگاتە شەیخی ئەلبانی[5]، سەید قوتب[6]، ئیبن باز[7]،

---

(١) ئەبو هوزەیل: ناوی موحەممەدی کوڕی موحەممەدی کوڕی هوزەیلی حەللافە، سالّی (١٣٥ك.) لەدایك بووە، سالّی (٢٣٥ك.) کۆچی دوایی کردووە، یەکێکە لە گەورەزانایانی ڕەوتی موعتەزیلە. بڕوانە: الأعلام: الزرکلی: (١٣١/٧).

(٢) قازی عەبدول جەبار: ناوی عەبدولجەباری کوڕی ئەحمەدی کوڕی عەبدولجەباری هەمەدانییە، سالّی (٣٥٩ك.) لەدایك بووە، سالّی (٤١٥ك.) کۆچی دوایی کردووە، شەیخی موعتەزیلەکانە و یەکێکە لە فیقه زانەکانی مەزهەبی شافیعیی. بڕوانە: سیر أعلام النبلاء: الذهبي: (٢٤٤/١٧)

(٣) ڕازی: ناوی موحەممەدی کوڕی حەسەنی کوڕی حوسەینی ڕازییە، سالّی (٥٤٤ك.) لەدایك بووە، سالّی (٦٠٦ك.) کۆچی دوایی کردووە. یەکێکە لە گەورەترین زانایانی مەزهەبی ئیمامی شافیعی و پێّی دەڵێن (وتاربێژّی ڕەی– خطیب الريّ)، هەندێك لە بەرهەمەکانی: (مفاتیح الغیب، المباحث المشرقیة)، بڕوانە: الأعلام: الزرکلی: (٣١٣/٦).

(٤) ئیبن عەرەبی: ناوی موحەممەدی کوڕی عەلی کوڕی موحەممەدی کوڕی عەرەبی ئەندەلووسییە، سالّی(٥٥٨ك.) لەدایك بووە، سالّی (٦٣٨ك.) کۆچی دوایی کردووە، یەکێکە لە کەسایەتییە هەرە گەورەکانی ڕەوتی عیرفان و تەسەوف. بڕوانە: سیر أعلام النبلاء: (٤٨/٢٣).

(٥) ئەلبانی: ناوی موحەممەد ناصر الدین ئەلبانییە، سالّی (١٩١٤ز.) لەدایك بووە، سالّی (١٩٩٩ز.) کۆچی دوایی کردووە، یەکێکە لە کەسایەتییە دیارەکانی زانستی فەرمووده لە سەردەمی نوێّدا، بەرهەمی زۆری هەیە لەم بوارەدا، لەوانە: (سلسلة الأحادیث الصحیحة، سلسلة الأحادیث الضعیفة، صحیح الأدب المفرد). بڕوانە: (ویکیپیدیا–Wikipedia.org).

(٦) سەید قوتب: ناوی سەید قوتبی کوڕی ئیبراهیمە، سالّی (١٩٠٦ز.) لەدایك بووە، سالّی (١٩٦٧ز.) کۆچی دوایی کردووە، بیریارێکی میسرییە، یەکێك بوو لە ڕێبەرانی (ئیخوان موسلیمین)، سالّی (١٩٦٧ز.) لەسێّداره درا، لە بەرهەمەکانی: (في ظلال القرآن، التصویر الفني في القرآن، معالم في الطریق). بڕوانە: الأعلام: الزرکلی: (١٤٧/٣). معجم أعلام المورد: منیر البعلبکي: (٢٤٩).

(٧) ئیبن باز: ناوی عەبدولعەزیزی کوڕی عەبدوللّای کوڕی بازه، سالّی (١٩١٠ز.) لەدایك بووە، سالّی (١٩٩٩ز.) کۆچی دوایی کردووە، زانایێکی گەورە و دیاری سعودییە و جیهانی ئیسلامییە، به یەکێك لە ئیمام و ڕێبەرانی ڕەوتی سەلەفیەت هەژمار دەکرێت. بڕوانە: (ویکیپیدیا–Wikipedia.org).

قەڕزاوی^(۱) و شێخ عوسمانی بیارە... هتد، کە هەموو ئەمانە لەلایەن نەیارە فیکرییەکانیان ڕووبەڕووی جۆرەها سووکایەتیپێکردن و جنێودان بوونەتەوە، کە دوورە لە پایە و پێگەی ئەم زانا و عاریف و شێخە خواناس و ڕاستەقینانە.

تەنانەت ئەم بەکارهێنانەی ئایین دژی خۆی چڕ بووەتەوە بۆ نێو کایە سیاسی و مەعریفییەکانیش، بۆیە دوو پارتی سیاسی ئاینی نابینێتەوە هاوئاواز بن، نەک تەنانەت هاوپەیمان نین، بەڵکو دژایەتیی یەکتریش دەکەن و هەردووکیان ئایین دەکەن بە پاساوی هەقیقەت و ڕاستی بیروبۆچوونەکانی خۆیان و بە هەڵە دانانی ئەوانی تر.

بێگومان دەشێ ڕای جیاواز و بۆچوون و تێگەیشتنی جیاواز بۆ ئایین و دەقەکانی هەبێت، بەڵام هیچ کات ناشێت ئەم ڕاجیاییییە ببێتە مایەی ناکۆکی و دژایەتی و یەکتر ناشیرینکردنی ڕەوتە ئیسلامییەکان.

ئەم مۆدێلەی نیشاندان و بەکارهێنانی ئایین دژ بە خۆی، بۆتە فاکتەرێکی بەهێز لای نەیارانی ئایین تا لە ڕێگەیەوە ئایین لەکەدار بکەن و ڕەخنەی لێ بگرن، بە جۆرێک کە هەمیشە ئایین بە هۆکاری لێکترازان و موسوڵمانان بە فاکتەری دووبەرەکی و ناتەبایی وەسف دەکەن.

بێگومان هەموو ئەوانەش لە دەرئەنجامی ئەو ڕاستییە تاڵەیە کە کارەکتەرە ئاییندارەکان دروستیان کردووە، هەڵبەتە ئەمەش بە هۆی بەکارهێنانی ئایین بۆ ڕقەبەرایەتیی یەکتری و لەکەدارکردنی هاوئایینەکانیان، کە ئەم فۆڕمەی بەرجەستەکردن و موماڕەسەکردنی ئایینیش دژی بنەما و دەقە ئایینەکانە و تەواو جیاوازە لەگەڵ سروشتی ڕاستەقینەی ئایین.

دوا جار ئەو زەرەر و زیانەی کە بڕواداران بەم هۆیەوە بە ئایینیان گەیاندووە، هیچی کەمتر نییە لەو زەرەر و زیانەی دوژمنان بە ئایینیان گەیاندووە.

بۆیە ئەگەر هەرچی نووە پێش بەم شەپۆلەی بەکارهێنانی ئایین دژی ئایین نەگرین، ئەوا نەک ڕەوشی ئایین چاک نابێت، بەڵکو تەبایی و لێبوردەیی دەبێتە خەونێک کە هەموومان بە ئاواتی بین، ئەوکات دەکەوینە بەر نەفرەتی ئایین و بەختەوەری لە ژیان و کۆمەڵگەدا بوونی نامینێت و بار دەکات.

هەڵبەتە دووبارە ئەرکی ئەم کارە دەکەوێتە ئەستۆی زانایان و بانگخوازان و ئیماندارانی ڕاستەقینە، ئەمەش بە هەوڵدان بۆ یەکڕیزی و وەگەرخستنی هێز و توانا و کۆششی خۆیان دژ بەو گرووپانەی لە ڕێگەی کردەوەکانیانەوە ئایین وەک دوژمنی ئایین بەکار دێنن.

بەشی هەشتەم
فەلسەفە و دراو

تاڵیسی[1] گەورەفەیلەسووفی یۆنانی بەوە ناوبانگی دەرکردبوو کە هەستی
پێشبینیکردنی زۆر بەهێزە، ئەوەش بە هۆی ئاشنابوونی بە زانستی فەلەکناسی،
لەگەڵ ئەوەشدا هەمیشە دەکەوتە بەر هێرش و توانجی خەڵکی بە هۆی
هەژارییەوە، ساڵێکیان پێشبینیی ئەوە دەکات کە بەروبوومی زەیتوون خێری زۆری
دەبێت، بۆیە هەموو کێڵگە و بەرهەمەکانی زەیتوون بە نرخێکی کەم دەکڕێتەوە،
دواتر کە بەرهەمەکان پێ دەگەن بە نرخێکی بەرز و بەو نرخە کە خۆی حەزی
دەکرد دەیفرۆشتەوە، سەرئەنجام قازانجێکی زۆری دەستکەوت، تاڵیس ئەو کارەی
بۆ ئەوە نەکرد تا دەوڵەمەند بێت، یان لەبەر ئەوەی حەزی لە پارە و سامان بێت،
بەڵکو ویستی ئەوە بە خەڵکی بڵێت کە فەیلەسووفەکان لە تواناياندا هەیە
دەوڵەمەند بن و سامان خڕ بکەنەوە، بەڵام ئەو کارە ئەنجام نادەن، چونکە
پیشەی ئەوان کۆکردنەوەی مەعریفە و فەلسەفەیە نەک سەروەت و سامان[2].

<hr>

(1) تاڵیس: فەیلەسووفێکی یۆنانییە، لە سەدەی (٧ پ.ز.) لەدایک بووە و لە سەدەی (٦ پ.ز.) کۆچی
دواییی کردووە، یەکەم فەیلەسووف بووە زانستی هەندەسەی لە میسرەوە بردووە بۆ یۆنان،
شارەزاییەکی زۆری لە زانستی فەلەکناسیدا هەبووە، بە شێوەیەک کە زۆربەی پێشبینییەکانی وەراست
دەگەڕان، ئەم فەیلەسووفە بڕوای وا بووە کە ئاو پێکهاتەی یەکەمی گەردوونە. بڕوانە: معجم الفلاسفة:
جۆرج طرابیشی: (٤١٤).

(2) بڕوانە: الفلسفة القديمة: دكتۆر حربی عباس عطیتۆ: (٧٥).

بێگومان له‌ هه‌ر شوێنێك ئایین هه‌بێت فه‌لسه‌فه‌ و عه‌قڵ و هزریش بوونی هه‌یه‌، پێچه‌وانه‌كه‌شی هه‌ر ڕاسته‌، واته‌ له‌ هه‌ر شوێنێكدا عه‌قڵ و فه‌لسه‌فه‌ بوونی هه‌بوو، ئایین كاڵایه‌كی نامۆ نابێت له‌و شوێنه‌دا.

به‌ ئاوردانه‌وه‌ له‌ مێژووی فه‌لسه‌فه‌ و ئایین له‌ سه‌ده‌كانی پێش له‌دایكبوونی مه‌سیح پێغه‌مبه‌ر ﷺ، ده‌گه‌ینه‌ ئه‌و ڕاستییه‌ی كه‌ ئایین زیاتر له‌نێو ئه‌و كۆمه‌ڵگا و ناوچانه‌دا بوونی هه‌بووه‌ كه‌ كه‌وتبوونه‌ كیشوه‌ری ئاسیا و ناوچه‌ی ڕۆژهه‌ڵاتی ناوه‌ڕاست، به‌تایبه‌ت میسرییه‌ كۆنه‌كان و چین وبابلی و ئاشووری و فارس و هیندییه‌كان.

له‌به‌رامبه‌ردا كۆمه‌ڵگه‌ یۆنانی و ڕۆمانییه‌كان كه‌متر ئاشنای ئاییه‌كان بوون، له‌و دوو كۆمه‌ڵگه‌یه‌دا زیاتر لۆژیك و فه‌لسه‌فه‌ به‌ربڵاو بوو، ئه‌و دووانه‌— فه‌لسه‌فه‌ و لۆژیك— به‌ شێوه‌یه‌ك به‌هێز بوون كه‌ ته‌نانه‌ت ڕۆڵی ئاییه‌نیشیان بینیوه‌، ئه‌مه‌ش له‌ ڕێگای میسیۆلۆژیا و داستانه‌ ئه‌فسووناوی و خه‌یاڵییه‌كانیان به‌دی ده‌كرێت.

به‌گشتی سێ بۆچوونی جیاواز له‌مه‌ڕ سه‌ره‌تاكانی سه‌رهه‌ڵدانی هزر و فه‌لسه‌فه‌ بوونیان هه‌یه‌، به‌م شێوه‌ی خواره‌وه‌ [1]:

بۆچوونی یه‌كه‌م: ڕیشاڵی فیكر و فه‌لسه‌فه‌ وابه‌سته‌ی زه‌مه‌نێكی دیاریكراو نییه‌، وه‌ك به‌شێكی مێژوونووسانی بواری فه‌لسه‌فه‌ ئاماژه‌ی پێ ده‌كه‌ن [2].

بۆچوونی دووه‌م: ئه‌م بۆچوونه‌ به‌ره‌و ئه‌و ئاراسته‌یه‌ ده‌ڕوات كه‌ فه‌لسه‌فه‌ به‌ مانا تایبه‌ت و به‌ناوبانگه‌كه‌ی زاده‌ی هزر و ئه‌ندێشه‌ی یۆنانییه‌كانه‌ [3].

---

(١) بۆ ئاشنابوون به‌م سێ بۆچوونه‌ به‌گشتی و ئه‌م به‌شه‌ به‌تایبه‌تی بڕوانه‌ ئه‌م سه‌رچاوانه‌: آراء نقدية في مشكلات الدين والفلسفة والمنطق: دكتۆر مهدي فضل الله: (١٠١–١١٤). أسس الفلسفة: دكتۆر توفيق طويل: (٢٥–٣٣).

(٢) بڕوانه‌: مشكلة الفلسفة: دكتۆر زكريا إبراهيم: (٢٧).

(٣) بڕوانه‌: مبادئ الفلسفة: راپوپرت: (٦١). أسس الفلسفة: راكيتۆف: (٧).

بۆچوونی سێیەم: بۆچوونێکیش هەیە کە سەرەتاکانی فیکر و فەلسەفە دەگەڕێنێتەوە بۆ ئەو کۆمەڵگایانەی کە سەرەتا ئایین و ئایدۆلۆژیا تیایاندا هەبووە، بەتایبەت میسری و بابلی و فارسەکان، واتە بۆ ڕۆژهەڵاتییەکان[1].

ئێمە نامانەوێت لێرەدا بەڵگە و بۆچوونی هەریەك لەو سێ ڕا جیاوازە باس بکەین، یان ئەو بۆچوونە بخەینە ڕوو کە بە دید و تێڕوانینی ئێمە لە هەموویان بەهێزترە، چونکە ئەم کارە خزمەت بە مەبەست و خواستی ئێمە ناکات لەم توێژینەوەیەدا، بەڵکو ئێمە تەنها تیشك دەخەینە سەر ئەو خاڵانەی کە پەیوەندییان بە سەرهەڵدان و بوونی فەلسەفەوە هەیە لەنێو کۆمەڵگە ئاییندارەکانی وەك میسر و بابل و فارس، چونکە تەنها ئەمەیان خزمەت بەو ئامانجە دەکات کە مەبەستمانە بیگەیەنین.

لە ڕاستیدا بۆچوونێکی تا ڕادەیەك بەهێز هەیە پێی وایە کە هزر و فەلسەفە سەرەتا لە میسر و چین و بابل و ولاتی هیند و فارسدا سەری هەڵداوە، بۆ ئەو مەبەستەش چەندین بەڵگە و ئاماژەی بەهێز دەخەنە ڕوو، کە گرنگترینیان ئەمانەی خوارەوەن:

١- هەبوونی پرس و بابەتە فەلسەفییەکان

کۆمەڵێك بابەتی فەلسەفی سەرەتا لەم شوێنانەدا سەریان هەڵداوە، وەك پرسی زیندووبوونەوە و هەمیشەیی یان لەناوچوونی ڕۆح (الخلود والفناء)، ئەمە وێرای بوونی شاکاری ئەندازیاری وەك ئەهرامەکانی میسر و مۆمیاکردنی لاشەی مردووەکان و زانستی فەلەکناسی لای بابلییەکان، کە هەموو ئەمانە ئەوکات بەگشتی بەشێك بوون لە فەلسەفە، بەڵام دواتر بوونە زانستی تایبەت و سەربەخۆ.

---

(١) بڕوانە: محاضرات في تاريخ الفلسفة: هیگڵ: (٢٢٦).

٢- ھەبوونی شارستانیەت

بێگومان ڕۆژھەڵاتییەکان بەر لە یۆنانییەکان توانیبوویان ببنە خاوەنی شارستانیەتی تایبەت بە خۆیان، کە ئەمەش ئەو بۆچوونە بەھێز دەکات کە سەرەتای فەلسەفە و ھزری مرۆڤایەتی ھەڵقوڵاوی ئەم ناوچانە بێت، چونکە بەپێی سەرچاوەکان ڕۆژھەڵاتییەکان لە سەدەی (٤٠)ی پێش زایین و یۆنانییەکان لە سەدەی (١٠)ی پێش زایین شارسانیەتیان دروست کردووە، بەو پێیەش بێت یۆنانییەکان (٣٠) سەدە دوای ڕۆژھەڵاتییەکان بوونەتە خاوەنی ژیار و شارستانیەتی تایبەت بە خۆیان.

٣- ھەبوونی ئایین و ئایدۆلۆژیای جیاواز

لەم ناوچانەدا چەندین ئایین و ئایدۆلۆژیا بوونیان ھەبووە، وەک ئایینی زەردەشتی لە وڵاتی فارس و ئایینی یەکخوداناسی (ئاخناتون) لە میسر[1]، بێگومان ئەم خاڵەش ڕەسەنایەتیی فەلسەفەی ڕۆژھەڵاتی زیاتر بەھێز دەکات، چونکە بەشێکی فەیلەسووفەکان ڕایان وایە کە فەلسەفە لە ئایینەوە سەرچاوەی گرتووە، وەک ئەمیل بوترو[2] دەڵێت: "بێگومان فەلسەفە لە ھەندێک لایەنیدا لە خودی ئایینەوە سەرچاوەی گرتووە"[3].

---

(١) بڕوانە: الفلسفة القديمة: دکتۆر حربی عباس عطیتو: (١٧-٤٠).

(٢) ئەمیل بوترو Emile Botroux: فەیلەسووفێکی فەرەنسییە، ساڵی (١٨٤٥ز.) لەدایک بووە، ساڵی (١٩٢١ز.) کۆچی دوایی کردووە، لە بەرھەمەکانی: (الأخلاق والدين، الطبيعة والروح، العلم والدين في الفلسفة المعاصرة). بڕوانە: معجم الفلاسفة: جۆرج طرابیشی: (١٩٦).

(٣) بڕوانە: العلم والدين في الفلسفة المعاصرة: أميل بوترو: (١٠).

٤- دانپیادانانی فەیلەسووفە رۆژئاواییەکان

کۆمەلێک فەیلەسووڤ ناوداری ئەورووپی هەلگری ئەم بۆچوونەن و دان بەوەدا
دەنێن کە رۆژهەلاتییەکان پێش یۆنانییەکان خاوەنی هزری رۆشنگەری و فەلسەفە
بوون، وەک: هیگڵ، ویل دیورانت[1]، گۆستاف لۆبۆن، ئەمەی دواییان دەلێت:
"ئەمرۆ ئێمە دەزانین لە سەردەمێکدا کە یۆنانییەکان گەلێکی نەزان و خێلەکی
بوون، چەندین شارستانیەتی درەوشاوە و جوان و قەشەنگ لە کەناراوەکانی
رووباری نیل و دەشتەکانی کلدانییەکان بوونیان هەبوو[2]."

٥- کاریگەریوونی یۆنانییەکان بە فەلسەفەی رۆژهەلاتی

بێگومان فەلسەفەی یۆنانی و فەیلەسووفە ناودارەکانی یۆنان کاریگەری و
هەژموونی فەلسەفەی رۆژهەلاتییان بەسەرەوە هەبووە، بە بەلگەی ئەوەی کە
فیساگۆرس و ئەفلاتوون و ئەرستۆ کە لە فەیلەسووفە هەرە ناودارەکانی یۆنانن
هەموویان چوونەتە میسر و لەوێوە فێری ماتماتیک و فەلەکناسی و زانستە
ئاینییەکان بوون، کە ئەمانە پێشتر بەشێک بوون لە فەلسەفە، وەک ئاماژەمان پێ
دا. ئەم خالانە و چەندین خالی تر ئاماژە بۆ ئەوە دەکەن کە لە سەرەتادا فەلسەفە
و هزری راستەقینەی لەنێو کۆمەلگە ئایینداردەکانی رۆژهەلاتی ئاسیا بوونی هەبووە،
دواتر یۆنانییەکان لە رێگەی ئاشنابوون بەو شارستانیەتانە فێری بوون و پەرەیان
پێ داوە.

(١) ویل دیورانت Will Durant: مێژوونووس و فەیلەسووف و نووسەرێکی ئەمریکییە، سالی
(١٨٨٥ز.) لەدایک بووە و سالی (١٩٨١ز.) کۆچی دوایی کردووە، بەرهەمی زۆری هەیە، گرنگترینیان:
(قصة الحضارة، قصة الفلسفة، مباهج الفلسفة). بروانە: معجم أعلام المورد: منیر البعلبکي: (١٩٨).

(٢) بروانە: آراء نقدیة فی مشکلات الدین والفلسفة والمنطق: دکتۆر مهدی فضل الله: (١١١)، ئەویش لە
(les premières civilisations) گۆستاڤ لۆبۆن وەریگرتووە.

له راستیدا ئامانجی ئێمه لهم چهند خاڵدا ئهوه نییه بیسهلمێنین که فهلسهفه سهرهتا لهم ناوچه ئایین دۆستانهدا سهری ههڵداوه، بهڵکو ئهوهی خستمانه روو تهنها لهپێناو ورووژاندنی پرسیارێکی لۆژیکی و مێژووییه که خزمهت به لێکۆڵینهوهکهی ئێمه دهکات، ئهویش بریتییه لهوهی: بهگوێرهی ئهم بۆچوونه بێت سهرهتا فهلسهفه لهناو کۆمهڵگه رۆژههڵاتییه خاوهن ئایینهکاندا بوونی ههبووه و له یۆنان بوونی نهبووه، بهڵام ئاخۆ بۆچی دواتر و ئێستاشی لهگهڵدا بێت رهوتی هزر و فهلسهفه لهم ناوچانهدا شکستی هێناوه؟ بهپێچهوانهوه له یۆنان و ناوچهکانی تر فهلسهفه و عهقڵ و رۆشنگهری گهورهترین بووژانهوه و سهرکهوتنیان بهدهست هێنا؟ که ئهگهر بهپێی لۆژیک و مهزهندهی مرۆڤهکان بێت ئهبووایه فهلسهفه لهم ناوچانه بههێزتر بێت نهك له یۆنان، چونکه ئهم ناوچانه خاوهنی ئایینی تایبهت به خۆیان بوون که هاوبهش و پاڵپشتێکی باش و دیاری رهوتی هزر و فهلسهفهیه، بهڵام ئهوهی که مێژوو تۆماری کردووه فهلسهفه لهم ناوچه فره ئایینیانهدا نهك ههر بههێز نهبوو، بهڵکو بهپێچهوانهوه تهنانهت ناو و ناوبانگیشی نهماوه.

دهشێ مرۆڤه ئهنتی ئایینییهکان ههر زوو له گۆشهنیگای دژهئایینی خۆیان ئهم پووکانهوهیهی هزر و فهلسهفه بۆ رهههنده ئایینییهکه بگێڕنهوه و بڵێن: بێگومان بوونی هزر و ئهندێشهی ئایینی بهربهست بووه لهبهردهم گهشهسهندنی فهلسهفه لهم ناوچانهدا، چونکه ئایین پێچهوانهی عهقڵ کار دهکات و هزری مرۆڤایهتی پشتگوێ دهخات، ئهمهش وهك ئاماژهیهك بۆ خستنهرووی تیۆرای ناتهبایی و دژایهتیی نێوان ئایین و فهلسهفه.

دهشێ بهشێکیش ئهم دهرنهکهوتنهی هزر و فهلسهفه لهم ناوچانهدا بۆ دۆخی رۆشنبیری و عهقڵانیهتی تاکی ئهو سهردهمه بگهڕێنێتهوه، بهتایبهت که ئهوکات میسۆلۆژیا و داستانی خهیاڵی و جادووگهری باڵی بهسهر مرۆڤایهتیدا کێشابوو، به

شێوەیەك كه مرۆڤەكان بۆ ڕاڤەی ئەو شتانەی له دەوروبەریاندا دەگوزەرا پەنایان دەبردە بەر میسۆلۆژیا و جادووگەری نەك عەقڵ و هزری خۆیان.

بەڵام به بڕوای ئێمه ئەم دوو گریمانەیه دەمارگیری و كورتبینییان پێوە دیارە، چونكه له ڕاستیدا تەنها وجودی فەلسەفه لەم ناوچانەدا گەواهی دەدەن كه ئەگەر هێزی ئایین و بەربڵاوی میسۆلۆژیاش زیاتر بووبێ ئەوا ئەم دواونه —ئایین و میسۆلۆژیا— به هیچ جۆرێك بەربەست نەبوون لەبەردەم گەشەنەسەندنی هزر و فەلسەفه، تەنانەت ئەگەر هۆكاریش بووبن هۆكاری ڕاستەقینه نەبوون.

بۆیه ئەگەر بمانەوێت هۆكاری ڕاستەقینه و ڕاستەوخۆی دەرنەكەوتن و پووكانەوەی فەلسەفه لەم ناوچانەدا بزانین، پێویسته له سەرەتادا ئەو هۆكارانه بخەینه ڕوو كه مایەی بووژانەوه و دەركەوتنی ڕۆشنگەری و فەلسەفه بوون له یۆنان و ناوچەكانی تر، ئینجا دواتر بەراوردێك لەنێوان هەردوو ناوچەدا بكەین و ڕەوشی فەلسەفه هەڵبسەنگێنین، ئەوكات بێگومان دەگەینه هۆكاری ڕاستەقینەی بڵاونەبوونەوەی فەلسەفه و شكستهێنانی لەم ناوچانەدا.

له ڕاستیدا بەپێی ئەو بەدواداچوونانەی كه ئێمه كردوومانه سەبارەت بەم پرسه پسپۆرانی بواری فەلسەفه ئاماژه بەوه دەكەن كه هۆكاری گەشەسەندنی عەقڵ و لۆژیك و فەلسەفه لەلای یۆنانییەكان و پاڵدانی فەلسەفه و ئەپستمۆلۆژیا بۆ مێژووی هزر و ڕۆشنگەریی ئەوان، هۆكارەكەی بۆ دوو خاڵی سەرەكی دەگەڕێتەوه:

یەكەم: پەیوەندیی به پاشخانی هزری ئەوانەوه هەیه

چونكه ئەوان فەلسەفەیان بەكار هێنا لەپێناو خودی مەعریفه و هزر و زانیاریدا، وەك خۆشییەكی عەقڵی تویژینەوەیان دەربارەی بابەته فەلسەفی و لۆژیكی و عەقڵییەكان ئەنجام دەدا.

یۆنانییەكان كاتێك سەیری دەوروبەری خۆیان كرد ویستیان ئاشنای لوغز و شته شاراوەكانی گەردوون و سروشت و دەروونی خۆیان بن، ئەو هەوڵ و كۆششەیان

جۆرێك له خۆیشی پێ ببەخشین، تاوەكو گەیشتنه ئەو بڕوایەی دەبێ توێژینەوەی فەلسەفی و لۆژیكی ئەنجام بدەن بۆ ئەوەی فێر بن و شت بزانن، دەبێ عەقڵ بەكار بهێنن بۆ ئەوەی له داوی نەزانین ڕزگاریان بێت، تەنها ئەو هۆكاره وای لێ كردن پەره به زانست و لۆژیك و فەلسەفەكەیان بدەن.

دوا جار به هۆی ئەو خۆشەویستیەیان بۆ هزر و مەعریفه توانییان سەركەوتوو بن و شەرەفی پاڵدانی گەورەترین بەرهەم و نیتاجی هزری مرۆڤایەتی كه فەلسەفه و لۆژیكه بۆ مێژوو و توراسی خۆیان مسۆگەر بكەن.

دووەم: دوورکەوتنەوه له میسۆلۆژیا

هاوشانی خاڵی یەكەم كه بەكارهێنانی عەقڵ بوو لەپێناو زانین، ئەوان پشتیان له بەكارهێنانی میسۆلۆژیا و جادووگەری و ئەفسانه كرد و تەنها و تەنها پشتیان به عەقڵ و ئەزموونی خودی خۆیان بەست. هەڵبەته ئێمه لەو بڕوایەداین خاڵی دووەم هۆكارێكی گرنگ و سەرەكی نییه، چونكه له ڕاستیدا هزری میسۆلۆژیا و ئەستوره و خوڕافه و جادووگەری به جۆرێك لەناو یۆنانییەكاندا بڵاو بووه كه ئەگەر ڕیژەكەی له ڕیژەی ناوچەكانی تر زیاتر نەبووبێت كەمتر نەبووه، داستانی ئەلیاده و ئۆدیسەی هۆمیرۆسیش گەورەترین گەواهی ئەم قسەیەن، كه زۆرینەی هەره زۆری فەیلەسووف و بیرمەنده یۆنانییەكان پێیەوی كاریگەر بوون، له كاتێكدا توراس و كەلەپوورێكی تەواو میسۆلۆژی و خەیاڵین.

بێگومان ئەوەی خزمەت به بواری توێژینەوەكەی ئێمه دەكات خاڵی یەكەمه، كه تیایدا یۆنانییەكان چانسی ئەوەیان هەبوو عەقڵ و فەلسەفەیان لەپێناو خودی عەقڵ و زانست و زانیاریدا خسته كار. ئەی ڕۆژهەڵاتییەكان كه فەلسەفه و عەقڵ سەرەتا لەناو ئەواندا سەری هەڵداوه بەپێی بۆچوونی هەندێك كەس كه پێشتر

ئاماژەمان پێ دا، ئایا ئەوانیش فەلسەفەیان بۆ فەلسەفە و چێژی زانست و مەعریفە بەکار هێنا یان لەپێناو شتی تر؟

وەڵامی ئەم پرسیارە دەمانگەینێتە ئامانج و پایانی ئەوەی کە ئێمە دەمانەوێت لەم بەشەدا بیخەینە ڕوو، بۆ وەڵامدانەوەشی دەچینە لای فەیلەسووف بەناوبانگی یۆنانی ئەفلاتون.

ئەفلاتون وەک چەندین فەیلەسووف تر سوودی لە فەلسەفە و زانستی میسرییەکان بینیبوو، ئەمەش کاتێک سەفەری ئەو وڵاتەی کرد و توانیی لە زانستی گەورەپیاوانی میسر خۆی بەهرەمەند بکات، بەڵام ئەوەی کە جێی تێبینی بوو لای ئەفلاتون، بریتی بوو لەوەی کە میسرییەکان و خەڵکی ئاسیا بەگشتی عەقڵ و فەلسەفە و زانست لەپێناو پارە و ئیشوکاردا بەکار دەهێنن، یان ڕوونتر بڵێین، گرنگترین شت لای ئەوان کار و پارەیە نەک زانست و تویژینەوە، بەپێچەوانەی یۆنانییەکان کە تەنها لەپێناو عەقڵ و زانیندا ئەو پرۆسەیان ئەنجام دەدا و خۆشترین شت لای ئەوان هزر و لۆژیک و لێکۆڵینەوە بوو، هەر بۆیە لە وتەیەکیدا تایبەتمەندیی میسری و یۆنانییەکان دەخاتە ڕوو، وەک ئاماژەیەک بۆ جیاوازیی نێوانیان، کاتێک دەڵێت: "تایبەتمەندیی یۆنانییەکان خۆشویستنی بە دواداگەڕان و تویژینەوەیە، بەڵام تایبەتمەندیی میسری و فەینەقییەکان، خۆشویستنی ئیشوکارو پارە پەیداکردنە[1]".

بە بۆچوونی ئێمە، ئەمە ئەو هۆکارەیە کە وای کردووە عەقڵ و فەلسەفە لای ڕۆژهەڵاتییەکان بایەخی نەمێنێت و پەرە نەسەنێت، چونکە ئەوان هەمیشە لەدوای پوڵ و دراو بوون، تەنانەت ئامادەن عەقڵ و مەعریفە و کەسایەتیی خۆیشیان لەپێناو پارە و ساماندا بخەنە گرەو، هەر بۆیە بەم دەردی دواکەوتوویی و نەزانییە دەناڵێنن کە گیرۆدەی بوون، کە سەرتاپای نەهامەتییەکانیان بۆ پشتکردن لە عەقڵ

---

(١) مبادئ الفلسفة: راپۆپرت: (٩١).

و به گرنگتر دانانی پاره و سهروهت و سامان له عهقڵ و فهلسهفه و ڕۆشنگهری دهگهڕێتهوه.

به دووری نازانین ئهفلاتون که سوپاسی خوای گهورهی کردووه له یۆنان لهدایک بووه ههر له بهر ئهو هۆکاره بووبێت، کاتێک بینیویهتی له یۆنان پاره و سامان دهخرێته خزمهت عهقڵ و فهلسهفه، بهڵام له شوێنی تر ـڕۆژههڵاتـ عهقڵ و فهلسهفه بۆ پاره و داهات بهکار دههێنرێن، چونکه دهڵێن ئهفلاتون وتوویهتی لهسهر سێ شت سوپاسی خودا دهکهم:

١ـ که به پیاو دروستی کردووم نهک به ئافرهت ـههڵبهت ئێمه لهگهڵ ئهم جۆره بیرکردنهوهیهی ئهفلاتوندا نین ـ.

٢ـ که بهئازادی دروستی کردووم، نهک بهکۆیلهیی.

٣ـ که کردوومی به هاوڵاتییهکی یۆنانی ـئهسینا ـ نهک هاوڵاتی شوێنێکی تر [1] .

ئێستاش کێشهی مرۆڤی ڕۆژههڵاتی ئهوهیه که عهقڵ و هزری خۆی لهپێناو داهات و دهستکهوتی ژیان دهفرۆشێت، بۆیه له ههموو بوارهکانی ژیاندا تووشی دواکهوتن بووهتهوه، بهپێچهوانهوه ئێستاش ئهورووپییهکان ئاماده نین عهقڵ و هزر و فهلسهفهی خۆیان لهپێناو پارهدا بفرۆشن، بۆیه بهردهوام له گهشهسهندن و پێشکهوتندان، تاکه جیاوازیی نێوان ئێمه و ئهوان بریتییه له دوو خاڵی سهرهکی:

خاڵی یهکهم: ئێمه فرۆشیاری عهقڵ و فهلسهفهین، ئهوانیش کڕیاری ئهو کاڵایهی ئێمهن.

خاڵی دووهم: ئێمه سوود لهو نرخه دهبینین که له فرۆشتنی عهقڵ و فهلسهفهدا بهدهستی دههێنین، ئهوان سوود له بهرههمی عهقڵ و فهلسهفه دهبینن و ههرگیز ئاماده نین خودی عهقڵ و هزری خۆیان لهپێناو پارهوپولدا بفرۆشن.

---

(١) بڕوانه: شموخ الفلسفة وتهافت التهافت: دکتۆر ڕاشد موبارهک: (٣٥).

دوا جار ئەوان بەرهەمی هەمان ئەو عەقڵ و فەلسەفەیەی کە بەبیٚ بەرامبەر لە ئیٚمەیان کڕیوە، بە نرخ و بەهایەکی ئیٚجگار گەورەتر پیٚمانی دەفرۆشنەوە.

ئیٚستا لە جیهانی ئیسلامیدا کیٚشەیەك سەری هەڵداوە، پیٚی دەوتریٚت کیٚشەی کۆچکردنی عەقڵەکان (هجرة العقول)، تیایدا هەموو ئەو بلیمەت و عەقڵمەندانەی کە لە وڵات و کۆمەڵگەی خۆیان ڕیٚز بۆ کەسایەتی و پیٚگە زانستی و مەعریفییەکەیان دانانریٚت هەوڵ دەدەن وڵات جیٚ بهیٚڵن و ڕوو بکەنە کۆمەڵگایەك کە تیایدا عەقڵ و زانست و فەلسەفە پایە و بایەخی خۆی هەبیٚت، کە ئیٚمە ئەوە ناو دەنیٚین: (فرۆشتی بەکۆمەڵ).

هەروەك ئەمە جۆریٚکە لە بەکارهیٚنانی عەقڵ وەك دەرچەی نان پەیداکردن، نەك بەکارهیٚنانی عەقڵ و فەلسەفە وەك ئامرازیٚك بۆ بڵاوکردنەوەی بەختەوەری و تیٚرکردنی ڕۆحی مرۆڤەکان بە خۆراکی فەلسەفە و لۆژیك و زانست و زانیاری.

ئەمەش جاریٚکی تر هۆکارە بۆ بووژاندنەوە و گەشەسەندنی کۆمەڵگاکانی ئەوان و پیٚشکەوتنیان لە ڕووی زانست و زانیاری و ژیار و شارستانیەت، ئیٚمەش زیاتر هەنگاو بەرەو دواوە دەنیٚین و تا دیٚت وا خەریکە گیرۆدەی دەستی نەزانی و بڵاوبوونەوەی گەندەڵی و دۆگما بوونی عەقڵ و ئەستۆکبوونی هزر و هۆشمان دەبین.

فەلسەفە و ڕەوتی ڕۆشنگەری لە سەرەتادا —وەك پیٚشتر وتمان— لەناو کۆمەڵگا ئایینییەکان سەری هەڵداوە، بەڵام هیچ پیٚشکەوتنی بەخۆوە نەبینیوە، چونکە لەمپەریٚك هەبووە لەبەردەم دەرکەوتنی سروشت و هەقیقەتی عەقڵ و فەلسەفەدا، ئەویش —بە دید و بۆچوونی ئیٚمە— بەکارهیٚنانیان بووە لەپیٚناو دراو و سەروەت و سامان و دەستخستنی قازانجی ماددیدا.

لەبەرامبەردا هەمان ئەو ڕێشاڵی هزر و فەلسەفەیە لە یۆنان سەر هەڵدەدات و سەرکەوتوو دەبێت، چونکە ئەو لەمپەرە نەبوو کە دژی سروشت و کەشوهەوای هزر و فەلسەفە بوەستێتەوە.

بەشێك لە بیرمەندان کە ڕێبەرایەتیی ڕەوتی عەقڵانیەت و هزر و مەعریفە دەکەن، تاکە شتێك کە تیایدا چاوەڕێی بکەن هزر و لۆژیك پێیان ببەخشێت، دابینکردنی بژێوی ژیانیانە، ڕێك وەك ئەو تایبەتمەندییەی کە ئەفلاتون بۆ میسرییەکان خستبوویە ڕوو، ئەوان وا تێگەیشتوون کە عەقڵ و فەلسەفە تەنها بۆ پارە و خۆدەوڵەمەندکردنە، درکیان بەوە نەکردووە کە عەقڵ بەر لەوەی دەرگای پڕکردنی گیرفانیان بێت، ئامرازی تێرکردنی ڕۆحیانە، بەر لەوەی مایەی ئاسوودەکردنی جەستە بێت، ئاسوودەکردن و چێژبەخشینە بە دڵ و دەروون، بەر لەوەی زاڵبوون بێت بەسەر هەژاریدا زاڵبوونە بەسەر نەزانیدا.

ئەگەر بڕیار بێت پرۆسەی ڕۆشنگەری هزر و فەلسەفە جارێکی تر لەم کۆمەڵگەیەدا ببووژێنرێتەوە و هەوڵی بۆ بدرێت، دەبیّ وەك یۆنانییەکان دژی ئەو ڕەوتە بوەستینەوە کە ئێستا بە ناوی فەلسەفە و مەعریفە و ڕۆشنگەری خەریکی گیرفان پڕکردنن و لەپێناو پارەوپوڵدا خۆیان و زانستەکەیان دەفرۆشن.

لە سەدەی شەشەمی پێش زاییندا، گرووپێك لە بیرمەند و فەیلەسووفە یۆنانییەکان لەپێناو پارە و سەروەت و ساماندا زانستەکەی خۆیان بڵاو دەکردەوە، لەژێر پەردەی لۆژیك و فەلسەفەدا خەریکی ڕووتاندنەوەی خەڵکی بوون، بەڵام هەر زوو یۆنانییەکان درکیان بەو کارە ناسروشتییەی ئەوان کرد و نازناوێکیان لێنان کە هەقی خۆیەتی ئەمرۆ ئێمەش بەسەر ئەو کەسانەدا بیسەپێنین کە هەمان ئەو کارەی ئەوان ئەنجام دەدەن، یۆنانییەکان ئەو گرووپەیان ناو نا (سەوفەستاییەکان) واتە فەلسەفەی شێوێنراو (الحكمة المموهة)، کە گوزارشت بوو لە فەلسەفەیەك کە

لەپێناوی پاره و سەروەت و ساماندا وەك خۆی بەکار ناهێنرێت و مەبەست لێی
سەر لێ شێواندنی خەڵك و خۆدەوڵەمەندکردنه.

ڕەوتی ڕۆشنگەری و بەهاری هزر و لۆژیك كه هەموومان ئاواتی بۆ دەخوازین،
کاتێك دێته کایەوه که تاکەکانی کۆمەڵگه تێبگەن که عەقڵ و فەلسەفه و زانست له
داهات و پاره گرنگترن، پێویسته ئەو بۆچوونه هەڵه و ناسروشتییه له هزری
لاوەکانمان دەربهێنین که پێی وایه تەنها کاری عەقڵ و فەلسەفه و لۆژیك
خستنەڕووی دەرگای دامەزراندن و بوون به کارمەنده له دەزگایەکی حکومی یان
ئەهلیدا.

پێویسته شۆڕشێکی دەستەویەخه دژ بەو کەسانه هەڵبگیرسێنین که له ڕێگەی
فرۆشتنی هزر و عەقڵیانەوه ئەم چەمکانه لای تاکەکانی کۆمەڵگه ناشیرین دەکەن،
ئیدی دەبیٚ شکۆی فەلسەفه و لۆژیك بەرز بکەینەوه به شێوەیەك که هیچ کات پاره
نەتوانێت لەشکۆیان بهێنێته خوارەوه، لەبەرامبەردا پێویسته پێگه و زەروورەتی
پارەوپوڵ له دیدی ڕۆشنبیرەکاندا لاواز بکەین، تەنها بەم شێوازه دەتوانین پێش
بەوه بگرین که بەر ئاهی عەقڵ و فەلسەفه نەکەوین.

هەمیشه قسەی مامۆستایەکی خۆم له سەردەمی زانکۆدا کردووەته پێوەری ئەم
بابەته، کاتێك له وەڵامی پرسیارێکدا که بەرەوپووم کردەوه و پێم گوت: مامۆستای
بەڕێز، بۆچی تۆش وەك هاوکارەکانت ناچیت به پاره بخوێنیت؟ ئەو له وەڵامدا
شتێکی گوت که ئەوکات من زۆر لام گرنگ نەبوو، بەڵام ئێستا که خەریکی نووسینی
ئەم بابەتەم هەست به قورسایی و بەهێزیی وەڵامەکەی دەکەم، کاتێك پێی گوتم:
ئەگەر پاره بدەم به عەقڵ و عیلم و زانست، ئەوا تەنها بەقەد ئەو پارەیه فێر دەبم،
که من پێشکەشی دەکەم.

لەم وتەیه فێری ئەوه بووم که هەر کات زانست و عەقڵ و فەلسەفه خرانه
گرەوی پارەوپوڵ، مرۆڤ تەنها بەقەد ئەو ڕێژەیه لێیان سوودمەند دەبێت که

دەیبەخشێت، بەڵام ئەگەر بە پارە بەراورد نەکران ئەوا نرخ و بەهایان بەقەد هەموو پارە و سامانەکانی دونیا دەبێت.

هەڵبەتە ئێستا خەتەرناکترین جۆری بەکارهێنانی فەلسەفە و لۆژیک لەپێناو پارەوپوڵدا، بریتییە لە فرۆشتنی ویژدان و کەسایەتی لەلایەن بەشێک لەو کارەکتەرە هزری و فەلسەفییانەی کە رێبەرایەتی و پێشەوایەتیی رەوتی عەقڵانیەت و بزوتنەوەی رۆشنگەری دەکەن، کە ئەمەش تەواو پێچەوانەی پرەنسیپ و رێساکانی هزر و فەلسەفەیە، کە کۆی هەوڵ و کۆششەکانیان لەپێناو ئازادی کەسایەتی و کۆیلەنەبوونە بۆ کەسانی تر، بەڵام ئەو رەوتە رۆشنگەرانە لەپێناو پارە و ساماندا بە جۆرێک هزر و مەعریفەی خۆیان فرۆشتووە، کە کۆیلەبوونیان گەیشتووەتە ئاستێک نەتوانن بە خواست و ئازادیی خۆیان ئەوەی لە ناخ و ویژدانیاندا هەیە دەریببرن، کە ئەمەش دوا جار بە خراپ بەسەر بزوتنەوەی رۆشنگەری و فەلسەفە و لۆژیکدا شکاوەتەوە.

دوا جار چۆن ئایین لەلایەن هەندێک لە باوەرداران و هەندێک لە کارەکتەرانی ئایینی بووەتە ئامرازێک بۆ دەستخستنی سەروەت و سامان و خەڵک رووتاندنەوە — وەک لە بەشی داهاتوودا ئاماژەی پێ دەکەین— بە هەمان شێوە عەقڵ و فەلسەفەش بووەتە هۆکاری خۆ دەوڵەمەندکردن و برینی باخەڵی خەڵکی هەژار لەلایەن هەندێک کەس کە خۆیان بە رۆشنبیر و نووسەر هەژمار دەکەن بەڵام لە بنەرەتدا وا نین.

ئەگەر ئێمە لەم دوو گرووپە نەیەینە دەنگ کە ئایین و فەلسەفە بۆ دراو و پارە بەکار دێنن، بەزووترین کات رێگەیان لێ نەگرین، دڵنیاین کە داهاتوویەکی نادیار چاوەرێمان دەکات، چونکە ئەگەر ئایین فرۆشرا قیامەت و دواپۆژمان لەدەست دەچێت، ئەگەر عەقڵ و فەلسەفەش فرۆشران ژین و ژیارمان لە دەست دەروات، ئەوکات دەکەوینە بەر ئەو ئاه و نەفرینەی کە ئێمە باسی دەکەین.

١٤٦

بەشی نۆیەم
ئایین و دراو

کاتێک پێغەمبەری ئیسلام موحەممەد ﷺ ئایینەکەی خۆی ئاشکرا کرد، مەترسییەکی گەورەی خستە نێو دڵی نەیارەکانی خۆی، چونکە دەیانزانی ئیتر ئەو ڕەوشەی کە پێشتر بۆیان ئەلوا ئەستەمە چیتر بتوانن بەردەوامی پێ بدەن، بۆیە ناچار پیاوە دانا و لێهاتووەکانی خۆیان دەناردە لای ئەو زاتە، سا بەڵکو بتوانن بە بیر تیژی و کارامەییەکانیان پێ لە پەیامەکەی بگرن و لە ئایینەکەی پاشگەزی بکەنەوە، بەڵام سەرجەم پیتۆڵ و فەیلەسووفانی ئەو سەردەمە نەیانتوانی بەرامبەر دانایی و تە پرشنگدارەکانی ئەو خۆڕاگر بن.

هەر مامۆستا و حەکیمێک دەچووە بەرامبەری ئیتر دەبووایە وەک قوتابی ببێتە
گوێگری ئەو زاتە، ئەوان هەموویان هۆگری وتەکانی ئەو دەبوون، یان دەبووایە
بڕوای پێ بکەن یان دەستبەجێ شوێنەکە جێ بهێڵن. ئیتر نەیارانی ئەو زاتە بێهیوا
بوون لەوەی بتوانن لە ڕێگەی هزر و عەقڵ و فەلسەفەوە ڕێی لێ بگرن و پاشگەزی
بکەنەوە، سەرئەنجام گەیشتنە ئەو بڕوایەی کە لە ڕێگەی سامان و حەز و
ئارەزوویەوە فریوی بدەن و لە پەیام و بانگەوازەکەی دووری بخەنەوە.

بۆیە پیاوماقووڵانی قورەیش لای کەعبەی پیرۆز کۆ بوونەوە و بڕیاریان دا قسە
لەگەڵ موحەممەدی پەیامبەردا ﷺ بکەن، بەو هیوایەی ئیتر بتوانن کۆتایی بە
پرشنگ و درەوشانەوەی ئایینە نوێیەکەی بهێنن.

بۆ ئەو مەبەستەش چەندین بژاردەیان خستە بەردەمی، کە هەریەک لەو بژاردانە
توانای ئەوەی هەیە گەورەترینی مرۆڤەکان بخاتە سەرچۆک، ئەوان ڕوویان کردە ئەو
زاتە و پێیان گوت: ئایا پارەت دەوێت؟ ئەگەر سەروەت و سامانت دەوێت، بە
شێوەیەک سامان و دارایيت پێ دەدەین کە ببیتە دەوڵەمەندترین کەس.

ئایا ناوبانگت دەوێت؟ ئەگەر گەورەیی و ناوداریشت دەوێت، دەتکەین بە گەورە
و سەرداری خۆمان.

ئایا پۆست و پادشاییت دەوێت؟ ئەگەر دەسەڵات و پلەوپایەشت دەوێت،
دەتکەین بە سەرکردە و پادشای خۆمان.

ئایا نەخۆشیت؟ خۆ ئەگەر تووشی نەخۆشیش بوویت و بۆیە ئەم قسانە
دەکەیت، ئەوا باشترین پزیکشت بۆ دەدۆزینەوە و تیماری ئەو دەردەت دەکەین.

بێگومان ئەو پێشنیازانە هێندە گەورەن دەشێ مرۆڤ لەپێناویاندا هەرچی
پرەنسیپ و بەهای مرۆڤایەتیی هەیە پشتگوێیان بخات، چونکە تەواوی کۆششی

مرۆڤایەتی دەشیّ هەر لەپیّناوی یەکیّك لەمانەدا بیّت چ جای ئەوەی هەموویان بەیەکەوە بخریّنە بەردەم مرۆڤ.

ئەوەی زیّتر ئەم پیّشنیازانەی بەبایەخ کردبوو، ئەوە بوو کە تیّکڕای گەورە پیاوانی قوڕەیش لەبەرامبەریدا بە ئەژنۆدا کەوتبوون و ئەو پیّشنیازانەیان خستبووە ڕوو، نەك سادە و هەژارەکانی نیّو قوڕەیش، گەورەپیاوەکان هەموویان بەیەکەوە دەستیان لەسەر دلّیان بوو، تەنها چاوەڕوانییەك کە ئەوان لە ناخی خۆیان هیوایان بۆ دەخواست ئەوە بوو کە زۆر بەئاسانی موحەممەد ﷺ بەلیّ بۆ پیّشنیازەکانیان بکات و ئەمانیش خیّرا بۆی جیّبەجیّ بکەن و لەو گریّ دەروونییە ڕزگاریان بیّت کە بە هۆی موحەممەد ﷺ و پەیامەکەیەوە بۆیان دروست ببوو.

بەلّام ئەو زاتە هەموویانی تووشی شۆك کرد، کاتیّك لە وەلّامی هەموو ئەو پیّشنیازانەدا پیّی گوتن: من ئەم پەیامەم لەپیّناو دەستخستنی سامان و پلەوپایەی دونیادا نەهیّناوە[1].

دەبیّ چ نهیّنییەك هەبیّت کە ئەم زاتە هەموو ئەو سەروەت و سامانە ڕەت بکاتەوە؟ دەبیّ چ پەیامیّك هەبیّت کە پیّغەمبەر ﷺ بیەویّت بیگەیەنیّت بە بڕواداران و هەلّگرانی مەشخەلّی ئیسلامەتی؟

خۆ دەکرا ئەم زاتە بچیّتە ژیّر باری ئەو پیّشنیازەی گەورەپیاوانی قوڕەیش، خۆ دەکرا تەواوی سامان و پارەکانیان لیّ بسەنیّت، دواتریش هەر بەردەوام بیّت لە بانگەوازەکەی خۆی و زیاتر گەشە بە ئایینەکەی بدات!

بەلّام ئەم زاتە هیچ کام لە مانەی قبولّ نەکرد، هەلّبەت ئەم زاتە حەکیم و لیّهاتووە بۆیە قبولّی نەکرد، چونکە ئاشنای سروشت و نرخ و بەهای ئایینەکەی بوو، ئەو دەیزانی سروشتی ئایین چۆنە، بۆیە ئەو پیّشنیازە گرنگە ڕەت دەکاتەوە.

ئەم زاتە ویستی ئەوە فێری قوتابیانی قوتابخانەی ئایین بکات، کە هیچ کات لەبەرامبەر سامان و پولّی دونیادا دەستبەرداری ئایین و ئایدۆلۆژیای خۆیان نەبن، ویستی پێیان بلێت: ئایین لەوە گەورەترە بە سەروەت و سامانی دونیا بگۆردرێتەوە، لەوە دەچوو ئەم زاتە بزانێت رۆژگارێك ئوممەتەکەی لەپێناو پارەدا دەستبەرداری ئایین و پەیامەکەی خۆیان دەبن، بۆیە وەك موعجیزەیەکی پێشوەختە ئەم دیمەنە نایابەی نیشان داین.

هیچ پەیوەندییەك ئایین و دراو بەیەکەوە کۆ ناکاتەوە، بۆیە هیچ کات ئایدۆلۆژیا لە رێگەی پارە و سامان رێگەی لێ ناگیرێت، هەرگیز پارە بەربەست نییە لەبەردەم گەشەسەندن و بلاوبوونەوەی هیچ بیروباوەرِ و ئایدۆلۆژیایەك. بە هەمان شێوە، هیچ کات پارەوپولّ نابێتە هۆکاری رِاستەقینەی دەستگرتن بە ئایینێکی دیاریکراو، چونکە هێزی ئایین پەیوەندیی بە ناخی مرۆڤەکانەوە هەیە، بەلّام پارە و سامان پەیوەندیی بە جەستە و رواڵەتی مرۆڤایەتییەوە هەیە.

بۆیە ئەستەمە بتوانرێت لە رێگەی پارەوە رِێگە لە دلّ بگیرێت پەیوەندی لەگەلّ ئایین و بیروباوەرِدا بپەستێت یان رِازیی بکات تا ئەو پەیوەندییە دروست بکات، هەلّبەت کاتێك پارە و سامان ویستوویەتی هێزی ماددی و رِووکەشی خۆی زالّ بکات بەسەر هێز و توانای رِۆحی ئایین، تەنها بۆ ماوەیەکی کەم توانیویەتی ئەو کارە بکات، ئەگینا هیچ کات ئایین و ئایدۆلۆژیای رِاستەقینە چۆك بۆ هێز و کاریگەرییەکانی دراو و پارە دانادەن، بۆیە هەر بەکارهێنانێکی ئایین لەپێناو دراودا کارێکی ناسروشتییە و پێچەوانەی خواستی ئاییننە.

ئەم نەگرینەوەی ئایین و بیروباوەرِ بە پولّ و دراو و بەکارنەهێنانی ئایین وەك دەرچە و دەروازەیەك بۆ دەولّەمەندبوون و بازرگانیکردن، ئەو میتۆدە ئایینییە بوو کە پێغەمبەرﷺ ویستی بۆ شوێنکەوتووانی ئاییینەکەی بەرجەستەی بکات.

ئەو میتۆدەی کە پێغەمبەر ﷺ لەسەر پرەنسیپ و بنەمای بەکارنەهێنانی ئایین و پیشەی ئایینداری لەپێناو دەستخستنی سامان و داهاتی دونیا هێنایە کایەوە، دوای بڵاوبوونەوە و فراوانبوونی ئایینی ئیسلام بە شێوەیەکی تر دووبارەی کردەوە، هەڵبەت ئەم جارە دیمەنەکە لەگەڵ نەیارانیدا دووبارە نابێتەوە، بەڵکو ئەم جارە لەنێو قوتابی و هاوەڵانیدا ئەم نەریتە دووبارە و بۆ هەمیشە زیندوو دەکاتەوە.

ئەم جارە بڕواداران پێویستە لەسەریان دەستی یارمەتی و سۆز و میهرەبانی بۆ هەژارانی ئوممەت درێژ بکەن، کە موحەممەد ﷺ خۆی و خانەوادەکەی سەرقافڵەی بێنەوا و هەژاران بوون، دەوڵەمەندانی ئوممەت پێویست بوو ساڵانە زەکات لە داهات و سەروەت و سامانیان دەربکەن و بەشی هەژارانی لێ بدەن، ئیدی هەمووان ئاواتەخواز بوون دەستی یارمەتی و میهرەبانی سەرەتا بۆ ئەو زاتە پیرۆزە ڕابخەن و زەکاتی پێ بدەن.

بەڵام ئەوەتا ئەم زاتە جارێکی تر پێگەی ئایینی و سەروەری خۆی بۆ دەستکەوتنی سامان و پارەوپوڵ بەکار ناهێنێت، ئەو کە دەزانێت پایەی پێغەمبەرایەتی و ئایین فاکتەری هەرە بەهێزن کە موسوڵمانان هان بدات پێش هەموو کەسێک دەستی هاوکاری بۆ ئەو ڕابکێشن، هەر زوو ئەو بۆچوونەیان لەبار دەبات و پێیان دەڵێت: من کە لە سەردەمی بێهێزی و بێتوانایی خۆم و ئایینەکەم سامانی دوژمن و نەیارەکانم قبوڵ نەکرد، چۆن لە سەردەمی بەهێزی و ترۆپکی بەرزی ئایینەکەم سەروەت و سامان لە دۆست و ئازیز و هاوەڵانم وەردەگرم.

هەر بۆیە بە فەرمایشتێکی زێڕین، دەستخستن و سوودوەرگرتن لە داهاتی زەکات نەك تەنها لەسەر خۆی، بەڵکو لەسەر خانەواده و خزم و کەسە نزیکەکانی

خۆیشی یاساغ دەکات و پێیان دەفەرموێت: "ألا إن الصدقة لا تنبغي لمحمد ولا لآل محمد [١]".

واتە: "ئاگادار بن زەکات نە بۆ موحەممەد ﷺ و نە بۆ خانەوادە و خزم و کەسی موحمەد ﷺ ناشێت."

ئەو بەم پەیامەی بە شێوەیەك ڕیشاڵی ماڵ و سامان و وەرگرتنی زەکاتی لەنێو بنەماڵەی خۆیدا هێنابوویە دەر، کە هیچ کەسێك لەدوای مەرگی ئەو زاتە نەتوانێت دەست بۆ ئەو بابەتە بەرێت و مەقام و پێگەی ئالی نبوەت بۆ خۆدەوڵەمەندکردن و بە مەبەستی بازرگانیکردن بەکار بهێنێت.

ئایا ئەم بابەتە هێندە گرنگە، کە ئەم زاتە بەم چەشنە قسەی تیادا بکات؟ بێگومان دەبیّ هۆکارێك هەبێت لەپشت ئەم وتە و بڕیارانەی پەیامبەری ئیسلام ﷺ، ئەگینا خۆی و ماڵباتی خۆی شیاوترین کەس بوون کە پشکی زەکات وەربگرن، چونکە ئەم زاتە تەواوی ژیانی خۆی لە هەژاریدا بەسەر بردووە.

بێگومان ئەو دەویست هەموو ئەو دەنگۆ و گومانانە بەدرۆ بخاتەوە کە پێیان وایە ئایینداری و پلەوپایەی ئایینی سەرچاوەی داهات و سامانی مرۆڤن. ئەو دەویست بڵێت: نەخێر، پێویستە مرۆڤ دەوڵەمەندی خۆی لەپێناو ئاییندا بەخەرج بدات، ئیدی پێویستە دەوڵەمەندەکان لە ترۆپکی هەبوونیدا بهێنە خوارەوە و خزمەت بە ئایین بکەن، دەویست هەموان تێبگەیەنێت کە ئەو وەك کەسی یەکەمی ئایین نایەوێت بە هۆی ئایینەوە دەوڵەمەند بێت، بۆ ئەو مەبەستەش جگە لە داهاتی دەستی خۆی، پەنای بۆ هیچ دەوڵەمەندێك نەدەبرد، مەگەر لەپێناو ژیانی هەژاراندا کە تەنانەت ئەوکاتیش خۆی لە ڕیزی هەژاران هەژمار نەدەکرد، بۆ ئەوەی نەیارانی نەڵێن ئایین و پەیامەکەی لەپای سەروەت و سامانی دونیا بوو.

____

(١) ئیمامی ئەحمەد ڕیوایەتی کردووە، بە ژمارە: (١٧٥١٩).

ئیتر بڕیاری سوودنەبینین لە ئایین و پلەوپایەی پێغەمبەرایەتی زیاتر دەنگی
دابوویەوە، بە شێوەیەك نەك تەنها پێغەمبەر ﷺ خۆی، بەڵکو پەروەردگاریشی هاتە
سەرخەت و پێی ڕاگەیاند: نەکەی هیچ کات پلەوپایەی ئایینی و پێغەمبەرایەتیت بۆ
مەرامی تایبەتی بخەیتە کار، نەکەیت لەپاڵ بڵاوکردنەوەی ئایین و ڕێنیشاندانی
مرۆڤایەتیدا، داوای سەروەت و سامانیان لێ بکەی، پێی فەرموو: نەك نابێ هەر
داوای بکەی، تەنانەت لە ئەگەری وەها پێشنیازێك کە لەلایەن ئەوان بخرێتە ڕوو،
نابێت هەرگیز بچیتە ژێر باری ئەو داوایەیان، پێویستە لەسەرت ئەو پێشنیازە ڕەت
بکەیتەوە، نەك تەنها ئەوە، بەڵکو دەبێ ئەو دەنگۆیانەش بەدرۆ بخەیتەوە کە
دەیانەوێت وا نیشان بدەن کە ئایین لەپێناو دەستخستنی سەروەت و ساماندا
هاتووە، ئەوەتا پێی دەفەرموێت: ﴿ قُلْ مَآ أَسْئَلُكُمْ عَلَيْهِ مِنْ أَجْرٍ وَمَآ أَنَا۠ مِنَ ٱلْمُتَكَلِّفِينَ ﴾ [1].

واتە: "بە بێباوەڕان ڕابگەیەنە کە لەبەرامبەر گەیاندنی ئاییندا، داوای هیچتان
لێ ناکەم، من لەو کەسانە نیم کە ببم بە بارگرانی بەسەر خەڵکانی تردا."

ئیدی ئەم پەیامە ڕاشکاو و بڕیارە هەمیشەییەی پەیامبەری ئیسلام ﷺ کە
ناوەڕۆکەکەی بریتیبوو لەوەی نابێت ئایین و پۆست و پلەی ئایینی لە پێناو
بەرژەوەندی دارایی تایبەتدا بە کار بهێنرێن، وەك هێماو نیشانەیەك وابوو بۆ
نەیارەکانی تا ئەو زاتەی پێ بناسنەوە، تەنانەت لە دوورگەکانی دەوروو بەری
مەدینەش دەنگی دابوویەوە، بە شێوەیەك کە ئەگەر کەسێك بیویستایە ئاشنای
موحەممەد ﷺ بێت، ئەوەندە بەس بوو کە لە ڕێگەی وەرنەگرتنی زەکات و
مشەخۆری نەکردن بە سەر هاوەڵانیدا بیناسێتەوە.

سەلمانی فارسی ﵁ کە هاوەڵێکی ئازیزی پەیامبەرە ﷺ، بۆمان دەگێڕێتەوە
کە لە سەفەری گەڕانی بەدوای هەقیقەت و ڕاستیدا ڕێی دەکەوێتە لای پیاوچاکێکی
ئایینی، دواتر لە سەرەمەرگیدا داوای لێ دەکات کە ڕێنموونی بکات بۆ لای

____

(١) سوورەتی (ص)، ئایەتی: (٨٦).

پیاوچاکێك، ئەو پیاوچاکە ئایینییەش رێنموونی دەکات بۆ ئەوەی بچێتە دیداری فەخری کائینات حەزرەتی موحەممەدﷺ، بۆ ئەو مەبەستەش ئاکار و نیشانەکانی بۆ وێنا دەکات، تا بە هۆیانەوە بیناسێتەوە و پێی دەڵێت: برۆ بۆ لای ئەم زاتە و بەوە بیناسەوە کە یەکێك لە ئاکار و نیشانەکانی ئەوەیە، هیچ کات زەکات لە شوێنکەوتووەکانی وەرناگرێت[١].

ئەم خۆدووربگرتنەی پەیامبەری ئیسلام ﷺ لە بەکارهێنانی ئایین وەك سەرچاوەی داهات، نەك تەنها خۆی و ماڵباتی ئەوی گرتووەتەوە، بەڵکو ئاگادارکردنەوەکە گەیشتووەتە تێکرای هەڵگرانی بیروباوەرپی ئیسلام. ئەوەتا قورئانی پیرۆز کۆی موسڵمانان و مرۆڤایەتی ئاگادار دەکاتەوە کە هیچ کات ئایین بە پارە و سامان نەفرۆشن. روونتر بڵێین، پێیان دەڵێت نەکەن ئایین بکەنە دەروازەی وەدیهێنانی ئامانجە دارایییەکانتان و ئایین لەبەرامبەر کاڵا و دراوێکی کەمدا بفرۆشن، قورئان فەرمووی: ﴿ وَلَا تَشْتَرُواْ بِـَٔايَٰتِي ثَمَنٗا قَلِيلٗا ﴾[٢].

واتە: "نەکەن بەڵگە و نیشان و ئایەتەکانی من لەبەرامبەر دەستکەوت و پارەیەکی کەمدا بفرۆشن."

هەموو ئەم دەق و تێکستە ئایینییانە بۆ ئەوە بوون کە موسڵمانان بزانن بەکارهێنانی ئایین بۆ مەرامی دارایی، پێچەوانەی سروشت و پرەنسیپەکانی خودی ئایینە.

ئەم جارە ئیسلام بەناراستەوخۆ روو لە زانایانی ئایینی دەکات و پێیان دەڵێت: نەکەن پێگەی ئایینیتان بۆ چەوساندنەوەی خەڵکی و پرکردنی باخەڵتان بەکار بێنن و فەتوا و ئامۆژگارییەکانتان بکەنە ئامرازی خواردنی پارەی خەڵکی بە شێوەیەکی ناڕەوا، وەك ئەوەی ئاگادار بێت کە بەڵێ گرووپێکیش لەناو ئیسلامدا سەر

<hr>

(١) بروانە: السیرة النبویة: ئیبن هشام: (١٣٨/١).

(٢) سوورەتی (البقرة)، ئایەتی: (٤١).

هەڵدەدەن و لەژێر سایە و بەیداخی زانای ئاینی خەڵکی دەرووتێننەوە و خۆیان دەوڵەمەند دەکەن، بەمەش نموونەیەکی خراپی ئاین بۆ مرۆڤایەتی بەرجەستە دەکەن، بۆ ئەو مەبەستەش قورئانی پیرۆز نموونەی پیاوانی ئاینی مەسیحی و ئاینی جوولەکە دەخاتە بەر دیدی زانایانی ئاینی ئیسلام و تێکڕای موسڵمانان، وەك نیگایەك کە هیچ کات ئەم کردارە ناشیرینەی ئەوان دووبارە نەکەنەوە، کاتێك ئەوان لەپێناو دەستکەوتنی نرخێکی کەم و سەروەت و سامانێکی کاتیی دونیادا، ئاینینیان بەکار هێنا و بە ناوی کەنیسە و پاراستن و بڵاوکردنەوەی ئاین خەڵکیان دەرووتاندەوە، ئەوەتا خوای گەورە دەفەرموێت: ﴿ يَٰٓأَيُّهَا ٱلَّذِينَ ءَامَنُوٓا۟ إِنَّ كَثِيرًا مِّنَ ٱلۡأَحۡبَارِ وَٱلرُّهۡبَانِ لَيَأۡكُلُونَ أَمۡوَٰلَ ٱلنَّاسِ بِٱلۡبَٰطِلِ وَيَصُدُّونَ عَن سَبِيلِ ٱللَّهِ ﴾[1]. واته: "ئەی ئەو کەسانەی باوەڕتان هێناوە، چاك بزانن کە زۆربەی حاخام و مالومەکانی جوو و قەشەی گاوران، ماڵ و سامانی خەڵکی بەناحەق دەخۆن و بەرهەڵستی ڕێباز و ئاینی خوا دەکەن."

ئەم دەستپێکە میتۆدێکی ئاینینیمان نیشان دەدات، سەبارەت بە بەکارهێنانی ئاین وەك ئامرازی پەید کردنی سامان و دابینکردنی بژێویی ژیان، دەشیٰ بڵێین ئەم میتۆدە سەرچاوەکەی لە دەق و تێکستەکانی قورئانی پیرۆز و فەرمایشتەکانی پەیامبەر ﷺ هەڵدەقولێت، ئەم میتۆدە چەند خاڵێکمان نیشان دەدات، کە هەر بەکارهێنانێکی ئاین بەپێچەوانەی ئەم خاڵانە مرۆڤایەتی دەخاتە بەر نەفرەتی ئاین، خاڵەکانیش بریتین لەمانەی خوارەوە:

١- سەرکردەی ئاینی و ڕێبەرانی ڕابوونی ئیسلامی، ناشیٰت بە هیچ جۆرێك و لەژێر هیچ پاساوێکی دارایی و ئابووریدا دەستبەرداری ئاین و پەیامەکەیان بن.

____

(١) سوورەتی (التوبة)، ئایەتی: (٣٤).

٢- ئایین لەبری ئەوەی سەرچاوەی داهات و دەستکەوتنی سامان بێت، دەرگای بەخشین و هاریکارییە.

٣- ئەوانەی لەپێناو سەروەت و ساماندا دەستبەرداری ئایین دەبن، یان ئایین وەك ئامرازی مشەخۆری و خۆدەوڵەمەندکردن بەکار دەهێنن، دوا جار بەر نەفرەتی خودا و ئایین دەکەون.

٤- بەکارهێنانی هێزی ئایین وەك چەکی پەیداکردنی پارەوپوڵ، کاری پیاوانی ئایینی مەسیحی و جوولەکەیە و پێویستە بڕواداران و زانایانی ئەم ئایینەش خۆی لێ دوورەپەرێز بگرن، بەپێچەوانەوە هەمان ئاکامی ئەوانیان دەبێت.

خودای گەورە لە ڕێگەی ئایینەوە ئەوەمان بۆ ڕوون دەکاتەوە کە ئایدۆلۆژیا و ئایین پێویستە خزمەت بکرێت، نەك ئایدۆلۆژیا خزمەتی مرۆڤایەتی بکات، هەڵبەتە ئەگەر کەمێك لەسەر ئەم دەستەواژەیە نەوەستین، دەشێت کەسانێك هەر زوو لێکدانەوەیەکی هەڵەی بۆ بکەن و بڵێن:

ئاخر لە بنەڕەتدا ئایین بۆ ئەوە هاتووە ڕێنیشاندەر و چاوساغی مرۆڤ بێت، بۆ ئەوە هاتووە نەنگی و خراپەکانی بەردەمی لا بدات، بۆ ئەوە هاتووە لە شەوەزەنگ و نەهامەتییەکانی ئەم بوونە دەربازی بکات و بەرەو کەناری ئارامی و ڕووناکیی بەرێت، بۆ ئەوە هاتووە هەم لە دونیادا هەم لە دواڕۆژدا فریادڕەس و قیبلەنمای مرۆڤایەتی بێت، هەموو ئەمانەش گەواهی ئەوە دەدەن کە ئایین بۆ خزمەتی مرۆڤ هاتووە و پێچەوانەی قسەی تۆ دەسەلمێنێت.

بەڵێ، بێگومان هەموو ئەوانە ڕاستن ئەگەر ئایین وەك فۆڕم و میتۆدێکی خودایی هەژمار بکەین بۆ ڕێکخستنی ژیانی مرۆڤایەتی و پەیوەندیی نێوان مرۆڤەکان و پەیوەندیی نێوان مرۆڤ لەگەڵ بەدیهێنەرەکەیدا، بەم شێوە تێگەیشتن لە ئایین و بنەما و دەق و تێکستەکانی، بێگومان سەرتاپای ئایین لە خزمەت دۆز و بەها باڵاکانی مرۆڤدایە.

بەڵام ئەگەر ئایین وەك ئامرازێك بەكار بهێنرێت بۆ خزمەتكردنی مرۆڤ لە ڕووە ماددییەكەوە، ئەگەر وا لە ئایین بگەین كە سەرچاوەی داهات و بازرگانی ئێمەیە، ئەوا بە هیچ شێوەیەك ئەم جۆرە لێكدانەوەیە جێگەی قبوڵكردن نییە و ئایینیش دوورە لە هەموو جۆرە پڕەنسیپ و بنەمایەكی لەم شێوەیە.

هەر كاتێك ئایین لە هەر كۆمەڵگایەك خرایە خزمەت بەرژەوەندییە دارایییەكانی تاك، ئەوا بێگومان نرخ و بەهای ئایین لە دیدی نەیارەكانیدا دێتە خوارەوە، هاوكات خودی ئەو كارەكتەرانەی كە بەم كارەش هەڵدەستن، لە بەها و ئەرزشی كەسایەتیی خۆیان كەم دەكەنەوە.

بەپێچەوانەوە، هەر كاتێكیش ئایین دوور خرایەوە لە بەرژەوەندییە دارایییەكانی تاك، ئەوا بەهای ئایین و كارەكتەرانی نەك تەنها لە دیدی شوێنكەوتووەكانیان، بەڵكو لە دیدی نەیار و دوژمنەكانیشیان بەرز دەبێتەوە و دەبێتە دەروازەیەك لەبەردەم واڵاكردنی دڵیان بۆ قبوڵكردنی ئایین.

هەر بۆیەش نەیارانی ئایینی ئیسلام و دوژمنانی كەسایەتیی موحەممەد ﷺ، كاتێك بینییان ئایین بۆ بازرگانی و خۆدەوڵەمەندكردن بەكار ناهێنێت، هێندەی تر خۆی و پەیامەكەیان لا گەورە و بەنرخ بوو، كە دوا جار خۆیان ڕادەستی كرد و بۆی كەوتنە سەر چۆك.

ئەگەرچی لە بنەڕەتدا –بە بۆچوونی ئێمە– هیچ ئایینێكی ئاسمانی ڕاستەقینە، خۆی وەك ئامرازێكی دارایی نەخستووەتە بەردەم نەیارەكانی بۆ ئەوەی ڕازییان بكات بێنە ناویەوە، بەڵام دەشیٚ ئایینی مەسیحیەت و پیاوانی كڵێسا وەك نموونەیەكی زیندوو بێنینەوە، كە چۆن لە دەرئەنجامی خستنەگەڕی ئایین وەك سەرچاوەی داهات، هەم مەسیحیەت وەك ئایین هەم پیاوانی ئایینی كڵێساش وەك كارەكتەری ئایینی لە بەها و ئەرزشی ئەخلاقی و مەعنەویی خۆیان كەم كردەوە و كەوتنە بەر نەفرەتی ئایین.

له سهدهکانی ناوهڕاستدا، ئایینی مهسیحیهت ئامرازێک بوو بهدهست پیاوانی
ئایینی بۆ کۆکردنهوهی داهات و تێرکردنی غهریزهی ئارهزووبازی، پیاوانی کلێسا
دهق و تێکستهکانی ئایینیان وهک قهڵغانێک بۆ خۆیان بهکار دههێنا، به جۆرێک
خهڵکیان دهستهمۆی دهق و تێکست و بڕیارهکانی خۆیان کردبوو که ئیتر کلێسا و
پیاوانی ئایینی به هۆی دهوڵهمهندییهوه هێزێکی وایان دروست کردبوو که ئهگهر
نهفرهتی ئایین نهبووایه، ههرگیز چاوهڕێ نهدهکرا بهم شێوهیه لهسهر سهکۆی
دهسهڵات و له پله و شکۆی کهسایهتیدا بهێنرێنه خوارهوه و ڕیسوای زهمانه
بکرێن.

یاسایهکی گهردوونییه که ههر شتێک دژی سروشت و پهیامی خۆی خرایه ڕوو،
سهرهنجامهکهی کپبوونهوه و لهناوچوونه، ههر ئهمهش وای کرد ئایینی مهسیحیهت
تووشی دارمان و پیاوانی ئایینی مهسیحیش ڕووبهڕووی شکانی کهسایهتی ببنهوه.

کاتێک بینرا تاکه ئاراستهی ئایین، سهندنهوهی ئازادیی مرۆڤهکان و
ڕووتاندنهوهی شوێنکهوتووانی خۆیهتی له ڕووی داراییهوه، ههروهها کاتێک بینرا
پیاوانی ئایینی کلێسا تهنها حهز و خولیا و ئامانجیان لهپاڵ بهکارهێنانی ئایینیدا،
کۆکردنهوهی سهروهت و سامانه، ئهو کاته شۆڕشی ڕۆشنگهراکانی ئایینی دژی
ئایینێک که بهناڕهوا و به فۆڕمێکی ههڵه نیشانی خهڵکی درابوو دهستی پێ کرد،
هاوکات ئهو شۆڕشه دژی ئهو کارهکتهره ئایینییانهش بوو که هۆکاری ئهو خراپ
بهکارهێنانهی ئایین بوون، سهرئهنجام کلێسا له داهات و دهسهڵات دوور خرایهوه و
ئایین و کهسایهتییه ئایینییهکانیش له ترۆپکی ئهرزش و پێگهی بهرزی خۆیان
هێنرانه خوارهوه.

ههڵبهته ئێمه بهوه دهڵێین (نهفرهتی ئایین)، چونکه ئهگهر ئایین وهک خۆی
خرابایه ڕوو، ئهوا پیاوانی ئایینی مهسیحی نهیاندهتوانی له ڕێگهی دهق و تێکسته
ئایینییهکانهوه ئهو خهزێنه داراییانه کۆ بکهنهوه، چونکه هیچ کات ئایین خۆی به

هۆکاری دەوڵەمەندی نیشان نەداوە تا ئەوان بتوانن ئەو کارە ئەنجام بدەن، ئەوکات ئەگەر ئەمانیش بەم شێوەیە خەڵکیان نەخەڵەتاندبا و بەم جۆرە و لەژێر پەردەی ئایین ئەو هەموو پارە و سامانەیان گل نەدابایەوە، ئەوکات خەڵکیش بەم شێوەیە نەفرەتی لە ئایین و پیاوانی ئایینی مەسیحی نەدەکرد، دوا جار ئاکامیان بەم شێوەیە نەدەبوو کە پێی گەیشتن.

ئێمە هەمان ئەو نەفرەتەی ئایین لە کۆمەڵگەی کوردیدا هەست پێ دەکەین، کە ئەگەر هەر زوو لایەنی پەیوەندیدار و دڵسۆزانی ئایین فریای نەکەون، لەوانەیە ئیسلام و بانگخوازانی ئیسلامیش هەمان ئاکامی مەسیحیەت و پیاوانی ئایینی مەسیحیەتیان هەبێت و نەفرەتی خراپ سوودبینین لە ئایین دووچاری ئەوانیش ببێتەوە، هەڵبەتە ئەمە بە ڕەچاوکردنی جیاوازیی نێوان هەردوو ئایین و سروشت و تایبەتمەندییەکانیان.

ئێستا ئایین چاکترین سەرچاوەی داهاتی تاکەکانە، هەڵبەتە ئەگەر تاکەکان بەپێچەوانەی پیاوانی ئایینی مەسیحی بیانتوانیبایە خزمەتێک بە ئایین بکەن، ئەوکات دەکرا چاوەڕوانی هەمان ئاکامی ئەوانیان لێ نەکەین، بەڵام سەیر لەوەدایە هەمان ئەو هەڵانە دووبارە دەکەنەوە کە ئەوان لە سەدەکانی ناوەڕاستدا تێی کەوتن.

بە ناوی ئایین و مزگەوت و تەکیە و خانەقا، بە ناوی بانگخواز و شێیخ و مەلا، بە ناوی پسپۆڕی ئایینی و پزیشکی ئاینەوی، بە ناوی عیرفان و تەسەوف ئیسلامی، بە ناوی سەلەفیەت و ئوسولێیەت، بە هەموو ئەم ناوانە سوود لە ئایینی پیرۆزی ئیسلام وەردەگیرێت، کە هەمان ئەم شتانە ئاینی مەسیحیەت و کلێسا و پیاوانی ئایینی دووچاری شکست و کپکردنەوە کردن، کە تا ئێستاش نەیانتوانیوە پێگەی خۆیان بدۆزنەوە و هیچ پرشنگ و ئاسۆیەکیش بۆ بەدیهاتنی ئەو کارە بەدی ناکرێت.

لەم ڕۆژگارەدا سادەترین پیشە خۆی لە سیّ بواردا دەبینیّتەوە، کە بوونەتە
سەرچاوەی داهات و بژیّویی بەشیّکی بەرچاوی کۆمەلّگە، کە لە ڕاستیدا ئیّمە پیّمان
وایە ئەم سیّ بوارە قورسترین سیّ کار و پیشەن کە مرۆڤ بتوانیّت مومارەسەیان
بکات، ئەوانیش:

۱- کارەکتەری ئایینی

۲- کارەکتەری سیاسی

۳- کارەکتەری هونەری

ئەم سیّ بوارە -ئایین و سیاسەت و هونەر- بە بڕوای ئیّمە، پیّویستە تەنها
کەسی پسپۆڕ قسەیان تیادا بکات، چونکە:

هەرچی بواری ئایینە دواڕۆژی مرۆڤایەتی لەدەست ئەودایە و بواریّکی
هەستیارە، دەشیّت هەر جۆرە بەکارهیّنانیّکی هەلّە ببیّتە مایەی تیاچوونی مرۆڤ لە
دواڕۆژدا. ئەمە ویّڕای کاریگەریی ئایین لەسەر تاک، کە ئەگەر وەک خۆی پیّشکەش
بە مرۆڤایەتی نەکریّت، ئەوا مرۆڤەکان بەرەو وەحشیگەری و نامرۆڤبوون ئاڕاستە
دەکات.

بواری سیاسەتیش دونیا و ژینی مرۆڤایەتی لەدەست دایە، بۆیە دەگونجیّ هەر
کەموکووڕییەک لە خراپ بەکارهیّنانی سیاسەت، ببیّتە مایەی کۆیلەبوونی هاولّاتیان
و دەستەمۆبوونی ولّات و کەوتنە ژیّر هەیمەنە و هەژموونی ولّاتیّکی تر.

هەرچی پەیوەستە بە بوارە هونەرییەکەش- هونەر بە هەموو بەشەکانیەوە-
پیّمان وایە بەشیّکی زۆری ناساندنی نەتەوەکان و تیّکەلّاوبوونیان لەگەلّ یەکتر
دەکەویّتە ئەستۆی هونەر، کە ئەگەر ئەم لایەنەش کارەکتەری پسپۆڕ و کارامە و
لیّهاتوو سەرکردایەتیی نەکات، کۆمەلّگە ناتوانیّت وەک پیّویست گەشە بکات و خۆی
بە کۆمەلّگە و کەلتوورە جیاوازەکانی تری مرۆڤایەتی بناسیّنیّت.

بەڵام ئەوەی جێی داخە، تەنها ئەم سێ بوارە کەسی پسپۆڕ و تایبەتمەند قسەی تیادا ناکات، بۆیە هەمیشە وتوومانە لەم کۆمەڵگەیەدا سادەترین و ئاسانترین پیشە، پۆشینی جلی ئایینی و بەستنی بۆینباغی سیاسی و خۆڕووتکردنەوەی هونەرییە. ڕوونتر بڵێین، ئاسانترین شت بەرجەستەکردنی کاری (بانگخوازی و سیاسەتمەداری و گۆرانیبێژییە).

ئیدی ئایین بووەتە قوتابخانەیەک کە هەموو کەسێک لە تەمەنی شەش ساڵیدا — بگرە بچووکتریش— ناوی خۆی تێدا تۆمار دەکات، هەر زوو پلەی باڵا بەدەست دەهێنێت و بە ویست و ئارەزووی خۆی قسەی تێدا دەکات، ئەستەمە کەسێک بدۆزیتەوە قسەی تایبەت بە خۆی نەبێت سەبارەت بە پرس و بابەتە ئاییننییەکان. ئەوەی سەیرە، زۆرینەیان پسپۆڕی و بوونی زانیاری لەبارەی ئایین و پرسە ئاییننییەکاندا زۆر بەکەمی لێ بەدی دەکرێت.

بێگومان دۆخی سیاسەت و هونەریش لە دۆخی ئایین زۆر خراپترە، زۆرینەمان شیکەرەوەی سیاسی و کاراکتەری بواری کۆمیدیا و نواندنین، بابەت و ڕووداوێکی ڕۆژانە نییە کە لێکدانەوەی سیاسی و تەنزی هونەری و کۆمیدیمان لەبارەیەوە نەبێت، هەڵبەتە هەموو ئەمانە بێ ئەوەی هیچ بەهرەیەکی سیاسی یان هونەریمان تێدا بەرجەستە بووبێت، یان قسە و کارەکانمان لەسەر بنەمای پسپۆڕی و شارەزایی بێت.

بۆیە دۆخی ئاییننیمان بە شێوەیەک شێواوە، کە زیاتر لە کۆمەڵگەیەکی نائایینی دەچێت، خەریکە هەمان ئەو ڕووداوانەمان تووش دەبن کە بەسەر کۆمەڵگە مەسیحییەکاندا هاتن. دۆخی سیاسی و هونەریشمان بە شێوەیەک شپرزەیە، کە تەنانەت دوژمنەکانیشمان ئاوات و خۆزگەمان پێ ناخوازن.

چیتر نابێ ئایین و بڵاوکردنەوەی ئایین وەک پیشە هەژمار بکرێن و تاکەکان وەک سەرچاوەی ڕزق و ژیانیان پشتیان پێ ببەستن، ناکرێ چیتر زاناکان پەنا بەرنە بەر

١٦١

لادێ و شوێنە سەختەکانی ئەم ولاتە، لەپێناو وەرگرتنی زەکات و مەروماڵات،
ناشێ چیتر قورئان و زانستە شەرعییەکان وەک کەرەستەیەک بەکار بهێنرێن بۆ
خۆدەوڵەمەندکردن و رووتاندنەوەی تاکەکان، پێویستە ئیتر رێگە نەدرێت دەیان
کەس بە ناوی مزگەوت و تەکیە و خانەقاکانەوە زگ و لاشەیان تێر بکەن، بێ
ئەوەی بەقەد زەرەیەک سوود و قازانجی ئەم دینەیان هەبێت [1].

ئەوەی ئێمە لە ئاییندا پیشانمان دەدرێت لەلایەن بەشێک لە کارەکتەرە
ئایینییەکان، بریتییە لە بەکارهێنانی ئایین لەپێناو خۆدەوڵەمەندکردن، رێک
بەپێچەوانەی ئەو میتۆد و فۆرمە ئایینییەی کە پەیامبەری ئیسلام ﷺ لە ژیانیدا
بەرجەستەی کرد.

هەڵبەتە مەترسییەکە لەوەوە سەرچاوەی گرتووە کە سەرمەشقی ئەم خراپ
سوودبینینە لە ئایین کەسانێکن کە ناوی زانای ئایینی و بانگخواز و مامۆستای
ئایینییان لەخۆ ناوە، کە لە راستیدا هیچ پەیوەندییەکیان بە ئیسلامی راستەقینە و
بانگخوازانی راستەقینەوە نییە، جگە لە رووکەش و قەد و باڵایان، ناخ و دڵ و
دەروونیان هیچ پەیوەندییەکی بە میراتگرانی سەروەتی پێغەبەرانەوە نییە.

ئەوان دیمەنەکانی ئاییننمان بە شێوەیەک بۆ نمایش دەکەن، وەک بڵێی بوونی
مامۆستا و بانگخوازی ئایینی تەنها گوزراشت بێت لە خواردن و خواردنەوە و
وەرگرتنی زەکات و سەرفیترە، بەشێک لە مزگەوتەکان بوونەتە خانەی ئەو
واعیزانەی کە لەپاڵ هەڵدان بە شانوباڵی دەوڵەمەند و دەسەڵاتداران، خەریکی
بونیادنانی کۆشکی زێرین و پرکردنی خەزێنەی قارونین، ئایین کراوەتە جەژن و

---

(١) هەڵبەتە ئەمەش بەوە دەکرێت کە ژیانی زانایان و بانگخوازانی بەرێزی ئایینی بە جۆرێک دابین
بکرێت، کە پێویستیان بەوە نەبێت لەپێناو دەستەبەرکردنی بژێویی ژیانیان ئاتاجی دەستی خەڵکی بن و
ناچار بن پەنا ببەن بۆ بازرگانیکردن بە ناوی ئایین، کە دوا جار ئەم کارە بە زەرەری خۆیان و ئایین و
کۆمەڵگە تەواو دەبێت.

بۆنەی ئەو واعیزە هەرزەکارانەی کە لەپاڵ سووککردنی خۆیان و ئایینیان، خەریکی کۆکردنەوەی سەروەت و سامانن.

ئەم نموونانە، ئەو ڕاستییە تاڵ و دزێوانەن کە خەریکە کۆمەڵگە ئیسلامییەکان هاوشێوەی کۆمەڵگە مەسیحییەکان دووچاری ئابڕووچوون و بێئەرزشبوون دەکەن لە دید و هزری شوێنکەوتووەکانیاندا.

تەنها لە دۆخێکدا ئەشێ ئایین ببێتە یارمەتیدەری دارایی مرۆڤەکان، بە دەربڕینێکی تر تەنها لە یەك کاتدا مرۆڤ دەتوانێت ئایین وەك دەرچەیەك بۆ ڕزگار بوون لە هەژاری و خۆدەوڵەمەندکردن بەکار بهێنێت، ئەویش لەو ساتەدا کە تاکی هەژار ئاتاجی بەخشندەییی تاکی دەوڵەمەندە، تەنها لەو بارەدا ئایین خۆی وەك سەرچاوەی داهاتی مرۆڤ نیشان داوە، ئەمەش کاتێک دەبینین قورئانی پیرۆز لە دووتوێی ئایەتێکدا هەشت جۆری مرۆڤمان بۆ دەستنیشان دەکات، کە دەشێت ئایین لە ڕێگەی بونیادی زەکات ببێتە فریادڕەس و یارمەتیدەریان، قورئانی پیرۆز دەفەرموێت: ﴿إِنَّمَا الصَّدَقَاتُ لِلْفُقَرَاءِ وَالْمَسَاكِينِ وَالْعَامِلِينَ عَلَيْهَا وَالْمُؤَلَّفَةِ قُلُوبُهُمْ وَفِي الرِّقَابِ وَالْغَارِمِينَ وَفِي سَبِيلِ اللَّهِ وَابْنِ السَّبِيلِ فَرِيضَةً مِّنَ اللَّهِ وَاللَّهُ عَلِيمٌ حَكِيمٌ﴾⁣[1].

واتە: "زەکات تەنها بۆ ئەو کەسانەیە کە هەژارن، یان نەدارن، یان زەکات کۆ دەکەنەوە، یان ئەوانەی تازە موسڵمان بوون و ئیمان جێگیر نەبووە لە دڵیاندا، یان ئەوانەی کۆیلەن، یان ئەوانەی قەرزارن، یان ئەوانەی جیهاد لەپێناوی خوادا دەکەن، یان ئەوانەی کە ڕێبوارن، دابەشکردنی زەکات بەم شێوەیە فەرزە لەلایەن خوداوە لە گەردنی ئیماندار، خواش زانا و دانایە."

---

(١) سووڕەتی (التوبة)، ئایەتی: (٦٠).

بێگومان لەم بارودۆخەشدا ویرای ئەوەی کە ئایین بووەتە هۆکاری دەوڵەمەندی
بۆ ئەو جۆرە کەسانە، بەڵام لە هەمان کاتدا ئاماژەی بەو میتۆدە داوە کە لەگەڵ
سروشتی خۆیدا دەگونجێت، بۆیە ئەوەی خستووەتە یادی مرۆڤەکان کە ڕاستە تۆ
بە هۆی سوودبینین لەم دەقە کەوتوویتە بەر ڕەحمەت و دەستی میهرەبانیی
کەسانی دەوڵەمەند، بەڵام ئاگادار بە کە تاکی بەخشەر باشترە لە تۆی وەرگر،
چونکە ئەو خۆی بۆ خزمەتی ئایین بەکار دەهێنێت، بەڵام تۆ ئایین بۆ خزمەتی
خۆت دەخەیتە گەڕ. (اليَدُ العُليا خَيْرٌ مِنَ اليَدِ السُّفْلى)[1]، واتە: بێگومان ئەو
دەستەش کە دەبەخشێت باشترە لەو دەستەی کە وەردەگرێت، ئەمەش وەک
چەسپاندنی ئەو ڕاستییەی کە ئایین لە بنەڕەتدا نابێت ببێتە سەرچاوەی داهاتی
شوێنکەوتووەکانی، ئەگینا داهاتوویەکی نادیار و مەترسیدار چاوەڕێیان دەکات.
    گەورەییی پێغەمبەری ئیسلام ﷺ و بەهێزیی کەسایەتیی ئەو زاتەش لەوەدا بوو
کە فەرمووی: من ئایینی خۆم بە پارەی ئێوە ناگۆڕمەوە، ناتوانم هێز و کاریگەریی
پەیام و بانگەوازی خۆم لەبەرامبەر توانا و زۆری سامانی ئێوەدا بخەمە گرەو.
    پێشتر وتمان، دەکرا پێغەمبەر ﷺ بچێتە ژێر باری داواکەی ئەوان و سەروەت و
سامانەکەیان قبووڵ بکات، بەڵام ئەو کارەی ئەنجام نەدا بۆ ئەوەی ببێتە پەند و
ئامۆژگاری بۆ نەوەکانی دوای خۆی، کە هیچ کات بیرو باوەڕی خۆیان نەخەنە
گرەوی سامان و داراییی دونیا، چونکە بێگومان ئەو کارەیان کەسایەتییان
دەڕووشێنێت و لە گەیشتن بە ئامانج دووریان دەخاتەوە.
    سەرئەنجام، هەموو سامان و هێز و توانای موشریکانی قورەیش نەیانتوانی
بەسەر دەنگ و سەدای زوڵاڵی ئەو پەیامەدا سەر بکەون کە لەبری هێزی پارە،
هێزی باوەڕ و متمانەبەخۆبوونی هێنایە کایەوە، بەپێچەوانەوە بێهێزی و کەمتوانایی
بانگخوازان –کە لە بنەڕەتدا جێگری پێغەمبەرانن– بە بڕوای ئێمە بۆ نەبوونی ئەم

---

(١) بڕوانه: دلائل النبوة ومعرفة أحوال صاحب الشريعة : البيهقي: (٣٨١/٥).

خاڵە دەگەڕێتەوە، بەتایبەت کە بەشێکی زۆریان لەبەرامبەر سەروەت و سامانێکی کاتی پشتیان لە پرەنسیپ و بنەما سەرەکییەکانی ئاینەکەیان کردووە.

دوا جار ئەو میتۆد و فۆڕمە ئاینییەی کە ئێمەمانان و بەشێک لە زانایانی ئاینی بەرجەستەی دەکەین، فۆڕمێک کە تیایدا ئاین لەبری ئەوەی ئامانج بێت لەلامان، کردوومانە بە ئامرازێک بۆ گەیشتن بە پارە و دەسەڵات.

ئیدی بە شێوەیەك ئازاری ئاین دەدەین، کە ئاین لەدەست ئەم کردارانەی ئێمە خەریکی نۆزەو ناڵەیە، ئەگەر بە زووترین کات فریای خۆمان نەکەوین و ئەم وێنە شێواوە ڕاست نەکەینەوە، بەدڵنیاییەوە بەر نەفرەت و ناڵەی ئاین دەکەوین و زبڵدانی مێژووش جێگەمان دەبێت.

بەشی دەیەم
فەلسەفە و جەهالەت

ئارچ لاستبێرگ، خاوەنی پەرتووکی (چۆن خۆت دەفرۆشیت -How To Sell Yourself)، سیّ بنەمای سەرەکی دەخاتە ڕوو بۆ ئەو کەسانەی دەیانەوێت لە گەیاندنی ئایدۆلۆژیا و بیروبۆچوونەکانیان سەرکەوتوو بن، کە بریتین لەمانەی خوارەوە [1]:

1-   توانا و لێهاتوویی (Competence)

2-   بەرپرسیارێتی (Likability)

3-   بەخت (Luck)

بۆ ئەوەی خاڵی پەیوەندیی ئەم سیّ بنەمایە بە باسەکەی ئێمە ڕوون بێتەوە، بەکورتی تیشک دەخەینە سەریان، دواتر نموونەیان بۆ دەهێنینەوە، پاشان دەچینە ناواخنی بابەتەکەمان.

---

(1) بڕوانە: Arch Lustberg :How To Sell Yourself: (١٥)

یەکەم: توانا و لێهاتوویی

ئەگەر مرۆڤێک پێی وا بێت ئەو ئایدۆلۆژیا و هزرەی هەیەتی ڕاستەقینەیە، هەوڵ
دەدات زۆرترین کەسانی دەوروبەری قەناعەت پێ بکات، بڕوا بەو ئایدۆلۆژیا و
ئایینەی ئەو بکەن، بۆ ئەو مەبەستەش یەکەمین هەنگاو پێویستە لەسەری،
کەسێکی زرنگ و لێهاتوو بێت و عەقڵ و مەعریفەیەکی تەواوی هەبێت، تاکو بتوانێت
مەیلی ئەوان بۆ خۆی ڕابکێشێت و بە عەقڵ و زیرەکییەکەی دەستەمۆیان بکات.

دووەم: بەرپرسیارێتی

بەرپرسیارێتی بەو مانایەی کە تەنها لێهاتوویی و هێز و توانا بەس نییە تا
خەڵکی بڕوا بەو بۆچوونانە بکەن کە تۆ هەتن، بەڵکو وێڕای لێهاتوویی و دانایی،
پێویستە لەسەرت هەوڵ بدەی لە ئاست ئەو ئایدۆلۆژیا و بۆچوونەی کە پێت وایە
ڕاستەقینەیە، هەست بە بەرپرسیارێتی بکەی، بە جۆرێک هەوڵ بدەی کە ئەم
بۆچوونە تەنها بۆ خۆت نەبێت، بەڵکو هەوڵ بدەی خەڵکی تریش سوودی لێ ببینن،
بێگومان ئەوەش بەوە دەکرێت کە تۆ هەمیشە ئەم ئایدۆلۆژیا و بۆچوونە بڵاو
بکەیتەوە و بیگەیەنیت بە زۆرترین مرۆڤ، تا زۆرترینیان بەهرەمەند بن لێی.

سێیەم: بەخت

بێگومان ئەم خاڵە لە ئەدەبیاتی ئایینەکان بەتایبەت ‐ئایینی ئیسلام‐ دەچێتە
نێو چوارچێوەی ئەو بابەتەی کە پێی دەڵێن چارەنووس (قەزاوقەدەر)، بە واتای
ئەوەی تەنها زیرەکی و لێهاتوویی و بڵاوکردنەوەی ئەو بیروباوەڕەی کە تۆ پێت
وایە ڕاستە، تەنها ئەم دووانە بەس نین تا خەڵکی دوات بکەون، بەڵکو وێڕای ئەم
دوو بنەمایە، پێویستە هەندێک بەختت هەبێت بۆ ئەوەی خەڵکی بڕوات پێ بکەن،
هەرچەندە لە ڕاستیدا زۆربەی کات لێهاتوویی و بەهرەمەندی و هەوڵدان و هەست بە

بەرپرسیارێتیکردن لەبەرامبەر ئەو کارەی کە بڕوات پێی هەیە، سەر دەکێشن بۆ ئەوەی تۆ بەختێکی باشت هەبێت[1] .

هەر کاتێک مرۆڤ ئایدۆلۆژیا و هزر و بۆچوونێکی هەبوو، خواست و ئارەزووی ئەوەشی لەلا بوو کە خەلکی بڕوای پێ بکەن، پێویستە ئەم سێ بنەمایە لە کەسایەتییەکەیدا هەبێت، ئینجا دەتوانێ سەرکەوتوو بێت، وەک نموونەیەکیش، دەتوانین ژیانی پێغەمبەری ئازیزمان ﷺ بکەینە بەلگە، بەم شێوەیەی خوارەوە:

پەیامبەری ئیسلام موحەممەد ﷺ، لەلایەن پەروەردگار ئایینێکی بۆ هاتە خوارەوە، کە دەبووایە هەموو خەلکی بانگ بکات بۆ ئەوەی بێنە نێو ئەو ئایینە، بۆ ئەو مەبەستەش دەبووایە کەسێکی بەهرەمەند و ژیر و لێهاتوو بێت، تا بتوانێت ژیرانە مامەڵە لەگەڵ قوڕەیشدا بکات کە لە ترۆپکی زیرەکی و ڕەوانبێژیدا بوون، بێگومان کەسایەتیی موحەممەد ﷺ هەلگری ئەم خەسلەت و بنەمایە بوو، چونکە لە شێوازی مامەڵەکردنیدا لەگەڵ دۆخی پەیامەکەی هەمووانی تووشی سەرسوڕمان کردبوو.

بەڵام تەنها لێهاتوویی و دانایی ئەو زاتە بەس نەبوو تا پەیامەکەی بگاتە ئەنجام، بەڵکو پێویست بوو لەسەری کە هەوڵ بدات ئەم پەیامەی بە خەڵکی ڕابگەیەنیت، بۆیە لە ڕێگەی عەقڵ و لێهاتووییی خۆی و بە فەرمانی پەروەردگاری بڕیاری دا پەیامەکەی ئاشکرا بکات، ئەوە بوو لەپێناو ئەم پەیامەیدا هەرچی ناخۆشی و دەردەسەری هەیە تووشی بوو، خۆشەویستانی شەهید کران، لە شار و ولاتی خۆی دەرکرا، ئابلوقەی ئابووری و سیاسی و کۆمەڵایەتی خرایە سەر، بەڵام

<hr>

(١) بەدلنیاییەوە ئێمە وەک موسلمان، پێمان وایە کە هەموو شتێک پەیوەستە بەو چارەنووسەی کە پەروەردگار بۆی نووسیوین، بۆیە هەموو ئەو پرسانەی لەژێر ناونیشانی بەخت و شانس دەخرێنە ڕوو، ئێمە دەیگێڕینەوە بۆ ئەو چارەنووسەی کە خودای بالادەست بۆ ئێمەی بڕیار داوە.

ئەو لەپێناو پەیامەکەیدا هەستی بە بەرپرسیاریێتی کرد و کۆڵی نەدا، سەرئەنجام خوای گەورە دەسەڵات و سەرکەوتنی پیّ بەخشی.

بەڵام لە ڕاستیدا ئەم دوو خاڵەی ڕابردوو پێویستی بە بەخت (چارەنووس)ٚکی باش هەبوو، بۆیە خوای گەورە ئەم چارەنووس و بەختە باشەشی بۆ ئەم زاتە بەرزە بڕیار دابوو، کاتێک پێی فەرموو: ﴿ هُوَ ٱلَّذِيٓ أَرْسَلَ رَسُولَهُۥ بِٱلْهُدَىٰ وَدِينِ ٱلْحَقِّ لِيُظْهِرَهُۥ عَلَى ٱلدِّينِ كُلِّهِۦ وَلَوْ كَرِهَ ٱلْمُشْرِكُونَ ﴾ [1].

واتە: "هەر ئەو زاتە بوو پێغەمبەرەکەی، هاوڕێ لەگەڵ هیدایەت و ڕێنموونی و ئایینی ڕاست و دروست ڕەوانە کردووە، تا سەری بخات بەسەر هەموو بەرنامە و ئایینەکانی تردا، هەرچەندە موشریک و هاوەڵگەران پێی سەغڵەت و دڵتەنگ بن."

هەروەها فەرمووی: ﴿ وَٱصْبِرْ لِحُكْمِ رَبِّكَ فَإِنَّكَ بِأَعْيُنِنَا ﴾ [2].

واتە: "ئەی موحەممەد ﷺ، خۆگر بە لەبەرامبەر بەدیهێنانی فەرمانی پەروەردگارتەوە، دڵنیا بە کە تۆ لەژێر چاودێریی ئێمەدایت."

هەروەها فەرمووی: ﴿ وَيَنصُرَكَ ٱللَّهُ نَصْرًا عَزِيزًا ﴾ [3].

واتە: "خوا سەرکەوتنێکی بەهێز و باڵات پیّ ببەخشێت."

بەڵام هەر ئایدۆلۆژیا و بیروباوەڕێک یەکێک لەم سیّ بنەمایانەی تێدا نەبوون، مرۆڤ لە گەیاندن و بڵاوکردنەوەیاندا تووشی شکست دەبێت، دوا جار خۆی و ئایدۆلۆژیا و بیروبۆچوونەکەی دەکاتە جێی گاڵتە و سووکایەتیپێکردنی نەیارەکانی.

ئەوەی دەمانەوێ لەم تەوەرەدا تیشکی بخەینە سەر، خاڵی یەکەمی ئەم سیّ بنەمایانەیە، کە پەیوەندییەکی ڕاستەوخۆی بە ڕەوتی فەلسەفە و ڕۆشنگەری و

<hr>

(١) سووورەتی (التوبة)، ئایەتی: (٣٣).

(٢) سووورەتی (الطور)، ئایەتی: (٤٨).

(٣) سووورەتی (الفتح)، ئایەتی: (٣).

١٧٠

بیروباوەڕی ئایینی هەیە و پێمان وایە هەم ئایین هەم فەلسەفە بوونەتە قوربانیی دەستی ئەم خاڵە، ئەمەش بە هۆی ئەوەی زۆرینەی ئەوانەی لاف ئایینپەروەری و پسپۆری ئایینی لێ دەدەن، ئەم خاڵەیان تێدا نییە.

بە هەمان شێوە، زۆرینەی ئەوانەی بانگەشەی بیرمەندی و رۆشنگەری دەکەن، لە بنەڕەتدا خۆیان وێڵن بەدوایدا و زیاتر لە ئێمە پێویستیان پێیەتی. سەرئەنجام، لەبری ئەوەی ببنە مایەی بڵاوبوونەوەی ئایین و فەلسەفە، بوونەتە هۆی کپبوونەوە و بە سووک سەیرکردنی ئایین و عەقڵ لەلایەن نەیاران و دوژمنانیان.

هەڵبەتە سەرەتا لەم بەشەدا میتۆدی فەلسەفە و رۆشنگەری سەبارەت بەم بابەتە روون دەکەینەوە، دواتر دەست دەخەینە سەر ئەو برینانەی کە عەقڵانیەت لە دەرئەنجامی نەبوونی ئەم خاڵەدا دووچاری بووەوە، ئینجا لە بەشی دواتردا تیشک دەخەینە سەر میتۆد و فۆرمی ئایین سەبارەت بەم بابەتە، پاشان نەهامەتییەکانی ئایین لە غیابی ئەم خاڵەدا دەخەینە روو.

فەلسەفە و جەهالەت

فەیلەسووف بەناوبانگی یۆنانی (ئەفلاتون)، لە کۆمارەکەیدا (کۆماری ئەفلاتون) ئاماژە بەو کۆمارە نموونەییە دەکات کە خەونی بەدیهێنانی هەیە، بۆ ئەو مەبەستەش ئەو پێی وایە تەنها دەبێ فەیلەسووف و بیرمەندەکان سەرکردایەتیی وڵات بگرنە ئەستۆ، یان دەبێ دەسەڵاتدارەکان ببنە فەیلەسووف، چونکە ئەو پێی وایە تەنها کاتێک وڵات پێش دەکەوێت کە هزرو دەسەڵات بەیەکەوە کۆ ببنەوە، ئەم کارەش نایەتە دی مەگەر ئەوەی تەنها فەیلەسووفەکان سەرکردایەتی بگرنە دەست، ئەوکات هەم دەسەڵاتیان هەیە و هەم مەعریفە و لۆژیک و فەلسەفە، بەمەش

١٧١

دەسەڵات و مەعریفە لە یەك كەسدا كۆ دەبنەوە و كۆمارێكی نموونەیی لەسەر بنەمای عەدالەت دێتە كایەوە[1].

دواتر گلەیی لە رەوشی فەلسەفە و رۆشنگەری دەكات و هۆكاری نەهامەتییەكانی دەخاتە روو، ئەفلاتون سەبارەت بەم بابەتە دەڵێت:

"بەهەرحاڵ ئەمە ئەو هەڵەیەمان بۆ روون دەكاتەوە كە ئێستا ئەنجام دەدرێت، كە بووەتە مایەی لاوازبوون و لەناوچوونی فەلسەفە، كە بریتییە لەوەی كەسانی ناشایستە و نەگونجاو بۆ فەلسەفە خۆیان بە فەلسەفە خەریك كردووە، هەروەك پێشتریش ئاماژەم بۆ كرد، ئەمە لە كاتێكدا پێویستە، تەنها رۆڵە چاكەكانی فەلسەفە لە دەرگای فەلسەفە بدەن، نەك خاوەن دەروونە نزم و لاوازەكان[2]."

ئەو گلەییەی كە ئەفلاتون دوو هەزار و دوو سەد ساڵ زیاتر پێش ئێستا لەبارەی رەوشی فەلسەفە كردوویەتی، لە كاتێكدا بووە كە رەوتی فەلسەفە و لۆژیك و رۆشنگەری لە ترۆپكی گەشەسەندن و بەرزیدا بووە، دەشێ ئەگەر دەرفەتی هەببووایە تا ئەم سەردەمەی ئێستا لە ژیاندا بێت، لەبری ئەوەی بڵێت كەسی نەشیاو خەریكی هزر و فەلسەفەن، بیگوتبایە تەنها كاڵفام و كەودەن و گەمژەكان ئاڵوودەی فەلسەفەن و رێبەرایەتیی تەوژمی عەقڵانیەت دەكەن، چونكە بەشێك لەوانەی ئەمرۆ قسە لە بواری عەقڵانیەت دەكەن و خۆیان كردووەتە سەرمەشقی رەوتی رۆشنگەری، نەك تەنها مایەی لەكەداركردنی عەقڵ و فەلسەفەن، بەڵكو بوونەتە خاڵی وەرچەرخان لای نەیارانی تەوژمی عەقڵانیەت و وەك نموونەیەكی سووك و پێكەنیناوی سەیریان دەكەن و پڕ بە دەمیان هاوار دەكەن و دەڵێن: ئەگەر فەیلەسووف و بیرمەندەكانتان ئەمانە بن، ئەی دەبێ گەمژە و نەزانەكانتان چۆن بن!

(١) بروانە: الجمهورية: ئەفلاتون: (٢٦٩).

(٢) الجمهورية: ئەفلاتون: (٣٥٤).

فەلسەفە لە هەموو ڕەهەندەکانیەوە شاکارێکی مەزنی مرۆڤایەتییە، تەنها کەسە
لێهاتووەکان دەتوانن قسەی تیادا بکەن، هەڵبەتە قسەکردنیش لە پرس و بابەتە
فەلسەفی و لۆژیکییەکان کاتێکی باشی پێویستە، واتە مرۆڤ ناتوانێت لە ماوەیەکی
زەمەنیی کورتدا وەڵامی پرسیارە فەلسەفیەکان بداتەوە. فەلسەفە خۆیشی
زانستێکی هێندە ساکار و سادە نییە، مرۆڤ بەئاسانی بتوانێت قسەی خۆی تێدا
بکات، بەڵکو پێویستی بە خوێندنەوە و نووسین و شەونخوونیی زۆر هەیە.

دەڵێن یەکێک لە پیاوانی کڵێسا داوای لێ کرا ئایینی مەسیحیەت لە یەک ڕستەدا
پێناسە بکات، ئەویش لە وەڵامدا گوتی: "أن تحب الخير لجارك كما تحب لنفسك."
واتە "ئەوەی بۆ خۆت پێت خۆشە لە خێر و چاکە، بۆ دراوسێکەشت پێت
خۆش بێت."

پیاوێکی فەرەنسیش هەمان ئەو پرسیارە ئاڕاستەی فەیلەسووف ناوداری
ئەڵمانی (هیگڵ) دەکات، بەڵام داوای لێ دەکات ئەو لەبری ئایین، فەلسەفە لە یەک
ڕستەدا پێناسە بکات.

بەڵام هیگڵ ناتوانێت وەک پیاوە ئایینیەکە پێناسەی فەلسەفە لە یەک ڕستەدا
کورت بکاتەوە، ناچار بۆ وەڵامدانەوەی ئەو پرسیارە دە کتێب دەنووسێت، دوای
بڵاوکردنەوەی کتێبەکانیش گلەیی دەکرد و دەیگوت: "تەنها یەك كەس توانی لێم
تێبگات، تەنانەت ئەو کەسەش نەیتوانی بەباشی لێم تێبگات[1]."

ئەم بۆچوونەی هیگڵ ئەو میتۆدە ڕاستەقینەیە بەرجەستە دەکات کە عەقڵ و
فەلسەفە و بزاڤی ڕۆشنگەری هەیانە، میتۆدێک کە هاوشانی میتۆدی ئایین پێمان
دەڵێت: ئەو پرسانەی پەیوەستن بە عەقڵ و لۆژیکەوە، جۆرێک لە هەستیاریان
هەیە، مرۆڤ زۆر بەچڕی کاریان لەسەر بکات، ئینجا دەتوانێت چارەیان بکات.

---

(۱) بڕوانە: قصة الفلسفة: ول ديورانت: (۲۳۱).

له هەمان کاتدا پێمان دەڵێت، به هیچ جۆرێك قسەکردن له کایه مەعریفی و فەلسەفییەکان کارێکی ساده و سانا نییه، بەڵکو پێویستی به ئەزموون و پشوودرێژی هەیه و لەغیابی ئەم میتۆدەدا فەلسەفه و ڕەوتی عەقڵانیەت دووچاری شکست و ڕەخنه و لەکەدار بوون دەبنەوه.

بەداخەوه، بەشێك له کارەکتەره فەلسەفی و هزرییەکانی کۆمەڵگەی ئێمه هەندێك کار ئەنجام دەدەن، که تەواو پێچەوانەی ئەم میتۆده سروشتی و مەعریفییەی فەلسەفەیه، بەم کارەشیان سیمای فەلسەفه و بیرمەنده ڕاستەقینەکانیان شێواندووه، که ئێمه له پەیوەست بەم بابەته بەکورتی چەند خاڵێك باس دەکەین.

۱– فەلسەفه و خۆ پێوه خەریککردن

کارەکتەری فەلسەفی کەسێکی تەواو ئالوودەیه، به شێوەیەك که عەقڵانیەت و پابەندبوون به ڕێگەچاره عەقڵییەکان ئاوێتەی هەموو توخمێکی دەبێت، ئیدی ناتوانێت له غیابی ئەوەدا ژیان بباته سەر. سادەتر بڵێین، فەیلەسووفەکان شەرابی عەقڵ و مەعریفه نۆش دەکەن و خوویان به لۆژیك و کایه فەلسەفییەکان گرتووه.

فەلسەفه له سەرەتاکانی دەرکەوتنیدا چەمکێکی ڕەها بووه، به شێوەیەك بەشی هەره زۆری زانستەکانی ئێستا لەژێر چەتری فەلسەفەدا خۆیان دۆزیوەتەوه، کارەکتەری فەلسەفیش ئەو کاته توانیویەتی بانگەشەی ڕۆشنگەریی خۆی بکات که لەناو کۆی زانستەکاندا کولابێت تا ئاستی توانەوه، شارەزابوون له مۆسیقا و پزیشکی و ئەندازیاری و گەردوونناسی و ماتماتیك... هتد، مەرجی هەره سەرەکیی کەسی فەلسەفی و لۆژیکزان بوون.

ئیدی ئەگەر کەسێك له گشت ئەم زانستانه لێهاتوو نەبووایه، نەیدەتوانی شیکاری بابەته فەلسەفی و میتافیزیکی و ئەخلاقی و ئەپستمۆلۆژییەکان بکات، دوا جار له غیابی ئەم فەرهەنگی بوونەی کارەکتەرەکان، پێیان وا بوو قسەکردن له پرسه فەلسەفی و لۆژیکییەکان دەستدرێژیکردنه بۆ سەر شکۆ و پێگەی فەلسەفه.

بەڵام ئەو سیما و دەرکەوتنەی کە بەشێکی زۆری بە ناو ڕۆشنگەراکانی ئەمڕۆ هەیانە، بریتییە لە خۆهەڵواسین بە فەلسەفە و ڕۆشنگەری، نەك هۆگربوون و ئالوودەبوونیان. کەسایەتیی بەشێك لە بە ناو بیرمەندەکان بە جۆرێکە، کە لە دیمەنی ئەو کەسە دەچن کە بینینی دیمەنی مەی خۆڕان سەرنجی ڕاکێشاوە و حەزی چووەتە مەی، بۆیە تەنها پێکێکی مەی خواردووەتەوە تا بزانێت مەسەلە چییە، بەڵام ئەو پێکە نە گەیاندوویەتی بە جیلوەی سەرخۆشی، نە عەقڵ و هۆش و بیری پێ هێشتووە، ئیدی مرۆڤێکی بێعەقڵی وای لێ دەرچووە کە تاکە شت بیزانێت ئەوەیە، بووەتە جێی گاڵتە و سووکایەتیپێکردنی خەڵکی.

لەم سەردەمەدا کەسانێکی زۆر بە ناوی بیرمەند و لۆژیکزان لەژێر پەردەی عیرفان و عەقلانیەت دەربارەی ئایین و ڕەوتی عیرفان و تەسەوف و ڕۆشنگەری و پرسە میتافیزیکییەکان قسە دەکەن، کە جگە لە نوکتەی کۆمیدیا و ئەفسووس هیچ سیمایەکی عەقلانیەتی پێوە دیار نییە و تەنها هەندێك هوتاف و وشەیان لەبەر کردووە کە لە خەڵکی گوێیان لێ بووە بەبێ ئەوەی بزانن مانایان چییە بەکاری دەهێنن و نازناوی بیرمەند و لۆژیکزانیشیان بە خۆوە لکاندووە و بوونەتە مەهزەلەی سەر سەکۆی ڕەوتی ڕۆشنگەری.

٢- فەلسەفە و نەخوێندنەوە

بەشێکی فەلسەفە لەسەر خوێندنەوە و بەشێکیشی لەسەر نووسین و بەرجەستەکردن بونیاد نراوە، بۆیە نەبوونی خوێندنەوە یان نەبوونی بەرهەم و نووسین لە ئاست و پێگەی فەیلەسووف و ڕەوتی فەلسەفەگەری کەم دەکاتەوە.

عەقلانیەت و ڕۆشنگەری لە دەرئەنجامی خوێندنەوەی زۆر دروست دەبێت، دوا جار هەردووکیان نووسین و توێژینەوەی لۆژیکی بەرهەم دەهێنن، عەقلانیەتێك کە لەسەر بنەمای خوێندنەوە و نووسین و ئەزموونی زۆر نەهاتبێتە بەرهەم، فۆڕمێکی

شەل و سەقەتی دەبێت، ئیدی خاوەنەکەی وەك دەوترێت، هەر تیرێك لە کەندالێك دەدات.

ئەوەی لە بەشێکی بیرمەندان بەدی دەکرێت، هۆگری خوێندنەوە و داهێنان نین، تا ئێستا جگە لە هەڵدانەوەی بابەتە کۆنەکان و جارێکی تر نۆژەنکردنەوەیان، نەیانتوانیوه کەلتوور و ڕێچکەیەکی تایبەت بە خۆیان بونیاد بنێن.

ئێستا فەلسەفە و ڕەوتی عەقلانیەت لەبری ئەوەی پردی پەڕینەوەی کۆمەڵگە بن، لە ژینگەیەکی نەزان و کۆڵەوار بۆ ژینگەیەکی ڕۆشنگەر و مۆدێرن، بوونەتە زەمینەیەکی لەبار بۆ بونیادنانی کۆمەڵگەیەکی داڕزاو و دواکەوتوو. لەبری ئەوەی ئامرازی بڵاوکردنەوەی ئازادی و مەعریفە بن، بوونەتە کەرەستەیەك بۆ بەکۆیلەکردن و گەمژاندنی خەڵك و بەلاڕێدابردنیان، هەموو ئەمانەش لەپای ئاشنانەبوونیانە بە کرۆك و ئامانجەکانی عەقڵ و لۆژیك، کە ئەمەشیان دەگەڕێتەوە بۆ پشتکردنیان لە کتێب و خوێندنەوە.

بوون و مانەوەی فەلسەفە و تەوژمی عەقلانیەت، پەیوەستە بە ئاستی خزمەتکردنی ئەو کایە مەعریفییە، هەڵبەتە خزمەتێکی مەعنەوی کە خۆی لە پەرتووك و خوێندنەوەدا دەبینێتەوە. تا بیرمەندان نەگەنە ئاستی عاشقبوون، ناتوانرێت پرۆسەی بونیادنانی شارستانیەتێکی مۆدێرن و باڵا بگاتە ئامانج، هەڵبەتە دیسان عاشقبوونێکی مەعنەوی کە خۆی لە وشە و ئاخافتنەکانی نێو پەرتووك و خوێندنەوەدا بەرجەستە دەکات.

لە ڕاستیدا دۆخێکی مەترسیدار ڕووبەڕوو ڕەوتی عەقلانیەت و پرسی ڕۆشنگەری بووەتەوە بە هەردوو جەمسەرە ئایدۆلۆژی و هزرییەکەوە، کە پشتکردن لە خوێندنەوە و پەرتووك بووەتە دیاردە و نەریتێکی بەرچاو، کە بەردەوامبوونی ئەم دیاردەیە بووەتە مۆتەکەیەك لەبەردەم پێشکەوتن و داهێنان و گۆڕانکاریدا.

١٧٦

بیرمەندان و زانایانی پێشوو بە شێوەیەك هەڵوەدا و شەیدای پەرتووك و خوێندنەوە بوون، كە گەیشتبووە ئاستێك وەك پرۆسەیەكی هاوسەرگیری و خۆشەویستی سەیر بكرێت، ئەوان نەك نەیاندەتوانی هەجری پەرتووك و خوێندنەوە بكەن، بەڵكو ئەم كارەیان بە شووم و شەرمەزای پێناسە دەكرد، تەنانەت هەندێك یان بەم شێوەیە وەڵامی ئەو كەسانەیان داوەتەوە كە داوایان لێ كردوون بە شێوەی خواستن بۆ ماوەیەك پەرتووكەكانیان پێ بدەن:

أَلَا یا مستعیر الكتب دعني   فإنَّ إعارتي للكتب عار

فمحبوبي مـن الدنیا كتابي   فهل أبصرت محبوباً یعار

واتە:"ئەی ئەو كەسەی داوام لێ دەكەی بە شێوەی خواستن پەرتووكەكەمت بدەمێ، وازم لێ بێنە، چونكە بەڕاستی ئەگەر من بە شێوەی خواستن پەرتووكەكەی خۆمت بدەمێ، شووم و شەرمەزارییە، چونكە لە دونیادا پەرتووك خۆشەویستی منە، ئایا بینیوتە كەسێك خۆشەویستەكەی خۆی بە شێوەی خواستن بداتە كەسێكی تر؟"

ئەم حاڵەتەی عاشقبوونی پەرتووك و خوێندنەوە پێشینانی گەیاندە ترۆپكی زانست و عەقڵانیەت، هەر بۆیەش توانییان زۆرترین كاریگەری لەسەر ژینگەی خۆیان و نەوەكانی دوای خۆیان جێ بهێڵن و نووسراو و پەیڤەكانیشیان بوونەتە شاكارێكی مرۆڤایەتی كە تا ئیستا لێكدانەوە و ڕاڤەیان بۆ دەكرێت، ئەمە وێڕای ئەوەی پێگەی عەقڵ و مەعریفەیان بە شێوەیەك بەرز و باڵا كردبوو كە هەموو تاكێك خۆزگەی دەخواست بچێتە نێو جیهانی عەقڵ و فەلسەفەوە، جا ئەگەر نەوەی ئەمرۆش بیەوێت ئەو مێژووەی ئەوان بنووسێتەوە، دەبێت جارێكی تر هەمان ئەو كارە دووبارە بكاتەوە كە ئەوان ئەنجامیان دەدا، كە بریتییە لە عاشقبوونی كتێب و خوێندنەوە.

١٧٧

٣- فەلسەفە و هەڵەشەیی

جەوهەری فەلسەفە لەسەر بنەمای عەقڵ و لۆژیك هاتووەتە كایەوە، بۆیە نالۆژیكیترین كار كە كارەكتەری عەقڵانی یان فەلسەفی ئەنجامی بدات، بریتییە لە قسەكردن لەسەر بابەتێك كە پسپۆڕیی ئەو نەبێت، یان زانیاری و مەعریفەیەكی تەواو و گونجاوی لەبارەوە نەبێت.

ئەمڕۆ نەریتێكی تری نالۆژیكی بەرۆكی ڕەوتی عەقڵانیەتی گرتووە، كە ئەویش هاوشانی نەخوێندنەوە بووەتە لەكەیەكی ناشیرین بە جەستەی عەقڵانیەتەوە، كە بریتییە لە (هەڵەشەیی)ی بیرمەند، كە خۆی لەوەدا دەبینێتەوە كارەكتەرەكانی بواری عەقڵانیەت خۆیان دەخزێننە نێو هەموو پرس و بابەتە جیاوازەكان.

بێگومان لێكدانەوەی ناتەندروست بۆ چەمكی ڕۆشنگەری و عەقڵانیەت، بووەتە مایەی ئەم لەكە خراپە، چونكە ئەم چەمكانە بە شێوەیەك خراونەتە ڕوو كە گوایە دەبێ كارەكتەرەكانی بواری مۆدێرنێتە و عەقڵانیەت توانای ڕاڤەكردنی تەواوی لایەنەكانی ژیانیان هەبێت و هەموو پرسێك لەبار بێت بۆ كەسی عەقڵانی بۆ ئەوەی بۆچوونی خۆی تیادا بخاتە ڕوو.

بەدڵنیاییەوە ئەم جۆرە لێكدانەوەیە ئەو كاتە ڕاستە كە كارەكتەرەكانی بواری فەلسەفە كەسی بلیمەت و لێهاتوو بن، كە لە دەرئەنجامی ئاشنابوونیان بە پرس و بابەتەكان بتوانن قسەی خۆیان بخەنە ڕوو، بەڵام كاتێك كەسی مۆدێرنێتە و بابای فەلسەفەكار ناتوانێت كەسایەتییەكی فەرهەنگیی مەعریفی بۆ خۆی دروست بكات كە لە دەرئەنجامی خوێندنەوە و نووسیندا پەیدا دەبێت، بە هیچ شێوەیەك بۆی نییە ڕاڤەی ئەو ئاریشە و پرسانە بكات كە تیایاندا مەعریفەیەكی تەواوی بۆ دروست نەبووە، چونكە عەقڵ پێمان دەبێژێت تەنها لەسەر بنەمای مەعریفە و زانست مرۆڤ دەتوانێت ڕاوبۆچوونەكانی خۆی دەربربێت.

کارەکتەری عەقڵانی مەرج نییە بتوانێت ڕاڤە و لێکدانەوەی هەموو پرسێک بکات بۆ ئەوەی نازناوی عەقڵانیبوونی پێ ببەخشرێت، بەڵام هەموو ئەو ڕاڤە و لێکدانەوانەی دەیانخاتە ڕوو، پێویستە لەسەر بنەمای مەعریفە و لۆژیک بێت، ئینجا بۆچوونەکانی وەک کەسێکی بیرمەند لێ وەردەگیرێن.

بەڵام کاتێک ئەم یاسایە پێچەوانە دەبێتەوە و توانای مرۆڤ بۆ قسەکردن لەسەر هەموو کایە جیاوازەکانی نێو کۆمەڵگە دەبێتە شووناسی کارەکتەری عەقڵانی و هەموو لێکدانەوە و شیکارییەکانیشی لەسەر بنەمای عەقڵ و مەعریفە نابنە مەرجی ڕاستەقینەی ڕۆشنگەربوونی، ئەوکات ڕەوشی ڕۆشنگەری دەبێتە مەهزەلەیەکی گشتیی مرۆڤایەتی و بەها و پێگەی عەقڵ و مەعریفە لەکەدار دەبێت و توانای کۆنترۆڵکردن و سەرکردایەتیکردنی کۆمەڵگە لەدەست دەدات.

گەورەزانای ئیسلام (ئەبو حامیدی غەزالی)، کاتێک دەیەوێت ڕەخنە و بۆچوونەکانی خۆی ڕووبەڕووی ڕەوتی فەلسەفە و کارەکتەرە فەلسەفییەکان بکاتەوە، درک بەوە دەکات کە پێویستە وەڵامدانەوەکانی لەسەر بنەمای مەعریفە و زانین بێت، ئینجا دەتوانێت بەرەیەکی دژەفەلسەفی بونیاد بنێت و ڕاوبۆچوونەکانی بەهەند وەربگیرێن.

بۆ ئەو مەبەستەش، سەرەتا خۆی ئاشنای زانستی فەلسەفە دەکات تا بتوانێت تێیدا کارامە بێت، ئینجا ڕەخنەی لێ بگرێت، ئەوەتا دەفەرموێت: "پاشان دوای فێربوونی زانستی کەلام، دەستم کرد بە فێربوونی فەلسەفە، بە دڵنیاییەوە زانیم کە مرۆڤ ناتوانێت ئاشنای خراپ و کەموکوڕیی زانستێک لە زانستەکان بێت، ئەگەر ئاشنای تەواو و ئەوپەڕی ئەو زانستە نەبێت و ئاستی وەک زاناترین کەسی خودی ئەو زانستەی لێ نەبێت، پاشان زیاتریشی نەکات لەسەری و پلەی لەو بەرزتر نەبێت و ئاشنای هەندێک شت نەبێت کە خاوەنی ئەو زانستە نەیزانیبێت و پەی پێ

نەبردبێت، ئەوکات دەکرێت ئەوەی کە بانگەشەی دەکات لە خراپە و کەموکوڕیی ئەو زانسته ڕاست و باوەڕپێکراو بێت[1]."

ئینجا دوای ئەمە، ڕاستەوخۆ هێرش ناکاتە سەر فەلسەفە و کارەکتەرەکانی، بەڵکو دێت مەبەست و ئامانجەکانی فەلسەفە و فەیلەسووفەکان ڕوون دەکاتەوە لە دووتوێی کتێبێکدا بە ناوی (مەبەستەکانی فەیلەسووفان/مقاصد الفلاسفة). ئەبو حامید لە دەستپێکی ئەو کتێبەیدا دەڵێت: "فإنّ الوقوف على فساد المذاهب قبل الإحاطة بمداركها محال، بل هو رمي في العماية والضلال[2]." واتە: "زانینی هەڵە و نارەواییی هەر ڕێباز و ڕەوتێک بەر لە ئاشنابوون بە کرۆک و ناواخنەکەی مەحاڵە، بەڵکو تیر هاویشتنە بەکوێرانە و گوللە بە تاریکییەوە نانە."

ئینجا دوای پۆلێنکردنی بابەتەکانی فەلسەفە و ڕوونکردنەوەی خواست و ئامانجەکانیان، کتێبێک تایبەت دەکات بە ڕەخنەلێگرتنیان و بەهەڵەدانانی بۆچوونەکانیان بە ناونیشانی: (پووچەڵگەرییی فەیلەسوفان/ تهافت الفلاسفة).

بێگومان ئەم فۆرمەی ڕەخنەگرتن و قسەکردنە لەسەر بابەتەکان کە ئەبو حامیدی غەزالی هێنایە کایەوە، پێویستە ببێتە فۆرمی ڕاستەقینەی عەقڵانییەکان و ڕەوتی عەقڵانیەت، بە شێوەیەک دەستپێکی ڕەخنەگرتن و لێکدانەوەیان بۆ هەر بابەتێک لەسەر بنەمای ئاشنابوون و شارەزابوون بێت لەو بابەتە، بەڵام ئەوەی ئەمڕۆ هەستی پێ دەکرێت و دەبینرێت، تەواو پێچەوانەی ئەو فۆرمەیە.

لە کۆمەڵگەی ئێمەدا دوو کایە هەن قسە تێیدا کردن و شیکاری کردنیان کراوەتە مەرج بۆ ئەوەی کەسێک عەقڵانیبوونی خۆی بسەلمێنێت، ئەوانیش کایەی ئایین و کایەی ڕامیارین، کە لە ڕاستیدا بە هیچ شێوەیەک ئەم بەمەرجدانانە لۆژیکی نییە.

---

(١) المنقذ من الضلال: غەزالی: (٤١).

(٢) مقاصد الفلاسفة: غەزالی: (١٠).

کایەی سیاسەت بەر لە هەر شتێك پێویستی بە ئەزموونە، کایەی ئاینیش بەر
لە هەر شتێك پێویستی بە هەبوونی پسپۆڕییە، پەیداکردنی ئەزموون و پسپۆڕیش
دوو بنەمان کە تەنها دوای هەوڵدانێکی زۆر و زەمەنێکی دریژ ئینجا مرۆڤ دەتوانێت
بەدەستیان بهێنێت، بەشێکی بەرچاوی کارەکتەرە عەقڵانی و ئاینییەکانیش
خاوەنی ئەزموون و پسپۆڕی نین، بۆیە ڕاڤە و لێکدانەوە سیاسی و ئاینییەکانیان
ڕێڕەوێکی هەڵەیان وەرگرتووە و دید و تێڕوانینێکی نەرێنیی لای تاکەکانی کۆمەڵگە
دروست کردووە .

بۆ ئەوەی ئەم دید و تێڕوانینە نەرێنییەش بسڕینەوە، پێویستە ڕۆشنگەرەکان
فێری ئەوە بکرێن و بزانن کە سیاسەت و ئاین پێویستیان بە ئەزموون و پسپۆڕی
هەیە، ئینجا یان دەبێت خۆیان لەم دوو کایە بەدوور بگرن بۆ ئەوەی نەبنە مایەی
ڕووشاندنی سیمای عەقڵ و فەلسەفە، یان دەبیّ ڕاڤە و لێکدانەوەکانیان دوای
گەیشتن بە پسپۆڕی و پەیداکردنی ئەزموونێکی باش بێت، بەپێچەوانەوە ڕاڤە و
بۆچوونەکانیان دەبێتە هۆکاری هێنانەکایەی شتی سەیروسەمەرە کە نە ئاین نە
عەقڵ پەسەندی ناکەن. ئیبنو حەجەری عەسقەلانیش جوانی فەرمووە: "إذا تكلم
المرء في غير فنه أتى بالعجائب[١]." واتە: "ئەگەر مرۆڤ قسەی لە بابەتێکدا کرد کە
هونەر و پسپۆڕیی خۆی نەبوو، شتی سەیروسەمەرە دێنێتە کایەوە."

٤- فەلسەفە و فرەیی

وەك چۆن نەبوونی پێوەرێکی دیاریکراو لە هزری ئاینیدا ڕەوتی ئاینی
خستووەتە گێژەڵووکەیەکی مەترسیدار، بە هەمان شێوە فەلسەفە و عەقڵانیەت
دووچاری ئەم دەردە کوشندەیە هاتوونە و خەریکە بە هۆیەوە تووشی لەناوچوون
دەبنەوە .

<hr>

(١) فتح الباري شرح صحيح البخاري: ابن حجر العسقلاني: (٥٨٤/٣).

دەردی عەقلانیەت مەترسیدارترە بە بەراورد لەگەڵ دەردی ئایین، چونکە
کارەکتەرە ئایینییەکان کەم تا زۆر هەستێکیان هەیە کە بەرامبەر خوای باڵادەست
بەرپرسیارن، بۆیه تا رادەیەك لەهەمبەر هەندێك پرس و بابەتدا سنوورێك بۆ
لێکدانەوە و راوبۆچوونەکانیان دادەنێن و هەڵوەستەیەك دەکەن، یان لە ترسی
ورووژاندنی هەستوسۆزی بڕواداران ناتوانن هەموو شتێك بدرکێنن، بەڵام هەرچی
کایەی عەقلانیەتە ئەم دوو پاڵنەرەی تێدا نییه کە کارەکتەرەکانی بوەستێنێت، بە
جۆرێك کارەکتەری مۆدێرنێتە هەست بە هیچ هێز و دەسەڵاتێك ناکات کە
لەبەردەمیدا بەرپرسیار بێت و لێپێچینەوەی لەگەڵدا بکات، تەنانەت بەپێچەوانەوە
هەست بەوە دەکات کە ئەم هەڵەشەییەی لە بواری هزر و مەعریفەدا خواست و
ئامانجەکەنی فەلسەفە و لۆژیك دێنێتە دی، بۆیه هەوڵ دەدات لێکدانەوەکانی خۆی
لەهەمبەر هەموو بابەتێکدا بخاتە روو، هەروەها ترسی ورووژاندن و
روبەروبوونەوەی شەقامیشی نییه، چونکە هەموو بیرۆکەکانی وەك بیرۆکەی
مرۆڤایەتیی تایبەت دەخاتە روو.

ژمارەی کەسایەتییه بە ناو عەقلانییەکان بە ڕێژەیەك زیادی کردووه، کە لەنێو
رەوتی رۆشنگەریدا بۆتە جێگەی دەمەتەقێ و مژارێکی گەرم، تەنانەت بەشێکیان
گلەییی ئەوە دەکەن کە ناونانی هەموو ئەوانه بە رۆشنبیر، تەوژم و کایەی
رۆشنگەری و عەقلانیەت دەخاتە ژێر گومان و دووچاری رەخنەی لۆژیکی و
کەلتووری و مەعریفی بەهێزی دەکاتەوه.

ئەگەرچی سنوورەکانی عەقڵ و فەلسەفەی مرۆڤایەتی بێکۆتان و بوونی هەر
جۆره لەمپەرێك لەبەردەم لۆژیك و عەقڵی مرۆڤایەتیدا، بڕینی ئازادییەکانی مرۆڤە
بە خراپ بەسەر بونیادی کۆمەڵگەدا دەشکێتەوه، بەڵام پێویستە پێوەرێکی زانست
و یاسایی بدۆزرێتەوه بۆ ئەو کەسانەی کە بە ناوی رۆشنگەری دەدوێن و نازناوی
عەقلانیەت بە خۆیان و بۆچوونەکانیانەوه دەلکێنن.

بێگومان دانانی ئەم پێوەرەش بە مانای بەرتەسککردنەوەی مەودای عەقڵ و کاری فەلسەفی و رۆشنگەری نایەت، بەڵکو هەوڵێکە بۆ پاراستنی شکۆی مەعریفە و کەمکردنەوە یان سنوردارکردنی رێژەی ئەو کەسانەی کە بەساختە و لەپێناو بەرژەوەندیی دارایی و کەسایەتیی خۆیان ئەم نازناوە بۆ خۆیان بەکار دێنن، هەڵبەتە دوا جار ئەم کارە لە قازانجی کۆی پرۆسەی مەعریفە و عەقڵانیەت دەبێت و سیمای راستەقینەی لۆژیک و فەلسەفە جارێکی تر وەك خۆی نیشان دەدرێتەوە، ئەوکات لەبری دواکەوتن و ئاهی فەلسەفە، پێشکەوتن و بەختەوەری دەبێتە بەشی کۆمەڵگە و مرۆڤایەتی.

٥- فەلسەفە و مکوربوون

دوا شت کە لەم بەشەدا تیشکی بخەینە سەر، بریتییە لە دیاردەی مکوربوونی کارەکتەرە عەقڵانییەکان لەسەر بۆچوون و هزری خۆیان تەنانەت ئەگەر لەسەر هەڵەش بن.

بەشێك لە بە ناو رۆشنبیرەکانی ئەمرۆ مرۆڤ زۆر زوو دەتوانێت بیانوەستێنێت و بەڵگەی جەرگبڕیان بۆ بهێنێتەوە، بەڵام کێشە ئەوەیە لە بۆچوون و هزری خۆیان پاشگەز نابنەوە و بە هیچ جۆرێك مرۆڤ ناتوانێت لەم لاملیکردنەیان پاشگەزیان بکاتەوە، قسەیەکی جوانیش هەیە دەڵێت: "إثبات الحجّة على الجاهل سهل، ولكن إقراره بها صعب"[١]. واتە: "هێنانەوە و سەلماندنی بەڵگە بۆ کەسی نەزان ئاسانە، بەڵام بڕواپێکردن و دانپیانانی قورسە."

هەڵبەتە ئەم خاڵە بۆ فاکتەرە مەعریفی و پاشخانە فیکرییەکەیان دەگەڕێتەوە، بە شێوەیەك دەبینین بەشێك لە بیرمەندەکانی ئێمە لە کاتی دیبەت و دەمەتەقێی نێوانیاندا دابەزین لە بۆچوونی خۆیان بۆ کەسی بەرامبەر بە لاوازی و شکست هەژمار دەکەن، هەم بۆ خۆیان و هەم بۆ رەوت و رێبازە فیکری و فەلسەفییەکەیان،

---

(١) البصائر والذخائر: أبو حیان: (٨ /٢٣).

ئەمە لە کاتێکدا ئەو کارەی ئەوان تەواو پێچەوانەی سروشتی عەقڵ و لۆژیکە، چونکە:

یەکەم: لە عەقڵ و فەلسەفەدا شتێک بە ناوی نەگۆڕ (ثابت) نییە، بۆیە بەشێکی ئەو بۆچوون و تیۆرە فەلسەفییانەی کە ئێستا وەک هەقیقەت هەژمار دەکرێن، لە سەردەمێکدا بۆچوونی هەڵە و ناڵۆژیکی بوون، دواتر لە دەرئەنجامی پێشکەوتنی عەقڵی مرۆڤ و ئەرگومێنتە لۆژیکی و زانستییەکان بوون بە هەقیقەت، دەشکرێت لە داهاتوودا جارێکی تر بە هەڵە دابنرێن و تیۆری تر شوێنیان بگرێتەوە، بۆیە کاتێک کارەکتەری عەقڵانی لە بۆچوونی خۆی دانابەزێت و لەسەری سوور دەبێت، لە راستیدا سروشتی عەقڵ دەشێوێنێت و کارێکی ناعەقڵانی ئەنجام دەدات.

دووەم: کاری عەقڵ و فەلسەفە گەیاندنی مرۆڤە بە هەقیقەت، بۆیە عەقڵ هەر کاتێک گەیشتە هەقیقەت و راستی ئەوا ملکەچبوونی خۆی نیشان دەدات و ئەو کارەشی بە شکست و دۆڕان هەژمار ناکات، بەڵکو سەرکەوتنی راستەقینە لەوەدا دەبینێتەوە کە هەقی دۆزیوەتەوە و دوای کەوتووە، وەک دەشگوترێت: "معرفة الحقيقة تساوي وجوب الالتزام بها، بل هي عين الوجوب"[1]. واتە: "زانینی هەقیقەت یەکسانە بە پێویستبوونی پابەندبوون پێیەوە، بەڵکو هەر خۆی خودی پێویستییەکەیە."

بەڵام ئەو سیما ناشیرینەی کە بەشێک لە رۆشنگەراکان نیشانی دەدەن، بریتییە لەوەی کە هەریەکەیان لەسەر تەپۆڵکەیەک وەستاوە و ئاماده نییە بێتە خوارەوە، هەموویان خۆیان بە راستەقینە و رەوا هەژمار دەکەن و تەنازولکردن بۆ راوبۆچوونی بەرامبەر بە دۆڕان و شکست دادەنێن، ئەمەش وای کردووە تاکەکانی کۆمەڵگە تووشی سەراسیمەیی ببن و لەم رەوتە رۆشنگەرانە بپرسن: ئەرێ برادەرینە، کامەتان خاوەن عەقڵ و فەلسەفەی راستەقینەن؟

---

(١) المعاد الجسماني إنسان ما بعد الموت: شفيق جرادي: (٥٠).

١٨٤

به‌شی یانزه‌م
ئایین و جه‌هاله‌ت

بڕواداران به‌ دوو شێوه‌ بوونه‌ته‌ مایه‌ی سته‌مکردن له‌ ئایین:

یه‌که‌م: کاتێک جێبه‌جێکردنیان بۆ ده‌ق و تێکست و به‌ها و پره‌نسیپه‌کانی ئایین، جێبه‌جێکردنێکی هه‌ڵه‌یه‌ و به‌و شێوازه‌ نییه‌ که‌ ئایین فه‌رمانیان پێ ده‌کات.

دووه‌م: کاتێک نه‌یانتوانیوه‌ ئاینه‌که‌یان له‌سه‌ر بنه‌مای ئه‌و میتۆد و پره‌نسیپانه‌ بڵاو بکه‌نه‌وه‌ که‌ ئایین بۆی ده‌ستنیشان کردوون.

ئەم دوو خاڵە فاكتەری ستەمكردنی موسڵمانەكانە لە ئایینی ئیسلام، چونكە
خراپ موومارەسەكردنەكەیان ئایینی ڕووبەرووی چەندین تۆمەت كردووەتەوە،
بێتوانابییشیان لە بەرامبەر بڵاوكردنەوەی ئایین، وای كردووە خەڵكێكی زۆر بەنەزانی
بمێننەوە و هیچ دەربارەی ئایینی ئیسلام نەزانن[1].

هەم خراپ جێبەجێكردنی ئایین، هەم خراپ بانگەشەكردن بۆ ئایین،
پەیوەندییان بە پاشخان و باگراوەندی مەعریفی و فەلسەفی و ڕۆشنگەریی
تاكەكانەوە هەیە، جەهل و نەزانی وا لە مرۆڤ دەكەن كە موومارەسەكردنی بۆ پایە و
بنەماكانی ئایین و بانگەشەكردنی بۆ ڕاستی و ڕەوایەتیی ئاییینەكەی فۆڕم و
ئاراستەیەكی هەڵە وەربگرن.

دواتر هەر جەهل و نەزانی پاساوێكن بۆ نەیارانی ئایین تا لە ڕێگەیەوە تانە و
ڕەخنە ئاراستەی ئایین بكەن، لانی كەم جەهالەت و نەفامی فاكتەرێكی نێگەتیڤن
بۆ گەشەسەندن و بڵاوبوونەوەی ئایین.

میتۆدی ئایین

ئایین لە بنەڕەتدا میتۆدێكی مەعریفی و ئەپستمۆلۆژیی هەیە، لە ئاییندا پێگەی
مەعریفە لەپێش پێگەی باوەڕو ئیمانە، لانی كەم پرۆسەی زانین پێش كردار
كەوتووە، ئەمەش ئاماژەیە بۆ ئەوەی كە پێویستە بوونی مرۆڤ لەسەر بنەمای
میتۆدێكی مەعریفی و زانستی ئێنجا ئاییینی و ئیمانی بونیاد بنرێت، خودای گەورە
دەفەرموێت: ﴿ فَٱعْلَمْ أَنَّهُ لَآ إِلَٰهَ إِلَّا ٱللَّهُ ﴾[2].

واتە: "بزانە كە هیچ خودایەك نییە شایەنی پەرستش بێت، جگە لە الله."

<hr>

(١) بڕوانە: المحاور الخمسة للقرآن الكريم: محمد غزالی: (٥٨).

(٢) سوورەتی (محمد)، ئایەتی: (١٩).

ئەم میتۆدە مەعریفییەی ئایین دەشێت ئاماژەی ئەوە بێت کە هەر ئایدۆلۆژیا و بیروباوەڕێك لەسەر بنەمای عەقڵ و لۆژیك و زانست نەبێت، لەلای خوداوەندی گەورە بەها و ئەرزشی نەبێت، یان بنەمایەك بێت بۆ ئەوەی کە پێویستە قسەکردن دەربارەی ئایین و خودا و پرسە هزری و میتافیزیکییەکان لەژێر ڕۆشنایی عەقڵ و زانستدا بێت، دەشگونجێت مەبەست لێی فێرکاری و ڕێنموونیکردنی زانایانی ئایینی بێت بەتایبەت، تاکو بناغەی بڕوا و ئیمانی ئەوان لەسەر مەعریفە و زانست بەرپا بێت، بەپێچەوانەی بڕوای خەڵکی سادە و عەوام کە زیاتر بڕوا و ئیمانەکەیان عادەتی و تەقلیدییە.

ئایین فۆڕمێکی مەعریفیی بەردەوام و ڕەها و بێسنووری هەیە، بەو مانایەی کە پرۆسەی مەعریفە و عەقڵانیەت لە دیدی ئایینا لە شوێنێکی دیاریکراودا ناوەستێت، بەڵکو بەردەوام لە گەشەسەندن و بەرزبوونەوەدایە، هەر بۆیە خوای باڵادەست فەرمان بە پەیامبەر ﷺ دەکات کە داوای زانستی زیاتری لێ بکات، وەك دەفەرموێ: ﴿ وَقُل رَّبِّ زِدْنِي عِلْمًا ﴾ (١). واتە :"بڵێ، ئەی پەروەردگارا، زانستم زێدەتر بکەی." هەروەها ئایین فۆڕمێکی مەعریفیی ڕێژەیی و نادیاریکراوی هەیە، بەو مانایەی کە لۆژیك و زانست و زانیاری لەسەر کەسێکی دیاریکراو یان لە جۆرێکی دیاریکراوی زانستدا چڕ ناکرێنەوە و قەتیس نابن، وەك خوای گەورە دەفەرموێت: ﴿ وَفَوْقَ كُلِّ ذِي عِلْمٍ عَلِيمٌ ﴾ (٢). واتە: "لەسەرووی هەموو خاوەن زانستێك، کەسێکی زاناتر هەیە."

ئەو میتۆدە مەعریفییەی کە ئایین بەرجەستەی کردووە، لە ڕاستیدا زێتر پەیوەندیی بە زانایان و میراتگرانی پێغەمبەرەوە ﷺ هەیە، ئەگینا پێغەمبەر ﷺ

(١) سوورەتی (طه)، ئایەتی: (١١٩).

(٢) سوورەتی (یوسف)، ئایەتی: (٧٦).

خۆی لەژێر سایەی وەحیدا گەورە بووە و هەنگاوەکانی ژیانی سەرتاپای لەژێر چاودێریی خودا و هەڵقوڵاوی مەعریفەی وەحی خودایی بووە و نۆرینەی کردەوەکانی لە مەقامی نبوەتدا بەرجەستە کردوون، خۆ ئەگەر دەربارەی هەر شتێک زانیاری نەبووایە، ئەوا هەر زوو فریشتەکان زانیارییان بۆ دەهێنا و فێریان دەکرد.

بۆیە میتۆدی ئایین زیتر بۆ فێرکردن و ڕاهێنانی شوێنکەوتووەکانی بوو، میتۆدێک کە فێریان دەکات هەمیشە لەدوای زانستەوە بن، فێریان دەکات چۆن جەستە هەڵوەدای خۆراک و خواردنەوەیە، ڕۆح و دەروونیش شەیدای زانست و مەعریفەیە، فێریان دەکات ئەگەر جەستەتان بە خواردن گەورە دەکەن، ئەوا عەقڵتان بە مەعریفە گەشە پێ بدەن.

ئەم میتۆدە مەعریفییەی ئایینیش پاڵنەرێکی بەهێز بوو، تاکو دەق و تێکستەکانی قورئان و فەرمایشتەکانی پێغەمبەری ئیسلام (موحەممەد ﷺ) بنەمایەکی تر دابڕێژن، کە تیایدا بەرگی تەوازوع و سادەیی و بێفیزی بکەنە بەر گیانی ڕێبەران و پێشەوایانی ئوممەت. بنەمایەک کە فێریان بکات هەموو شتێک لەسەر بنەمای زانین و عەقڵ و فەلسەفە مومارەسە دەکرێت، ئایین، خودا، پەرستشەکان... هتد، هەموو ئەمانە پێویستە بزانرێن و بناسرێن، ئینجا ڕاڤە و دیالۆگیان لەهەمبەردا ئەنجام بدرێت.

خۆ ئەگەر ڕێبەران و زانایانی ئوممەت لە ئاست پرسیێکدا بەچۆکدا هاتن و پەییان پێی نەبرد، ناشیێ بۆیان بە بەرگی جەهالەت و نەزانیی خۆیانی تیێ بخزێنن و قسەی تیێدا بکەن. قورئانی پیرۆز دەفەرموێ: ﴿ وَلَا تَقْفُ مَا لَيْسَ لَكَ بِهِ عِلْمٌ ﴾[1].

واتە: "ئەی ئینسان، لە شتێک مەدوێ و شوێنی شتێک مەکەوە، کە زانست و زانیاریت دەربارەی نییە."

---

(١) سوورەتی (الإسراء)، ئایەتی: (٣٦).

که زانایانیش پاشخان و توراس و زانستی پێغەمبەران (دروودی خوایان لەسەر
بێت) میراتیانه، پێویست بوو پێغەمبەری ئیسلام ﷺ فەرمایشت و ڕێنماییی تایبەتی
بۆ زانایان هەبێت، هەر بۆیه به دەمی ئاڵی، ئاخافتنێکی زێڕینانه پێشکەش به
هۆگرانی خۆی دەکات و پێیان دەفەرموێت: نەکەن له خۆتانەوه به ناوی من و
خوداوه بدوێن، نەکەن له ئاییندا شتێک بوروویژێنن بێ ئەوەی زانیاریتان هەبێت که
من چیم گوتووه، ئەگەر نا شوێنتان دۆزەخ دەبێت. ئەم زاته فەرمووی: "من كذب
علي متعمدا فليتبؤ مقعده من النار^(١)."

واته: "هەر کەسێک بەئەنقەست درۆ بەسەر مندا هەڵبەستێت، با شوێنی خۆی له
دۆزەخدا ئاماده بکات."

خۆ ئەگەر زانایان و پێشڕەوانی ئایین به ناوی خودا پێچەوانەی ئەو میتۆد و
فۆرمه مەعریفییه قسەیان کرد که ئایین بۆی دیاری کردوون، ئەوا دوور نییه بکەونه
بەر خەشم و قینی خودا، چونکه کارێک ئەنجام دەدەن که پێچەوانەی یاسا و
ڕێساکانی ئایینه، کارێک که خوداوەند یاساغی کردووه مرۆڤه باوەڕدارەکان
ئەنجامی بدەن. بەکورتی بونیادی تیۆری زانستخوازی و میتۆدی ڕۆشنگەریی ئایینی
له دیدی ئاییندا، بەم شێوەی خوارەوەیه:

١- پێویسته هەموو شتێک لەسەر بنەمای زانست و عەقڵ و مەعریفه بێت به
ئاییینیشەوه.

٢- پێویسته هەمیشه مرۆڤی باوەڕدار هەڵوەدای زانست بێت و مەودای مەعریفه
سنوردار نەکات.

٣- ناشێت تاکی ئاییندار له کارێکدا بەشدار بێت، که لەسەر بنەمای زانین و
مەعریفەی ئاییینی یان عەقڵانی موماره‌سه نەکرێت.

---

(١) ئیمامی بوخاری ڕیوایەتی کردووه، به ژماره: (١٢٩١).

٤- لەبارەی ئایینەوە ناشێت هیچ کات قسە و گفتوگۆ بکرێت، مەگەر بنەمای زانیاری و عەقڵ و فەلسەفە پێوەری دیبەت و دیالۆگەکان بێت.

٥- جوولانەوە و هەڵسوکەوتکردن بەپێچەوانەی پرەنسیپەکانی ئەم میتۆدە تاکی ئاییندار دووچاری ڕەخنەی ئایینی لە دونیا و سزای دۆزەخ لە دواڕۆژدا دەکاتەوە.

قسەکردن دەربارەی ئایین کە تەنها کاری زانایان و بانگخوازان و پسپۆڕانی ئەم بوارەیە، لە بنەڕەتدا خستنەڕووی بڕیاری پەروەردگارە بۆ مرۆڤایەتی نەک بڕیاردان لەجیاتی خوا، بۆیە خستنەڕووی بڕیاری پەروەردگار، کارێکی ئێجگار مەترسیدارە و ئاتاجی هەوڵ و کۆششێکی مەعریفی و لۆژیکیی گەورەیە.

ئایین کایەیەکی مەعریفی و زانستییە، ئەوانەشی کە دەچنە ناوی، پێویستە پابەندی ئەم کایە مەعریفیە بن، ئەگەر نا پیادەکردنی ئایین بەپێچەوانەی بونیادە مەعریفییەکانی خۆی لە ڕاستیدا کوشتنی ئایینە، قسەکردن لەبارەی جوانییەکانی ئایین بەبێ زانست لە بنەڕەتدا نیشاندانی ئاییننە بە سیمایەکی خراپ، خستنەڕووی لێبوردەییی ئایین بێ عەقڵ و فەلسەفە و مەعریفە، سەر دەکێشێت بۆ دەمارگیری، هەر لێکدانەوەیەکی لۆژیکی و زانستی و فەلسەفی بۆ دەق و تێکستە ئایینییەکان بەبێ بوونی زانیاریی تەواو، لە ڕاستیدا ئایین وەک میسۆلۆژیا و جەهالەت نمایش دەکات، دوا جار ئەم هۆکارانە دەبنە مایەی پووکانەوەی ئایین، پووکانەوەی ئایینش ڕووخاندنی نیوەی قەوارە و بوونی مرۆڤە، چونکە بوونی مرۆڤ نیوەی لەژێر هەژموونی ئایین و نیوەکەی تری لەژێر هەژموونی عەقڵدا ئاڕاستە دەکرێت.

تەنانەت ئایینی ئیسلام لە ڕێگەی گرنگیدان بە عەقڵ و فەلسەفەوە، وای کردووە کە ئەم هاوکێشەیە بگوردرێت و لە ئەگەری کپکردنی ئایییندا تەواوی وجودی مرۆڤ دەکەوێتە مەترسییەوە، بە چەشنێک کە مرۆڤایەتی لە پایەی مرۆڤبوون و قۆناغی جێنشینایەتی، بەرەو پایەی ئاژەڵبوون و قۆناغی کۆیلایەتی هەنگاو دەنێت.

ئەو میتۆدەی کە ئاین بۆ زانایانی ئایینی ئایینی خستوویەتیە ڕوو، بە جۆرێک بەرجەستەکردنی کاریگەریی ڕاستەوخۆی هەیە لەسەر ڕێژەی بڵاوبوونەوەی ئاین و خواستی مرۆڤەکان بۆ قبوڵکردنی ئایین، لەبەرامبەردا پیادەنەکردنی ئەو میتۆدە مەترسییەکی کوشندەیە بۆ سەر خودی ئایینەکە و بۆ سەر ئاستی زیادبوونی ڕێژەی شوێنکەوتووانی ئایین.

دووبارەبوونەوەی مێژوو

هیچ کات واعیزێکی جاهیل و نەزان نابێتە مایەی ڕازیکردنی نەیارانی ئایین تا ببنە کەسی بڕوادار، هەروەها هیچ کاتێکیش ناتوانێت تینوێتیی ڕۆحی ئەو کەسانە بشکێنێت کە هەمان ئایین و بیروباوەڕیان هەیە، بەپێچەوانەوە بەردەوام دەبێتە مایەی شەرمەزاری بۆ ئایین و دڵەڕاوکێ بۆ تاکە بڕوادارەکان.

بە درێژایی مێژووی ئایینەکان بە ناو زانایانی ئایینی سەرسەختترین دوژمنی ئایین بوون، بەقەد ئەوەی ئەوان بوونەتە مایەی ڕووخاندنی ئایین و زیاتر گومڕاکردن و سەرلێشێواندنی بڕواداران، هێندە نەیاران و دوژمنانی ئایین ئەو ڕۆڵەیان نەبووە.

هۆکاری ڕاستەقینەی ناشیرنکردنی ئایینی مەسیحی هەر ئەو ڕاهیب و قەشە جاهیلانە بوون کە لە ڕێگەی هەڵە ڕاڤەکردنی دەق و بڕگەکانی ئایین بوونە جێی گاڵتەوگەپی خەڵکی و توانج و ڕەخنەی نەیارەکانیان.

ئەوان لە ڕێگەی بڵاوکردنەوەی ئەفسانە و خورافیات ئایینیان کرده گاڵتەجاڕی عەقڵی مرۆڤە ئەنتی ئایینییەکان و بوونە هۆی سەرهەڵدانی تەوژمی سیکۆلاریزم و ڕەوتی ئیلحاد و بێباوەڕی لە ئەوروپادا. ئێستاش بەشێک لەوانەی خۆیان بە ئایینی ئیسلام هەڵپەساردووه و وەک زانا و شارەزای ئایینی خۆیان دەناسێنن، کە لە بنەڕەتدا ئەو میتۆدە مەعریفییەیان تیادا بەرجەستە نەبووە کە ئایین داوای دەکات، گەورەترین هەڕەشە و مەترسین بۆ سەر ئیسلام و موسڵمانان.

بێمەعریفەیی ئەم کاراکتەرانە بە جۆرێک کاریگەریی نەگەتیڤی هەیە کە نەک تەنها خۆیان، بەڵکو خەڵکی تریشیان تووشی گومڕایی و سەرلێشێواوی کردووە، ئەمانە هەمان ئەو گرووپ و تاقمەن کە پەیامبەری ئیسلام ﷺ ئاماژەی بۆ کردوون و بە مایەی بەدبەختیی زۆرێک لە خەڵکی هەژماری کردوون، وەک دەفەرموێت: "إن الله لا يقبض العلم انتزاعاً ينتزعه من صدور العباد، ولكن يقبض العلم بقبض العلماء، حتى إذا لم يُبق عالماً اتخذ الناس رؤساء جهالاً، فسئلوا، فأفتوا بغير علم، فضلوا وأضلوا[1]."

واتە: "خوای گەورە زانست هەڵناگرێت بە هێنانەدەرەوەی و هەڵکێشانی لە سنگ و دەروونی بەندەکانی، بەڵکو زانست ناهێڵێت بە کێشانی گیانی زاناکان، تا وای لێ دێت ئەگەر هیچ زانایەکی نەهێڵا خەڵکی سەرکردەی نەزان دەکەنە ڕێبەری خۆیان، ئەوکات پرسیاریان ئاڕاستە دەکرێت، ئەوانیش بەبێ زانست و زانیاری فەتوایان بۆ دەدەن و خۆیان و خەڵکەکەش تووشی گومڕایی دەکەن."

ئەم بە خراپ نیشاندانەی ئایین هەمان دەردی بە خراپ نیشاندانی عەقڵانیەت و لۆژیکی مرۆڤایەتییە، کە لە دەرئەنجامی کەڵەکەبوونی هەندێک دیاردەی نائاییینی و نالۆژیکی چەکەرەیان کردووە، لەوانە:

١- پزیشک و بانگخواز

بانگخوازەکان پزیشکی ڕۆحانیەتن و پزیشکەکانیش تیماری جەستەی مرۆڤایەتی دەکەن، دوو کاری جیاوازن لە ڕواڵەتدا و هاوتان لە ئامانجدا، تاکە جیاوازیی نێوان ئەم دوو کارەکتەرە ئەوەیە: **یەکەمیان** چارەی ڕۆحی مرۆڤی لایە، ئەوەی **دووەمیان** چارەی جەستەی مرۆڤی لایە، بۆیە هەردووکیان ئامانجیان کامڵکردنی مرۆڤە، هەرچەندە لە ڕووی ئایین و لۆژیکەوە، مرۆڤایەتی ڕۆحی زۆر

بەنرختره له جەستە، بەڵام جەستەیەك بێ ڕۆح بێت، زوو بۆگەن دەبێت، ڕۆحێكیش بێ جەستە بێت، توانای خۆسەلماندن و بەرجەستەكردنی نییه.

بەڵام ئەوەی جێی سەرنجه، ئەگەر مرۆڤێك بیەوێت ببێته پزیشكی جەستە، پێویسته نزیكەی هەژده ساڵ بخوێنێت، تا مۆڵەتی نزمترین ئاستی موماره‌سەكردنی ئەو كارەی پێ بدرێت، كەچی بانگخواز و به ناو پسپۆڕی ئاینینی وامان هەیه كه نەك هەژده ساڵ، تەنانەت هەژده ڕۆژیش نەیخوێندووه. ئەگەر بمانەوێت ڕەوشی ئاین و بانگخوازییش وەك پیشەیەكی پزیشكی ڕۆحانیەت سەیر بكرێت و پێگه و بەهای ڕاستەقینەی خۆی هەبێت، پێویسته ئەم كارانەی خوارەوه ئەنجام بدەین:

یەكەم: هیچ كەسێك بۆی نەبێت خۆی به زانای ئاینینی بناسێنێت، مەگەر دوای دەرچوونی له پسپۆڕیی تایبەت بەم بواره.

دووەم: هەموو ئەو كەسانه سزا بدرێن كه زۆر بەئاسانی و لەپێناو پاره و پۆستی دونیا، به شێوەیەكی ساخته ئەو كارەیان كردووەته پیشەی خۆیان.

سێیەم: پێویسته كۆلێژ و كۆرپبەندیی تایبەت بۆ كارەكتەرەكانی ئایین بكرێتەوه و لەلایەن كەسانی پسپۆڕ و شارەزا وانەیان پێشكەش بكرێت.

چوارەم: پێویسته به شێوەیەك ژیانیان دابین بكرێت لەلایەن حكومەتەوه، كه چیتر نەبنه مایەی شەرمەزاری بۆ خۆیان و ئاییینەكەیان، له كاتێك كه ناچارن به هۆی خراپیی گوزەرانی ژیانیان پەنا بۆ خەڵكی تر ببەن.

پێنجەم: وێڕای هەموو ئەمانه، پێویسته پێوەری زانست و لێهاتوویی بكرێته یاسایەكی بنەڕەتی سەبارەت به دامەزراندنیان له پیشەی زانا و بانگخوازیدا.

بێگومان ئەم مەرجانه لێدان نییه له شكۆ و پایەی ئەو مامۆستا و بانگخوازانەی كه جێگەی شانازیی ئێمەن و لەوپەڕی بەرزیی ئاستی زانستی و ئەخلاقی و مرۆڤایەتیدان، بەڵكو ئەم وتانەی ئێمه ئاڕاستەی ئەو جۆره تاكانەیه كه به هۆی نەزانی و لێنەهاتووییەوه بوونەته خاڵی لاوازی ئاین و زانا ڕاستەقینەكان.

١٩٣

دوا جار پێمان وایه نهبوونی پرهنسیپ و پێوهرێکی دیاریکراو بۆ ئهو کهسانهی
به ناوی ئایین قسه دهکهن، ئایین و زانا ئایینییهکانی خستووهته ژێر پرسیار، که
پێویسته به زووترین کات پێوهری ئهکادیمی و مهعریفی دیاری بکرێن و ئایین و زانا
ئایینییهکان بخرێنهوه سهر پێگه و رێرهوی شایستهی خۆیان.

٢- کتێبکڕ و کتێبخوێن

جوانترین دیمهن که بهشێک له کارهکتهره ئایینییهکانی کۆمهڵگهی ئێمه نیشانی
دهدهن، تابلۆی کتێبخانهکانه، که لهدوورهوه نیشان دهدات ئهوان چهنده ئاوێتهی
کتێب و خوێندنهوهن، کهچی به یهکهم دهربڕینیان بۆت دهردهکهوێت که ئهم
تابلۆیه ساختهیه و تهنها بۆ لهخشتهبردن و جوانکاریی دیمهنی دهرکهوتنی خۆیان
دایانناوه. ئێمه لهم خاڵهدا، تهنها دهمانهوێت مهترسیی دیاردهی نهخوێندنهوه لای
بهشێک له کارهکتهره ئایینییهکان بوروژێنین.

خۆشبهختانه کارهکتهره ئایینییهکان زۆرترین توێژن که کڕیاری کتێبن، بهڵام،
بهداخهوه کهمترین توێژن که خوێنهری کتێب بن، بێگومان جیاوازیی ئهم دووانهش
وهک جیاوازیی ئاسمان و رێسمانه. ئهم دیاردهیه به جۆرێک دوای خستوون که نهک
گومان له رۆشنبیری و عهقڵانیبوونیان دهکرێت، بهڵکو مرۆڤ گومانی لا دروست
دهبێت سهبارهت به خودی بڕوا و عهقیدهکهشیان.

هاورێیهکم چیرۆکێکی بۆ گێڕامهوه و گوتی: له خوێندندا کهسێکم لهگهڵ بوو له
ژیانیدا دهستی بۆ کتێب نهدهبرد، له بهدبهختیی خۆی رۆژێک لێی ههڵه دهبێت و
دهست بۆ کتێبخانهی حوجره درێژ دهکات و پهرتووکێک دهکهوێته نێو دهستی به
ناوی (ئایا راسته عیسا ﷺ کوڕی خوایه؟)، ئهویش بێ دوودڵی دهیکاتهوه و
دهست به خوێندنهوهی دهکات، ههر زوو دهگاته ئهو شوێنهی که دهڵێت: "عیسا
ﷺ بێ باوک لهدایک بووه."

کاتێک ئەو ڕستەیە دەخوێنیتەوە، جۆش دادەمێنیت، چونکە پێشتر گوێببیستی ئەو قسەیە نەبوویت! بۆیە خێرا بە هاوڕێکەمی گوتبوو: "فلان، سەیرە لەم کتێبەدا نووسراوە عیسا ﷺ بێ باوک لەدایک بووە!" هاوڕێکەشم زۆر لێی پەست دەبێت و پێی دەڵێت: "نەوەلا، ئەوە سەیرە تۆ دەڵێی تازە موسڵمان دەبیت، چۆن نازانی کە عیسا ﷺ بێ باوک لەدایک بووە!"

ئەم دیمەنە زۆر جار دووبارە دەبێتەوە کە زۆرێک لە بە ناو کارەکتەرە ئاینییەکان نەک پسپۆڕ و لێهاتوو نین، تەنانەت سادەترین زانیاریی ئاینیشیان نییە، کەچی جوانترین و نایابترین جلی بانگخوازی دەپۆشن و بەرزترین نازناوی زانستی و مەعریفی بۆ خۆیان دادەتاشن.

ئەم دیمەنە ڕێک ئەو ئاه و حەسرەتەیە کە شێخ عەبدوللای بێتوشی وێنای کردووە، کاتێک دەفەرموێت:

فواضل أهل العلم فيها جواهل	کـفى حـزناً أني أمـوت ببـلدة
فاضلها مـن قلة المال جاهل	جاهلها مـن كثرة المال فاضل
لقد هبط الأعلى وقام الأسافل	فوا أسفاً إن المدارس قد عطلت

واتە: "هێندە دڵتەنگی بەسە کە لە وڵاتێکدا دەمرم، گەورەپیاوانی زانست تیایدا جاهیل و نەزانن، نەزانەکەی لەبەر زۆری پارە و سامان بەڕێز و گەورەیە، بەڕێز و گەورەکەشی لەبەر بێ پارەیی و ماڵ و سامان نەزانە، بە داخ و پەژارەوە قوتابخانەکان لەکار کەوتن، ئەوانەی بەرزن دابەزین و نزمەکانیش سەر کەوتن."

٣- ئایین و فەتوا

فەتوا و بڕیاردان بە ناوی ئایینەوە، بۆتە دەردێکی کوشندەی نێو کۆمەڵگە ئیسلامییەکان، بە شێوەیەک فەتوادان بووەتە گاڵتەجاڕی بەشێک لە بە ناو زانایانی ئایینی، کە نەک سەریان لە خۆیان، بەڵکو سەریان لە خەڵکیش شێواندووە.

هەر میدیا و کەناڵێک دەبینی، کەسێکیان هێناوەتە سەر شاشە و بە ناوی شارەزا و پسپۆڕی ئایینی هەرچی پرسیاری مرۆڤایەتی هەیە بەرەوڕووی دەکەنەوە، کاکی موفتیش وەک ئەوەی لەلایەن خوداوە ئیلهامی بۆ هاتبێت، بەبێ ڕاوەستان وەڵامی هەموو پرسیارەکان دەداتەوە، بەبێدوودڵی وشەی نازانم بۆ هیچ پرسیارێک بەکار ناهێنێت.

سەیرە ئەگەر ئێمە ئەم هەموو مرۆڤە لێهاتووانەمان هەن، کە ئامادەیی و توانای وەڵامدانەوەی هەموو پرسیارێکیان هەیە، بۆچی بەم جۆرە دوا کەوتووین؟ ئەگەر ئێمە ئەم هەموو بلیمەت و موفتییە ناودارانەمان هەن، بۆچی تا ئێتستا چوار کەڵەنووسەریان تێدا هەڵنەکەوتوون، کە جێگەی شانازی بن و پەنجەی گەورەییان بۆ دریژ بکەین؟ ئەگەر ئەم هەموو زانا و موفتی و بانگخوازانەمان هەن، وەڵامی ئەو هەموو پرسیارە جیاوازانەیان پێیە، بۆچی تا دێت تەوژمی بێباوەڕی و دژەئایینی لەناو کۆمەڵگەکەماندا لە بەرەودایە؟

نەبوونی وەڵامێکی لۆژیکی و واقعییانە بۆ ئەم پرسیارانە، ئەوەمان پێ دەڵێت کە زۆرینەی ئەو کارەکتەرانە نەک هەر زانا نین و ئامرازێک نین بۆ وشیارکردنەوەی خەڵکی لە ڕووی ئایینییەوە، بەڵکو هێندە نەزان و هەرزەکارن، کە هەم خۆیان هەم خەڵکیشیان تووشی سەرلێشێواوی کردووە.

نیگەرانیی ئێمە لەوە سەرچاوەی گرتووە کە ئەمانە سنوورێک بۆ وەڵامەکانیان نییە، وەک دەوترێت وشەی (نازانم) لە فەرهەنگی ئەواندا بوونی نییە، لە چرکەیەکدا و بەچاوتروکانێک وەڵامی هەندێک پرسیار دەدەنەوە، کە ئەگەر گرووپێک مامۆستای پسپۆڕ و لێهاتوو بۆ ماوەی یەک ڕۆژی تەواو کاری لەسەر بکەن، ئینجا دەتوانن بگەنە بڕیارێکی یەکلاکەرەوە. ئیمامی (شەعبی) دەربارەی ئەو گرووپانە

له سهردهمی خۆیدا دهیفهرموو: "إن أحدكم ليفتي في المسألة لو وردت على عمر بن الخطاب رضي الله عنه لجمع لها أهل بدر[1]."

واته: "یهكێك له ئێوه فهتوا دهربارهی مهسهله و بابهتێك دهدات، که ئهگهر ئاراستهی عومهری كوڕی خهتتاب ﷺ كرابایه، ئهوا ههموو ئههلی بهدری بۆ — وهڵامدانهوهی ئهم پرسیارهتان— كۆ دهكردهوه."

بهدڵنیاییهوه ههموو ئهم دیاردانه به جۆرێك مهترسیدارن، كه ئایین و مامۆستایانی ئایینی راستهقینهیان خستووهته ژێر ههڕهشهی لهناوچوون و لهكهداركردن، ئهمهش پێویست دهكات كه به زووترین كات دهنگ ڕهسهن و راستهقینهكان خۆیان بهدهر بخهن و ڕووبهڕوویان بوهستنهوه و گۆڕهپانهكه جێ نههێڵن بۆ نهزان و فاڵچییهكان كه به ئارهزووی خۆیان تهراتێن بكهن و بازرگانی به ئایین و زانا و بانگخوازییهوه بكهن.

(١) المجموع شرح المهذب: النووي: (٧٣/١).

بەشی دوانزەم
فەلسەفە و ستەم

بەشێکی بیرمەند و رۆشنگەراکان، زۆرترین سوودیان لە بەکارهێنانی هزر و فەلسەفە بینیوە بە هۆی بەکارهێنانی لە بەرژەوەندیی دەسەڵاتە ستەمکارەکاندا، کە ئەم کارەشیان زۆرترین لەمپەری خستووەتە بەردەم گەشەسەندنی رەوتی عەقلانیەت و بەپیرەوەنەهاتنی خەڵکی بۆ بانگەوازی بیرمەندان. هزر و فەلسەفەی مرۆڤایەتیی راستەقینە، هەمان رێچکە و میتۆدی ئایینی ئیسلامی گرتۆتە بەر –کە لە بەشی داهاتوودا باسی دەکەین– سەبارەت بە ستەم و ستەمکاری، هەمیشە هزری راستەقینە دژی ستەم و لادانی ستەمکاری خەباتی کردووە، تەنانەت هزری مرۆڤایەتی هەوڵی داوە ئەو ستەمەش لا بەرێت کە بەشێک لە پیاوانی ئایینی– بەتایبەت زانایانی ئایینی مەسیحی و پیاوانی کلێیسا– بە هۆی خراپ سوودبینینیان لە ئایین، دژی خەڵکی بەکاریان هێناوە.

ڕاستییەکی مێژویی هەیە پێویستە ئاماژەی پێ بدەین، ئەویش ئەوەیە دیارترین پاڵنەری ئایینی و هزری بۆ بەکارهێنانی ئایین و عەقڵ دژ بە سروشت و بنەما پرەنسیپەکانی خۆیان، دەگەڕێتەوە بۆ ڕەهەندی ئابووری و پڕکردنی ورگ و باخەڵی ڕۆشنگەرە عەقڵانی و ئایینییەکان لەلایەن دەسەڵاتە جۆراوجۆرەکانەوە.

ئەو واعیز و ڕۆشنگەرانەی دژی گەل دەوەستنەوە و پاڵپشتی لە دەسەڵاتدارە ستەمکارەکان دەکەن، بەردەوام لە ڕێگەی گیرفان پڕکردنیانەوە پەنا بۆ ئەو کارە دەبەن، بینینی دراوێکی زۆر بەبێ ڕشتنی هیچ ئارەقەیەک و بێ ماندووبوونێکی جەستەیی کوێری کردوون، لەپێناو دراوێکی کەمدا لە ئاست ئەو ستەمە خۆیان گێژ دەکەن، کە دەسەڵات ئەنجامی دەدات.

هەمیشە عەقڵ و هزری پاراوی مرۆڤە بیرمەند و ڕۆشنگەرەکان بووەتە هۆی لادانی بەشمەینەتی و ستەمی سەر تاکەکانی کۆمەڵگا. ڕۆشنبیرەکان عەقڵی خۆیان خستووەتە کار دژ بە بەرژەوەندییەکانی چینی دەسەڵاتدار و لادانی قورسایی لەسەر شانی هەژارەکان.

لە سەدەکانی ناوەڕاستدا کە ئایین –ئایینی مەسیحی– لەلایەن پیاوانی کلێسا پیادە دەکرا و تەواوی جومگەکانی دەسەڵاتیان لەدەست دابوو، زۆرترین یاسا و پرەنسیپی ئایینییان داهێنابوو دژ بە بەرژەوەندییەکانی گەل و خەڵکی هەژار و مۆرکێکی ئایینییان بە کارەکانی کلێساوە دەلکاند، تا کار گەیشتە ئاستی بەخشینەوەی پسووڵەی لێبۆشبوون (صکوک الغفران)، کە گوزارشت بوو لەوەی بڕوادارانی ئایینی مەسیحی لەبەرامبەر ئەنجامدانی تاوانەکانیان لەبەردەم پیاوان و ڕێبەرانی کلێسادا دانیان بە تاوانەکانیاندا دەنا و بڕێک پارەیان دەخستە دەستی ئەوان، لەبەرامبەردا پیاوانی ئایینیش لێبۆشبوونیان دەبەخشیە تاوانبارەکان، ئیدی ئەو کارەی ئەوان کە مۆرکێکی ئایینی پێوە لکێنرابوو، ببووە مایەی دەوڵەمەندبوونی کلێسا و ڕێبەرانی ئایین و دۆشینی هەژاران. بە ڕادەیەک ئەو کارەی

ئەوان پەرەی سەند، تا گەیشتە ئەوەی لەپێناو پارەدا زەویی بەهەشت بفرۆشنە بڕواداران، وایان بە خەڵکی ڕاگەیاندبوو کە هەر کەسێک بڕێک پارە بخاتە سندووقی کڵێساوە، ئەوا پارچەیەك زەوی پێ دەبەخشرێت لە بەهەشتدا و ناچێتە نێو ئاگری دۆزەخ، ئەو کارە بەردەوام بوو تا ئەوەی کەسێکی بیرمەند عەقڵی خۆی بەکار هێنا دژ بەو کارەی پیاوانی کڵێسا و خەڵکی لە زەرەرکردنی پارەکانیان و چیتر لەدەستدانی سەروەت و سامانیان دوور خستەوە، کاتێك چوو بۆ لای پیاوانی ئایینیی کڵێسا و پێی ڕاگەیاندن کە ئەو دەیەوێت لەبری بەهەشت تەواوی دۆزەخ بکڕێت، ئەوانیش لایان سەیر بوو چۆن کەسێك هێندە نەزان دەبێت و پارە بە دۆزەخ دەدات، ئەوە بوو لەبەرامبەر پارەیەکی خەیاڵیدا دۆزەخیان بەو کابرایە فرۆشت، ئینجا ئەو کەسە خەڵکی کۆ کردەوە و پێی گوتن: "ئاگادار بن! من هەموو دۆزەخم کڕیوە و دەرگاکەیم داخستووە و لێناگەڕێم هیچ کەسێك بچێتە ناویەوە، بۆیە پێویست ناکات ئێوە چیتر پارەکانتان لە کڕینی زەویی بەهەشتدا بەفیڕۆ بدەن." ئەو کارەی بووە هۆی ئەوەی کڵێسا زۆرترین زەرەری بەر بکەوێت و خەڵکیش هەشیار ببنەوە و چیتر لەخشتە نەبرێن.

زۆرینەی ئەو بیرمەند و ڕۆشنگەرانەی کە بیرمەندانی کۆمەڵگەی ئێمە شانازییان پێوە دەکەن دژی دەسەڵاتی ستەمکار وەستاونەتەوە، هەرگیز عەقڵ و هزری خۆیان لەپێناو بەرژەوەندیی ستەمکاران وەخپڕ نەخستووە و نەیانهێشتووە هەژارەکان ببنە قوربانیی بڕیارەکانی ئەوان، کۆی نووسین و گوتارەکانیان بۆ ئاسوودەییی هەژاران و ڕامالینی حوکمی ستەمکاران بووە.

کارڵ مارکس[1] کە کاریگەرییەکی زۆری لەسەر چەپەکان هەیە، بەشێکی نووسین و بەرهەمەکانی دژ بە دەوڵەتی بڕووسیا و چینە سەرمایەدار و

---

(١) کارڵ مارکس Karl Marx: فەیلەسووفێکی ئەڵمانی و بیرمەندێکی سیاسییە، بەرچەڵەك یەهوودییە، ساڵی (١٨١٨ز.) لەدایك بووە و ساڵی (١٨٨٣ز.) لە لەندەن کۆچی دوایی کردووە. خاوەن

کاریەدەستەکانی کۆمەڵگە بووە، کە زۆرترین ستەمیان دژ بە هاونیشتیمانیان و هەژاران ئەنجام دەدا.

بە هەمان شێوە، مارتن لۆسەری[1] ئەڵمانی کە کاریگەریی زۆری لەسەر بزوتنەوە عەقڵانییەکانی نێو ئایینی مەسیحی هەیە، ئەویش زۆرترین هەوڵی دژ بە ستەمەکانی پیاوانی کەنیسە بووە، کە لە ڕێگەی بڕیار و یاساکانیان بە جۆرەها شێوە خەڵکیان دەچەوساندەوە، بە ڕادەیەك کە سەرەتاکانی شۆڕشی نوێگەری و ڕێنسانسی هزری بۆ ئەو تەوژم و بزوتنەوە عەقڵانییە دەگەڕێتەوە، کە دژ بە کڵێسا و ستەمی پیاوانی ئایینی مەسیحی بەرپای کرد.

فەیلەسووفە ناودارەکانی جیهان کە پێشڕەویی ڕەوتی فەلسەفە و ڕۆشنگەری دەکەن، بەردەوام عەقڵ و هزر و فەلسەفەیان دژ بە ستەم و ستەمکاری بەکار هێناوە، چونکە درکیان بەوە کرد بوو کە هزر و فەلسەفە سروشتێکی دژەستەمیان هەیە، بۆیە نەبیستراوە ڕۆژێك فەلسەفە و عەقڵیان بخەنە خزمەت دەسەڵات و ستەمکارەکانی سەردەمی خۆیان.

بەشێکی زۆری ئەو پێشکەوتنە بێوێنەیەی کە وڵاتانی ڕۆژئاوا پێی گەیشتوون، دەگەڕێتەوە بۆ ئەوەی ڕۆشنگەر و هزردۆستەکانیان هەرگیز سڵیان لە

<hr>

 میتۆدێکی فەلسەفیی ماتریالییە، بڕوای وایە هەموو گۆڕانکارییەکانی مێژووی مرۆڤایەتی هۆکارەکەی مادده و ئابوورییە، ئایینی وەك بێهۆشکەری گەلان پێناسە کردووە. دکتۆرای لە فەلسەفەی سروشتدا بەدەست هێناوە. بەرهەمی زۆری هەیە، لەوانە: (رأس المال، نقد الاقتصاد السياسي، بؤس الفلسفة، البيان الشيوعي، الأيديولوجيا الألمانية). بڕوانە: مشاهير الفلاسفة من طاليس إلى ديكارت: ديوجين لايرتيوس: (٢٥١). معجم الفلاسفة: جۆرج طرابيشي: (٦١٨).

(١) مارتن لۆسەر Martin Luther: چاکساز و ڕێبەرێکی ئایینی ئەڵمانییە و دامەزرێنەری ڕێبازی (پرۆتستانتە) لە ئایینی مەسیحیدا، ساڵی (١٤٨٣ز.) لەدایك بووە و ساڵی (١٥٤٦ز.) کۆچی دوایی کردووە، بڕوانامەی دکتۆرای لە کتێبی پیرۆز (تەورات و ئینجل)دا بەدەست هێناوە، ساڵی (١٥١١ز.) بزوتنەوەی چاکسازیی ئایینیی دامەزراند. بڕوانە: معجم الفلاسفة: جۆرج طرابيشي: (٥٨٧).

٢٠٢

ڕووبەڕووبوونەوەی ستەمکاران نەکردووەتەوە، هیچ کات پارە و دارایی وای لێ نەکردوون چاویان لەبەرامبەر کەموکوڕییەکانی بەرپرسان کوێر بکەن، چونکە دەزانن ئەگەر عەقڵ و هزریان لە بەرژەوەندیی کۆمەڵگەدا خستە کار، هەم خۆیان دەوڵەمەند دەبن، هەم ناخیان ئاسوودە دەبن و هەم وڵات و نیشتیمانیان پێش دەکەوێت. بەپێچەوانەوە، درکیان بەوە کردووە کە ئەگەر ڕەوتی ڕۆشنگەری لە خزمەت دەسەڵاتی ستەمکاردا بوو، ئەوکات هەم بەرژەوەندییەکانی ئەوان سنووردار دەبێت، هەم سانسۆر دەخرێتە سەر ئازادییەکانیان، هەم وڵات و کۆمەڵگەش تووشی داڕووخان و دواکەوتن دەبێت.

بە پێچەوانەی وڵاتانی ڕۆژهەڵات کە نەیانتوانیوە ئاستی کۆمەڵگاکانی خۆیان بەرەوپێش ببەن، ئەمەش بە هۆی ئەوەی بەشێک لە چینە ڕۆشنگەرەکە کە ئەرکی بەرەو پێشبردنی وڵاتیان لە ئەستۆدایە، بەردەوام عەقڵ و هزری خۆیان بە خراپ بەکار هێناوە، هەمیشە ئەرکیان شەرعیەتدان بووە بە ستەمی دەسەڵاتدارەکان.

دکتاتۆرەکانی وڵاتانی ئیسلامی بۆ خۆیان هێندە بەرگرییان لە ڕژێمەکانی خۆیان نەکردووە، هێندەی بەشێک لە بە ناو ڕۆشنبیر و زانا ئایینییەکان پاراستوویانن. ڕۆشنگەراکان وەک ئەوەی ئەرکیان پاراستنی ڕژێم و ڕەوایەتیدان بێت بە خراپەکاریی دەسەڵاتداران، لەبری بڵاوکردنەوەی هۆشیاری و ڕەخنەگرتن لە کۆی سیستمی سیاسی و حوکمڕانیی وڵات بە ئامانجی باشترکردنی، دێن دەبنە پارێزەری دەسەڵاتە ملهوڕەکان و بەرژەوەندییەکانیان.

ئەوەی سەیرە، لە کۆمەڵگەی کوردیدا بەشێک لە ڕۆشنبیرەکان بەردەوام بانگەشەی دادگەری و لادانی ستەم دەکەن، بەردەوام هێرش دەکەنە سەر دەق و تێکستەکانی ئایینی پیرۆزی ئیسلام بە بیانووی ئەوەی دژ بە ئازادی و خواستەکانی مرۆڤن و ستەم لە مرۆڤایەتی دەکەن و بڕوایان وایە ئایین دەروازەی دروستکردنی دکتاتۆر و ستەمکارانە، کەچی خۆیان لە بەرژەوەندیی پارت و لایەنێک کار دەکەن

که ئەگەر خودی پرەنسیپ و بەهاکانی عەقڵ و هزر و فەلسەفە بکەینە پێوەر، ئەو پارت و لایەنانە خۆیان ستەمکارن، کە پێویستە بەرپەرچ بدرێنەوە و ڕێگری لە ستەمەکەیان بکرێت.

ئەم دووفاقیەی ڕۆشنگەراکانیش جۆرێک لە دژایەتی و ڕقوکینەی لە ناخی هاوڵاتیان بەرامبەر بە خودی عەقڵ و هزر و فەلسەفە چاندووە و گریمانەی ئەوەی لا دروست کردوون کە هەرچی هزر و فەلسەفەیە بەردەوام لە بەرژەوەندیی ستەمکار و دەسەڵاتە دکتاتۆرەکاندایە.

لە وڵاتێکدا کایە مەعریفی و پەروەردەییەکان لە بەرژەوەندیی دەسەڵاتی ستەمکار بخرێنە کار، هیچ ئاسۆیەکی ڕووناک نابێت تا بەرەو پێشکەوتن و بەختەوەری هەنگاو بنێت، هەر هەنگاوێکی ئەو کۆمەڵگایەش لەم پێناوەدا، لەسەر بنەمای ڕشتنی خوێن و تێکچوونی ئاسایشی کۆمەڵگە دەبێت.

بەپێچەوانەوە، هەر کاتێک عەقڵ و مەعریفە و ڕۆشنگەراکان هاوشانی ئایین و زانایانی ئایینی دژی ستەم و ستەمکاران وەستانەوە، ئەوا بەبێ ڕشتنی خوێن و تێکدانی ئارامیی وڵات ستەمکاران بەرەو ئاوابوون هەنگاو دەنێن و هەڵاتنی خۆری سەرکەوتن و ئاسوودەییی کۆمەڵگە نزیکتر دەبێتەوە.

وەستانەوەی ڕۆشنبیرەکان دژ بە خواست و ئامانجی ڕژێمە دکتاتۆرەکان، واتا نەمانی پلان و هزری بەڕێوەبردنی وڵات. وەستانەوەی پیاوانی ئایینیش بەرامبەریان، واتا لەدەستدانی شەرعیەتی بڕیارەکانیان و کاڵبوونەوەی ڕێژەی جەماوەریان. سەرئەنجام، هەردوو لایان دەبنە فاکتەرێکی بەهێزی لەناوچوونی ستەم و ستەمکاران.

بەشی سیانزەم
ئایین و ستەم

ئایین لە خودی خۆیدا سروشتێکی دژەستەمکاریی هەیە، دەق و تێکستەکانی مرۆڤ بەرەو دادگەری و دوورکەوتنەوە لە ئازاردانی کەسانی تر ئاڕاستە دەکەن، گەورەترین نەیارانی ئایین ستەمکارانن، بۆیە بەردەوام ئایین هەوڵی داوە ڕیشاڵەکانی ستەم لە کۆمەڵگەدا ڕیشەکێش بکات و دادگەری لە جێگەیدا بونیاد بنێت. ئیبراهیم ﷺ دژی نەمروود و موسا ﷺ دژی فیرعەون و موحەممەد ﷺ دژی تەواوی قوڕەیش و پێغەمبەرانی تر (دروودی خوایان لەسەر بێت)، دژی نەتەوەکانی خۆیان وەستاونەتەوە بە مەبەستی لادانی هەموو ئەو ستەم و نادادپەروەرییەی لە کۆمەڵگەدا ئەنجامیان دەدا.

ئەو کۆدەنگییەی ئایینەکان و پێغەمبەرانیش (سڵاوی خوایان لێ بێت)، بۆ ئەوە دەگەڕێتەوە کە تەواوی ئایینەکان خاوەنی یەک مێتۆدن و هەموو پێغەمبەرانیش (سڵاوی خوایان لێ بێت) هەڵگری یەک پەیام و بانگەوازن، کە مێتۆد و پەیامی دژە ستەمکارییە.

قورئانی پیرۆز کە دوایەمین دەستووری پەروەردگارە بۆ مرۆڤایەتی، چەندەها چیرۆک و داستانی تۆمار کردووە سەبارەت بە بەرەنگاربوونەوەی ستەمکاران و لەناوبردنیان، وەک چیرۆکی: (فیرعەون و هامان و قاڕوون و نەمروود... هتد)، هەموو ئەو داستان و چیرۆکانەی کە تۆمار کراون، گەواهی ئەوە دەدەن کە ئایین بۆ پاڵپشتیی ستەملێکراوان دەجەنگێت و دژ بە ستەمکاران خەبات دەکات.

دوژمنایەتیی ئایین بۆ ستەم و ستەمکاران وانەیەکە بۆ تەواوی بڕواداران بەگشتی، بەڵام دوژمنایەتیکردنی خودی پێغەمبەرەکانی خوا (سڵاوی خوایان لێ بێت) بۆ تەوژمی ستەم و سەرانی ستەمکاری، ئاماژەیەکی تایبەتە بە میراتگرانی پێغەمبەر ﷺ کە زانا و بانگخواز و کارەکتەرە ئایینییەکانن، تاکو شوێنپێی پێغەمبەران (سڵاوی خوایان لێ بێت) هەڵبگرن و وەک ئەوان دژایەتی و بەرهەڵستی ستەم و ستەمکاران بکەن.

ئەگەر ستەم (درک) بێت و دادگەری (گوڵ) بێت، ئەوا لە دیدگا و لۆژیکی مرۆڤایەتیدا تاک یان دەبێ گوڵ بێت یان لانی کەم پێویستە درک نەبێت (ئەگەر گوڵ نیت، درکیش مەبە). بەڵام لە فەرهەنگ و دەستووری ئایین و پەیامبەرانی خوادا (سڵاوی خوایان لێ بێت)، مرۆڤ جگە لە گوڵبوون، هیچ بژاردەیەکی تری نییە، چونکە مرۆڤ یان دەبێت بە خواییشت و ویستی خۆی ببێتە گوڵ، یان بڕواداران لە ڕێگەی هێزەوە بەناچاری دەیکەن بە گوڵ. ئەوەتا فرستادەی کۆتا زەمان فەخری عالەم (موحەممەد ﷺ)، جوانترین پەیڤی کردووەتە دیاریی مرۆڤایەتی بەگشتی و موسڵمانان بەتایبەت، کاتێک سەبارەت بەم بابەتە فەرموویەتی: (انْصُرْ أَخَاكَ ظَالِمًا

أَوْ مَظْلُومًا فَقَالَ رَجُلٌ يَا رَسُولَ اللهِ أَنْصُرُهُ إِذَا كَانَ مَظْلُومًا أَفَرَأَيْتَ إِذَا كَانَ ظَالِمًا كَيْفَ أَنْصُرُهُ قَالَ تَحْجُزُهُ ، أَوْ تَمْنَعُهُ مِنَ الظُّلْمِ فَإِنَّ ذَلِكَ نَصْرُهُ)[1].

واتە: "براكەت سەر بخە، چ ستەمكار بوو چ ستەملێكراو، پیاوێك گوتی: ئەی پەیامبەری خوا، ئەگەر ستەملێكراو بوو یارمەتیی دەدەم، بەڵام ئەگەر ستەمكار بوو چۆن یارمەتیی بدەم و سەری بخەم؟ پێغەمبەریش فەرمووی: بیگێڕیتەوە یان ڕێگریی لێ بكەیت ستەمەكە بكات، ئەمە یارمەتیدانیەتی."

كەواتە ئایین هیچ بژاردەیەكی بۆ ستەمكاری پێشنیاز نەكردووە، ئەگەر مرۆڤ ستەمكار بوو، دژی دەوەستێتەوە تا ئەو كاتەی دەیخاتە سەر ڕێگەی دادگەری، ئەگەر ستەملێكراویش بوو، بەرگریی لێ دەكات تا ئەو كاتەی ستەمەكەی لەسەر لا دەبات.

دەشیٚ بوترێت لە فەرهەنگی ئاییندا مرۆڤ و ستەم هەرگیز بەیەكەوە بەردەوامبوونیان نییە، هەر بەردەوامبوونێكیش پێچەوانەی سروشت و دەق و تێكستەكانی ئایینە. نەك هەر ئەمە، بەڵكو ئایین بە جۆرێك سنووری بۆ ستەم داناوە، كە بڕواداران بۆیان نییە بە هیچ شێوەیەك مەیل و ڕوویان بۆ ستەمكاران هەبێت، ئەگینا هەمان چارەنووسی ڕەشی ئەوانیان دەبێت. ئەوەتا خوای باڵادەست لە قورئانی پیرۆزدا دەفەرموێت: ﴿ وَلَا تَرْكَنُوٓا إِلَى ٱلَّذِينَ ظَلَمُوا۟ فَتَمَسَّكُمُ ٱلنَّارُ وَمَا لَكُم مِّن دُونِ ٱللَّهِ مِنْ أَوْلِيَآءَ ثُمَّ لَا تُنصَرُونَ ﴾[2]. واتە: "نەكەن مەیلی دڵتان لەگەڵ ئەوانەدا بێت كە ستەمیان كردووە و لە خودا یاخی بوون، چونكە ئەو كاتە ئاگر دەتانسووتێنێت، كەسیش جگە لە خودا، پشتیوانتان نابێت، لەوەودوایش یارمەتی نادرێن."

---

(١) بوخاری ڕیوایەتی كردووە، بە ژمارە: (٦٩٥٢).

(٢) سووردەتی (هود)، ئایەتی: (١١٣).

ئێمە لێرەدا مەبەستمان نییە چەمكی ستەم و ستەمكاری لە ڕوانگەی ئایینەوە
شی بكەینەوە، چونكە ئەم بابەتە بە دەیان پەرتووك و تویژینەوەی لەسەر ئەنجام
دراوە، بەڵكو ئێمە تەنها دەمانەوێت بڵێین ئایین خاوەن میتۆدێكی مرۆڤایەتییە و
كرۆك و ناواخنی ئەم مرۆڤایەتیبوونەی لەوەدا سەرچاوەی گرتووە كە دژی ستەم و
ستەمكارانە، بەڵام بەداخەوە بە شێك لە زانا و كەسایەتییە ئایینییەكان پێچەوانەی
ئەم میتۆدە هەڵسوكەوت دەكەن.

ئەو كارەكتەرە ئایینی و سیاسی و عەقڵانییانەی لە مێژووی مرۆڤایەتیدا
نەمریان بۆ خۆیان تۆمار كردووە، بەشێكی زۆری بۆ ئەو ڕۆحە دژە ستەمكارییە
دەگەڕێتەوە كە لە پەیام و نووسین و لێكۆڵینەوەكانیاندا دژ بە كارەكتەرە
ستەمكارەكان دەیاننواند. بە هەمان شێوە، ئەو كارەكتەرانەی نەفرینی
مرۆڤایەتییان بۆ دەچێت و وەك نموونەی دڕندەیی و نامرۆڤبوون نیشان دەدرێن،
بێگومان زۆرترین ڕێژەی بۆ ئەو هزر و بۆچوونە ستەمكارییەیان دەگەڕێتەوە كە لە
مێژووی ژیانیاندا تۆماریان كردووە.

پێغەمبەری ئیسلام (موحەممەد ﷺ) لەپێش هەموان و پاشان هەندێ
كەسایەتیی مێژوویی وەكو: غاندی[1] و چێ گیڤارا[2] و عومەر موختار[3] و... هتد،

<hr>

(١) غاندی Gandhi: سەركردەیەكی نەتەوەییی هیندییە، سالّی (١٨٦٩ز.) لەدایك بووە و سالّی
(١٩٤٨ز.) كۆچی دوایی كردووە. نازناوی (مەهاتمای) پێ بەخشراوە، بە واتای ڕۆحە گەورەكە. زۆرترین
كۆششی كردووە دژی توندوتیژی و ڕەگەزپەرستی و بەكۆیلەكردنی خەڵك و جیاوازیی چینایەتی، هەوڵی
داوە بۆ سەربەخۆییی هیندییەكان لەژێر دەسەڵاتی بەریتانیا. بڕوانە: معجم أعلام المورد: منیر البعلبكی:
(٢٩٥).

(٢) چێ گیڤارا Che Guevara: شۆڕشگێڕ و سەركردەیەكی سیاسیی كوبییە، سالّی (١٩٢٧ز) لەدایك
بووە، سالّی (١٩٦٧ز.) كۆچی دوایی كردووە. بڕوانە: معجم أعلام المورد: منیر البعلبكی: (٣٠٩).

(٣) عومەر موختار: تێكۆشەرێكی لیبییە، سالّی (١٨٥٨ز.) لەدایك بووە و سالّی (١٩٣١ز.) كۆچی دوایی
كردووە، تێكۆشاوە لەپێناو سەربەخۆیی دژ بە داگیركاریی ئیتالیا، دواتر ئیتالییەكان گرتیان و
لەسێدارەیان دا. بڕوانە: معجم أعلام المورد: منیر البعلبكی: (٢٨٩).

گەورەترین شانۆی مرۆڤایەتییان پێشکەشی جیهان کردووە و ناوی خۆیان لە لیستی زێڕینی مرۆڤە زیندووەکاندا نووسییەوە، بێگومان فاکتەرەکەی ئەو ڕەوت و ڕێبازە دژەستەمکارییە بوو کە لە پرۆگرام و ئایدۆلۆژیای خۆیاندا بەرجەستەیان کرد. لەبەرامبەردا، هەندێ سەرکردە و کەسایەتیی جیهانی وەکو: هیتلەر[1] و مۆسۆلینی[2] و سەدام حوسەین، لە مێژوودا وەك ئەژدیها و ئەنتی مرۆڤ سەیر دەکرێن، بە هۆی ئەو ستەم و ئازارانەی بە گەلەکانیان چەشتیان و بوونە مایەی لەناوچوونی دەیان هەزار مرۆڤ.

دوا جار کارەکتەرە دژەستەمکارەکان توانیان بۆ خۆیان قوتابخانە و ڕێبازێک بونیاد بنێن، کە لەدوای خۆیان بە دەیان و بە ملیۆنان کەس تێیدا پەروەردە بن و ڕەنگدانەوەیەکی باشی لەنێو تەواوی مرۆڤایەتیدا هەبێت و بەردەوام وەک نموونەیەکی باش پیشان بدرێن. لەبەرامبەردا، کارەکتەرە ستەمکارەکان جگە لەوەی بوونە مایەی لەناوچوونی خۆیان و لەناوبردنی دەیان هەزار مرۆڤی بێتاوان، هاوکات قوتابخانە و ڕێبازە نەتەوەیی و ئایدۆلۆژی و ناسیۆنالیستەکانیشیان بوونە جێی گاڵتەی مرۆڤایەتی و خرانە زبڵدانی مێژووەوە.

ئاستی گەشەسەندن و بڵاوبوونەوەی ئایین و ئایدۆلۆژیا و ڕێباز و تیۆرە هزری و فەلسەفییەکان بەندە بە ڕێژەی مرۆڤبوونی کارەکتەرەکانیان، خاوەن ئایین و تیۆرا

---

(١) ئەدۆلف هیتلەر Adolf Hitler: سەرکردەیەکی نازی ئەلمانییە، سالّی (١٨٨٩ز.) لەدایك بووە و سالّی (١٩٤٥ز.) کۆچی دواییی کردووە. سالّی (١٩٣٩ز.) بووە هۆکاری سەرهەلّدانی جەنگی جیهانیی دووەم، زۆربەی ولاتانی جیهانی داگیر کرد، بەلّام دواتر سالّی (١٩٤٣ز.) لەبەرامبەر ئیتیحادی سۆڤیەتی شکستی هێنا، سالّی (١٩٤٥ز.) خۆی کوشت. بڕوانە: معجم أعلام المورد: منیر البعلبکی: (٤٧١).

(٢) مۆسۆلینی Mussolini: سەرکردەیەکی فاشیزمی ئیتالییە، سالّی (١٨٨٣ز.) لەدایك بووە و (١٩٤٥ز.) کۆچی دواییی کردووە. سالّی (١٩١٩ز.) لە شاری میلانۆ حزبی فاشیزمی دامەزراند، هۆکاری هەلّگیرساندنی چەندین جەنگی خوێناوی بووە لەگەلّ هیتلەردا، دوا جار لەلایەن ڕکابەرەکانی کوژرا. بڕوانە: معجم أعلام المورد: منیر البعلبکی: (٤٤٠).

مرۆڤایەتییەکان لە ئەگەری ڕەخساندنی کەشێکی گونجاو بۆ مرۆڤەکان سیفەتی نەمری و سەرمەدی بوون دەبەخشنه پەیام و ئایدۆلۆژیاکانیان. لەبەرامبەردا دژبوونیان بە خواست و ئامانجی مرۆڤ، ڕێباز و ڕەوتەکانیان لە ڕەگوڕیشەوه هەڵدەکێشێت، هەڵبەته دەشیّ تا ئەو ساته بوونیان هەبیّ کە دەسەڵات و پارەیان دەبێت، بەڵام لەگەڵ لەرزینی تەختیان و نەمانی دراویان، خۆیان و هزر و ڕێبازەکانیشیان بوونیان نامێنێت و دەبنه مێژووییەکی لەبیرکراو.

ستەم خۆی سیمایەکی ناشیرینی هەیە و قێزەوونه، کاتێک کارەکتەرێکی ئایینییش ئەنجامی دەدات، زیاتر شێوەکەی دەشێوێت و وەک دێوەزمه و ئەهریمەنێکی ترسناک دێته بەرچاو، ئەوەی جێی مەترسییه ئەوکات نەك هەر خۆی ناشیرین دەکات، بەڵکو ئایینەکەشی لەکەدار دەکات.

یەکێک لە دیارده هەره دزێوەکانی نێو جیهانی ئیسلامی کە کاریگەریی خراپ و نەرێنیی لەسەر هزر و بۆچوونی خەڵکی دروست کردووه، بینینی کارەکتەره ئایینییەکانه لەبەردەم خوانی ستەمکاران.

لە ڕاستیدا ڕژێمه دکتاتۆر و ستەمکارەکان سیّ هێز دەیانپارێزن:

۱- هێزی سامان و دارایی

کە لە ڕێگەی دابینکردنی بژێویی ژیان و ڕشتنی پاره بەسەریاندا دڵسۆز و دۆستیان بۆ فەراهەم دەکات.

۲- هێزی چەکدار

کە لە ڕێگەی توندوتیژی و ئازاردان، نەیاران و بەرامبەرەکانیان سەرکوت دەکات و ئازادی و مرۆڤبوونیان لیّ زەوت دەکات.

٣- هێزی ئایینی

کەپیاوانی ئایینی و دەزگا ئاییننییەکان لە ڕێگەی ئامۆژگاری و گوتارەکانیانەوە شەرعیەت و ڕەوایەتی بە دەسەڵات و کردەوە ناشەرعی و ناياساییەکانیان دەدەن.

بێگومان کاتێک تاکەکان زانایان دەبینین لە ڕێگەی دەق و تێکستە ئاییننییەکان پاڵپشتی خۆیان بۆ ستەمکار دەردەبڕن و لەبەرامبەردا خۆیان لە ترۆپکی ڕەفاهیەت و خۆشگوزەرانیدا ژیان بەسەر دەبەن و داوای بەردەوامی بۆ دەسەڵات و بێدەنگی و دڵسۆزبوونیش لە هاوڵاتیان دەکەن، ئەوکات تاکەکان بۆچوونێکی دژەئاییننییان لەلا دروست دەبێت، چونکە مرۆڤ نەریتی وایە ئایین و ئایدۆلۆژیاکان لە چاوی پەیرەوکارانیان دەخوێننەوە، بۆیە دەبینین کاتێک تاکێکی باش دەبینین، ڕاستەوخۆ بۆچوونێکی باشیان بەرامبەر بە ئایین لەلا دروست دەبێت، بەپێچەوانەشەوە، کاتێک کارەکتەرێکی خراپ دەبینن، هزری دژەئاییننی و گومان بەرامبەر بە ئایین لە دڵ و دەروونیاندا چەکەرە دەکات.

ئێستا بەشێک لە زانایان و بانگخوازانی ئایینی بەرجەستەیەکی خراپی ئایین دەکەن لەم بوارەدا، تەنانەت ئەو بانگخوازانەی لە کۆمەڵگەدا جێی متمانەی هاوڵاتیانن، ئێجگار کەمن، ئەمەش بە بۆچوونی هاوڵاتیان بۆ چەند هۆکارێک دەگەڕێتەوە، لەوانە:

١- پاڵپشتیکردنیان لە چینی ستەمکار و شەرعیەتدان بە کارەکانیان.

٢- بێدەنگبوونیان لە ئاست ئەو هەموو ستەم و ئەشکەنجە و ناڕەحەتییانەی ڕووبەڕووی هاوڵاتیان دەکرێتەوە.

٣- سوودمەندبوونیان لە پرۆژەکانی دەسەڵات، کە لەسەر حسابی بەرژەوەندییەکانی گەل ئەنجام دەدرێن.

٤- دژایەتیکردنی ئەو ڕەوت و پارت و گرووپانەی کە دژی ستەمکاران دەوەستنەوە.

ئەو زانا ئایینییانەی کە بە پێنووس و گوتارەکانیان پاڵپشتی دەسەڵاتە
ستەمکارەکان دەکەن هەمان ئەو کارە دەکەن کە ستەمکارەکان ئەنجامی دەدەن،
بەڵام ستەمی ستەمکاران فۆڕمێکی ماددیی هەیە، هەرچی واعیزەکانن بە فۆڕمێکی
مەعنەوی ستەمەکانیان ئەنجام دەدەن.

دکتۆر عەلی وەردی[1] لە پەرتووکی (واعیزەکانی سوڵتان) ئاماژە بەو دیاردەیە
دەکات و دەڵێت: "الواقع أنّ الوعاظ والطغاة من نوع واحد، هؤلاء یظلمون الناس
بأعمالهم، وأولئك یظلمونهم بأقوالهم، فلو أنّ الواعظین کرّسوا خطبهم الرنانة علی
توالي العصور في مکافحة الطغاة وإظهار عیوبهم لصار البشر علی غیر ما هم علیه
الآن[2]". واته: "لە ڕاستیدا واعیزەکان و ستەمکارەکان یەک جۆرن، ستەمکاران بە
کردەوەکانیان ستەم لە خەڵکی دەکەن، واعیزەکانیش بە قسەکانیان. بە درێژاییی
مێژوو ئەگەر واعیزەکان گوتارە بریقەدارەکانیان بۆ دژایەتیکردن و
بەرەنگاربوونەوەی ستەمکاران و دەرخستنی کەموکورتییەکانیان تەرخان کردبا،
ئێستا مرۆڤایەتی لە بارودۆخێکی جیا لەو بارودۆخە دەبوون کە ئێستا لە
سەرینی."

ئەم پاڵپشتیکردنەی بەشێک لە زانایان لە دەسەڵاتی ستەمکاران، فاکتەرێکی
هەرە دیاری لاوازکردنی ڕۆحی ئایینە لە کۆمەڵگەدا. عەبدوڵڵای کوڕی موبارەک
دەفەرمووێت:

وَمَلْ أَفْسَدَ الدِّينَ إِلَّا الْمُلُوكُ   وَأَحْبَارُ سُوْءٍ وَرُهْبَانُهَا

---

(١) عەلی وەردی: زانایەکی کۆمەڵناسی عێراقییە، ساڵی (١٩١٣ز.) لەدایک بووە و ساڵی (١٩٩٦ز.)
کۆچی دواییی کردووە. لە زانکۆی تەکساس بڕونامەی دکتۆرای لە زانستی کۆمەڵناسیدا بەدەست
هێناوە. هەندێک لە بەرهەمەکانی: (خوارق اللاشعور، وعاظ السلاطین، مهزلة العقل البشري، في الطبیعة
البشریة). بڕوانە: معجم الأدباء من العصر الجاهلي حتی سنة (٢٠٠٢): کامل سلمان الجبوري: (٣٤٧/٤).
(٢) وعاظ السلاطین: دکتۆر عەلی وەردی: (٤٨).

واته: "مەگەر ئاینی تێک داوە جگە لە پادشا و دەسەڵاتداران و پێشەوا و زانایانی خراپ و ڕاهیب و قەشەکانیان."

بێگومان ئەم خراپ بەکارهێنانەی ئایینیش بۆ پاڵپشتیکردنی ستەمکاران، کاریگەریی نێگەتیڤی هەیە لەسەر دۆخی ئایین، چونکە ئەم جۆرە پێشکەشکردنەی ئایین وێڕای ئەوەی پێچەوانەی خواست و دروشمەکانی خودی ئایینە، هۆکاری چەکەرەکردن و سەرهەڵدانی بزوتنەوە و تەوژمە ئیلحادی و دژەئایینەکانیشە، دیارە لەو حاڵەتەشدا هەم ئایین هەم ئاییندارەکان زەرەرمەندی یەکەم دەبن.

هەڵبەتە ئێستا بەشێک لە بە ناو ئەکادیمسته ئایینییەکان، زۆرترین ڕۆڵی نەگەتیڤ بەرجەستە دەکەن لەم بوارەدا، بە جۆرێک ئەو کارەکتەرە ئایینییانەی لە ئەکادیمیا و کۆڕپەندە ئایینییەکان بەرجەستەی پسپۆڕی و کەسایەتیی ئایینی دەکەن، لەبەرامبەر هەندێک پۆست و داهاتی کەم، بوونەتە داینەمۆی پاڵپشتیکردن لە ستەمکاران، تەنانەت لەپاڵ بێدەنگبوونیان لە ستەم و نادادپەروەریی دەسەڵاتداران، زۆرترین هەوڵ و کۆششیان لەپێناو ڕەوایەتیدان و بەرگریکردنە لە سەرانی ستەم، ئیدی هاوشان لەگەڵ بەشێک لە بانگخوازە ئایینییەکانی نێو مزگەوت، دووانەیەکی ترسناکیان دروست کردووە و بوونەتە سەرچەشمەی لەکەداربوونی شکۆی ئایین و پێگە و بەهای کەسایەتی و ئەکادیمسته ڕاستەقینەکان.

کۆتایی

له کۆتاییی ئهم بهرههمه سادهیهدا، گرنگترین دهرئهنجامهکان دهخهینه ڕوو، که بریتین لهمانهی خوارهوه:

١- فهلسهفه ڕههەندێکی گشتیی ههیه و بهتهواوی ئهو پرۆسه عهقلّی و ئهپستمۆلۆژی و لۆژیکییه دهگوترێت، که مهعریفهیهکی تازه دهبهخشێته خاوهنهکهی.

٢- ئایین به شێوهیهکی گشتی، کۆی ئهو پهرستش و بهها و ڕێسا خودایی یان مرۆییانه دهگرێتهوه که مرۆڤهکان تهواوی ژیانیان لهژێر ڕۆشناییی دهق و تێکستهکانیدا دهبهنه سهر.

٣- ئایین و فهلسهفه کۆمهڵێک خاڵی هاوبهش و خاڵی جیاوازیان ههیه، بهڵام نه خاڵه هاوبهشهکان ئهوه دهگهیهنن که یهک شت بن، نه خاڵه جیاوازهکان بهو واتایه دێن که نهیار و دوژمنی یهکتر بن.

٤- ئایین و فهلسهفه ههم لهلایهن ههوادارانیان، ههم لهلایهن نهیارهکانیان دووچاری ئهزیهت و ئازار دهبنهوه، بهڵام زۆرترین جار دهبنه قوربانیی دهستی شوێنکهوتووهکانیان.

٥- فهلسهفه و لۆژیکی ڕاستهقینه به هیچ جۆرێک نهیار و دوژمنی ئایینی ڕاستهقینه نین، بهڵکو دژی ئهفسانه و میسۆلۆژیای نێو بهشێک له ئایینهکانن.

٦- ئایین به هیچ جۆرێک دژی فهلسهفهی حهق نییه، چونکه ئایین خۆی له بهشێک له دهق و تێکست و پرسهکانیدا تهبهنی عهقلانیهت و یاسا لۆژیکییهکانی کردووه.

٧- له بنهڕهتدا فهلسهفه و ئایین دوو کایهن که هیچ کات لهپێناو پاره و دراودا تێکست و بههاکانی خۆیان ناخهنه گرهو، بهڵام بهشێک له کارهکتهرهکانی ئایین و فهلسهفه ئهم دووانهیان پێچهوانهی ئهم فۆرمه بهکار هێناوه، بهمهش بوونهته

مایەی زیانگەیاندن بە کەسایەتییە ڕاستەقینەکان و پێگە و ناوبانگی خودی ئەم دوو کایەیە.

٨- ئایین و فەلسەفە دەق و تێکست و پرەنسیپەکانیان فاکتەری بەهێزی تێرکردنی مەعنەویەت و غەریزەی مەعریفە و زانینی مرۆڤن، بەڵام بەداخەوە بەشێک لە ڕێبەرانی ئەم دووانە بە جۆرێک نامەعریفی و نالۆژیکین کە کۆی پرۆسەی عەقڵانیەت و بزوتنەوەی ئایینییان خستۆتە ژێر مەترسیی لەناوچوون و لەکەداربوون.

٩- کۆی دەق و تێکستەکانی ئایین و فەلسەفەی ڕاستەقینە، پاڵپشتی چینی هەژاران و ستەملێکراوان دەکەن و کارەکتەرەکانی خۆیان بە شێوەیەک ڕێنمایی دەکەن کە بە هیچ جۆرێک پشتی دەسەڵاتی ستەمکار نەگرن، بەڵام بەشێکی زۆری سیستمە دکتاتۆرەکانی ئەمرۆی جیهان بەگشتی و جیهانی ئیسلامی بەتایبەت لە دەرئەنجامی پاڵپشتی کارەکتەرەکانی ئەم دووانە، خەریکی بەردوامیدانن بە دەسەڵات و ستەمی خۆیان.

لە کۆتاییدا هیوادارم ئەم بەرهەمە جێی ڕەزامەندی خودا و خوێنەران بێت و لە هەر کەموکورتی و هەڵەیەک تیایدا داوای لێخۆشبوون لە خودا و چاو پۆشیکردن و ڕاستکردنەوە لە خوێنەران دەکەم.

وصلى الله وسلم وبارك على سيدنا محمد وعلى آله وأصحابه أجمعين

ئاوارە عەلی

(٢٠١٧/٦/٢١) ز. (٢٦/رەمەزان/١٤٣٩) ك.

سەرچاوەکان

دوای قورئانی پیرۆز:

١- آراء نقدية في مشكلات الدين والفلسفة والمنطق: دكتور مهدي فضل الله، دار الأندلس، بيروت- لبنان، الطبعة الأولى، ١٤٠١هـ- ١٩٨١م.

٢- الآراء والمعتقدات: جوستاف لوبون، ترجمة: عادل زعيتر، كلمات عربية للترجمة والنشر، القاهرة- جمهورية مصر العربية، ٢٠١٢، بدون رقم الطبعة.

٣- أساس البلاغة: أبو القاسم جار الله محمود بن عمرو بن أحمد الزمخشري، المتوفى (٥٣٨هـ)، تحقيق: محمد باسل عيون السود، دار الكتب العلمية، بيروت-لبنان، الطبعة الأولى، ١٤١٩هـ- ١٩٩٨م.

٤- أسس الفلسفة: دكتور توفيق طويل، مكتبة النهضة العربية، القاهرة- جمهورية مصر العربية، الطبعة الثالثة، ١٩٥٨م.

٥- أسس الفلسفة: راكيتوف، ترجمة: موفق الدليمي، دار التقدم، موسكو- الاتحاد السوفيتي، ١٩٨٩م، بدون رقم الطبعة.

٦- البصائر والذخائر: أبو حيان التوحيدي، تحقيق: الدكتور وداد القاضي، دار صادر، بيروت- لبنان، الطبعة: الأولى، ١٤٠٨ هـ- ١٩٨٨م.

٧- تاريخ الأديان: الدكتور عبدالقادر بخوش، الطبعة الأولى، دار الضياء، الكويت، ١٤٣٥هـ- ٢٠١٤م.

٨- تاريخ الفلسفة الإسلامية في المشرق: الدكتور محمد إبراهيم الفيومي، دار الجيل، بيروت- لبنان، الطبعة الثانية، ١٤١٩هـ-١٩٩٩م.

٩- تاريخ الفلسفة الحديثة: وليم كلي رايت، ترجمة: محمود سيد أحمد، دار التنوير، بيروت- لبنان، الطبعة الأولى، ٢٠١٠م.

١٠- التعريفات: علي بن محمد بن علي الزين الشريف الجرجاني، المتوفى (٨١٦هـ)، تحقيق: جماعة من العلماء، دار الكتب العلمية، بيروت- لبنان، الطبعة الأولى، ١٤٠٣هـ- ١٩٨٣م

١١- تمهيد لتاريخ الفلسفة الإسلامية: الدكتور مصطفى عبدالرازق، دار الكتاب اللبناني، بيروت- لبنان، دار الكتاب المصري، القاهرة- مصر، الطبعة الأولى، ١٤٣٢هـ- ٢٠١١م.

١٢- تمهيد للفلسفة: الدكتور محمود حمدي زقزوق، دار المعارف القاهرة- مصر، الطبعة الخامسة، ١٩٩٤م.

١٣- الجمع بين رأيي الحكيمين: أبو نصر محمد بن محمد بن طرخان الفارابي، المتوفى (٣٣٩هـ)، شرح وتبويب: الدكتور علي بو ملحم، دار ومكتبة الهلال، بيروت- لبنان، الطبعة الأولى، ١٩٩٦م.

١٤- جمهرة اللغة: أبو بكر محمد بن الحسن بن دريد الأزدي، المتوفى (٣٢١هـ)، تحقيق: رمزي منير بعلبكي، دار العلم للملايين، بيروت- لبنان، الطبعة الأولى، ١٩٨٧م.

١٥- الجمهورية المدينة الفاضلة: أفلاتون، ترجمة: عيسى الحسن، الأهلية للنشر والتوزيع، عمان الاردن، الطبعة الأولى، ٢٠٠٩م.

١٦- دلائل النبوة ومعرفة أحوال صاحب الشريعة: أبو بكر البيهقي أحمد بن الحسين بن علي بن موسى، المتوفى (٤٥٨هـ)، دار الكتب العلمية، بيروت- لبنان، الطبعة: الأولى، ١٤٠٥ هـ.

١٧- الدين بحوث ممهدة لدراسة تاريخ الأديان: الدكتور محمد عبدالله دراز، دار ابن الجوزي، القاهرة- مصر، الطبعة الأولى، ٢٠١٣م.

١٨- دين ضد الدين: الدكتور علي شريعتي، ترجمة: حيدر مجيد، دار الأمير للثقافة والعلوم، بيروت- لبنان، الطبعة الثانية، ١٤٢٨هـ- ٢٠٠٧م.

١٩- الدين في التصورات الإسلامية المسيحية: مجموعة من الباحثين، دار المعارف الحكمية، بدون مكان النشر، الطبعة الأولى، ١٤٣١هـ- ٢٠١٠م.

٢٠- الدين في حدود مجرد العقل: إيمانويل كانط، ترجمة: فتحي المسكيني، دار جداول، بيروت- لبنان، الطبعة الأولى، ٢٠١٢م.

٢١- سنن أبي داود: أبو داود سليمان بن الأشعث بن إسحاق بن بشير بن شداد بن عمرو الأزدي السِّجِسْتاني، المتوفى (٢٧٥هـ)، تحقيق: شعَيب الأرناؤوط، و محمد كامل قره بللي، دار الرسالة العالمية، الطبعة الأولى، ١٤٣٠هـ- ٢٠٠٩م.

٢٢- السيرة النبوية: ابن هشام، تحقيق خيري ساعد، دار التوفيقية للتراث، القاهرة- مصر، بدون رقم وسنة الطبعة.

٢٣- سيكولوجية الجماهير: گوستاڤ لوبوّن، ترجمة وتقديم: هاشم صالح، دار الساقي، بيروت- لبان، الطبعة الأولى، ١٩٩١.

٢٤- شموخ الفلسفة وتهافت الفلاسفة: الدكتور راشد المبارك، دار روافد للنشر والتوزيع، القاهرة- مصر، الطبعة الأولى، ٢٠١٠م.

٢٥- الصحاح تاج اللغة وصحاح العربية: أبو نصر إسماعيل بن حماد الجوهري الفارابي، المتوفى(٣٩٣هـ)، تحقيق: أحمد عبد الغفور عطار، دار العلم للملايين، بيروت- لبنان، الطبعة الرابعة، ١٤٠٧ هـ- ١٩٨٧م.

٢٦- صحيح البخاري المسمى بالجامع المسند الصحيح المختصر من أمور رسول الله وسننه وأيامه: أبو عبدالله محمد بن إسماعيل البخاري الجعفي، المتوفى (٢٥٦هـ)، تحقيق: محمد زهير بن ناصر الناصر، دار طوق النجاة، الطبعة الأولى، ١٤٢٢هـ.

٢٧- صحيح مسلم المسمى بالمسند الصحيح المختصر من السنن بنقل العدل عن العدل إلى رسول الله: الإمام الحافظ أبي الحسين مسلم بن الحجاج القشيري النيسابوري، المتوفى (٢٦١هـ)، تحقيق: أبو قتيبة نظر محمد الفاريابي،دار طيبة، الرياض- المملكة العربية السعودية، الطبعة الأولى، ١٤٢٧هـ-٢٠٠٦م.

٢٨- العلم والدين في الفلسفة المعاصرة: إميل بوترو، ترجمة: الدكتور أحمد فؤاد الأهواني، الهيئة المصرية العامة للكتاب، القاهرة- مصر، ١٩٧٣م، بدون رقم الطبعة.

٢٩- عون المعبود شرح سنن أبي داود، ومعه حاشية ابن القيم: تهذيب سنن أبي داود وإيضاح علله ومشكلاته: أبو عبد الرحمن شرف الحق محمد أشرف بن أمير بن علي بن حيدر الصديقي العظيم آبادي، المتوفى (١٣٢٩هـ)، دار الكتب العلمية، بيروت- لبنان، الطبعة الثانية، ١٤١٥هـ.

٣٠- فتاوى ومسائل ابن الصلاح ومعه أدب المفتي والمستفتي: تحقيق عبدالمعطي قلعجي، دار المعرفة، بيروت- لبنان، الطبعة الأولى، ١٤٠٦هـ-١٩٨٦م.

٣١- فتح الباري شرح صحيح البخاري: الإمام الحافظ أحمد بن علي بن حجر العسقلاني، المتوفى (٨٥٢هـ)، دار المعرفة، بيروت- لبنان، ١٣٧٩هـ، بدون رقم الطبعة.

٣٢- فتح القدير: محمد بن علي بن محمد بن عبد الله الشوكاني اليمني، المتوفى (١٢٥٠هـ)، ابن كثير، دمشق- سوريا، دار الكلم الطيب، بيروت- لبنان، الطبعة الأولى، دار ١٤١٤هـ.

٣٣- الفصل في الملل والأهواء والنحل: أبو محمد علي بن أحمد بن سعيد بن حزم الأندلسي القرطبي الظاهري، المتوفى (٤٥٦هـ)، تحقيق: الدكتور محمد إبراهيم نصر، و الدكتور عبدالرحمن عميرة، دار الجيل، بيروت-لبنان، الطبعة الثانية، ١٤١٦هـ-١٩٩٦م.

٣٤- فلسفة الدين في الفكر الغربي: الدكتور إحسان علي الحيدري، دار الرافدين، بيروت- لبنان، الطبعة الأولى، ١٤٣٤هـ- ٢٠١٣م.

٣٥- فلسفة الدين: جون هيك، ترجمة: طارق عسيلي، دار المعارف الحكمية، الطبعة الأولى، ١٤٣١هـ-٢٠١٠م.

٣٦- فلسفة الدين: هيجل، ترجمة مجاهد عبدالمنعم مجاهد، دار الكلمة، القاهرة- مصر، الطبعة الأولى، ٢٠٠٢م.

٣٧- الفلسفة القديمة: الدكتور حربي عباس عطيتو، دار المعرفة الجامعية، الأسكندرية- مصر، بدون رقم وسنة الطبعة.

٣٨- الفلسفة أنواعها ومشكلاتها: هنتر ميد، ترجمة: الدكتور فؤاد زكريا، دار نهضة مصر للطبع والنشر، القاهرة- مصر، بالاشتراك مع مؤسسة فرانكلين، نيويورك- أمريكا، الطبعة الثانية، ١٩٧٥م.

٣٩- الفلسفة لمن يريد: الدكتور نبيل عبدالحميد عبدالجبار، مطبعة الحاج هاشم، أربيل-كوردستان، الطبعة الأولى، ٢٠٠٤م.

٤٠- في دلالة الفلسفة وسؤال النشأة نقد التمركز الأوروبي: الدكتور الطيب بوعزة، مركز نماء للبحوث والدراسات، بيروت- لبنان، الطبعة الأولى، ٢٠١٢م.

٤١- فينومينولوجيا الروح: هيجل، ترجمة: الدكتور ناجي المونلي، الطبعة الأولى، مركز دراسات الوحدة العربية، بيروت- لبنان، ٢٠٠٦م.

٤٢- القاموس المحيط: أبو طاهر مجد الدين محمد بن يعقوب الفيروز آبادي، المتوفى (٨١٧هـ)، تحقيق: مكتب تحقيق التراث في مؤسسة الرسالة بإشراف: محمد نعيم العرقسُوسي، مؤسسة الرسالة، بيروت- لبنان، الطبعة الثامنة، ١٤٢٦هـ- ٢٠٠٥م.

٤٣- قصة الفلسفة: ول ديورانت، المتوفى (١٩٨١م)، ترجمة: الدكتور فتح الله محمد المشعشع، مكتبة المعارف، بيروت-لبنان، الطبعة الأولى، ١٤٢٤هـ-٢٠٠٤م.

٤٤- كتاب الشفاء، المنطق: أبو علي الحسين بن عبدالله بن الحسن بن علي بن سينا، المتوفى (٤٢٨هـ)، تحقيق: الأب قنواتي، و محمود الخضيري، و فؤاد الإهواني، وزارة المعارف العمومية الإدارة العامة للثقافة، المطبعة الأميرية، القاهرة- مصر، ١٣٧١هـ- ١٩٥٢م، بدون رقم الطبعة.

٤٥- الكليات معجم في المصطلحات والفروق اللغوية: أبو البقاء أيوب بن موسى الحسيني الكفوي، المتوفى (١٠٩٤هـ)، تحقيق: عدنان درويش، و محمد المصري، مؤسسة الرسالة، بيروت- لبنان، الطبعة الثانية، ١٤١٩هـ-١٩٩٨م.

٤٦- لسان العرب: ابن منظور محمد بن مكرم بن علي بن أحمد الأنصاري المتوفى(٧١١هـ)، مؤسسة التاريخ العربي، دار إحياء التراث العربي، بيروت- لبنان، الطبعة الثالثة، ١٤١٩هـ- ١٩٩٩م.

٤٧- مبادئ الفلسفة: أ.س.رابوبرت، ترجمة الدكتور أحمد أمين، الطبعة الأولى، دار الكتاب العربي، بيروت- لبنان، بدون سنة الطبعة.

٤٨- مجمل اللغة: أبو الحسين أحمد بن فارس بن زكريا القزويني الرازي، المتوفى(٣٩٥هـ)، دراسة وتحقيق: زهير عبد المحسن سلطان، مؤسسة الرسالة، بيروت- لبنان، الطبعة الثانية، ١٤٠٦هـ-١٩٨٦م.

٤٩- المجموع شرح المهذب: أبو زكريا محيي الدين يحيى بن شرف النووي، المتوفى (٦٧٦هـ)، تحقيق: محمد نجيب المطيعي، مكتبة الإرشاد، الجدة- المملكة العربية السعودية، بدون رقم وسنة الطبعة.

٥٠- محاضرات في تاريخ الفلسفة: هيجل، ترجمة: الدكتور خليل أحمد خليل، المؤسسة الجامعية للدراسات والنشر والتوزيع، بيروت- لبنان، ١٤٠٦هـ-١٩٨٦م.

٥١- المحاور الخمسة للقران الكريم: محمد الغزالي، دار الشروق، ١٤٠٩هـ، بدون رقم الطبع.

٥٢- مدخل إلى الفلسفة: الدكتور محمد محمد قاسم، دار النهضة العربية، بيروت- لبنان، الطبعة الأولى، ١٤٢١هـ-٢٠٠١م.

٥٣- المدخل إلى معاني الفلسفة: الدكتور عرفان عبدالحميد فتاح، دار الجيل بيروت- لبنان، دار عمار، عمان- الأردن، الطبعة الأولى، ١٤٠٩هـ-١٩٨٩م.

٥٤- المستدرك على الصحيحين: أبو عبد الله الحاكم محمد بن عبد الله بن محمد بن حمدويه بن نُعيم النيسابوري، المتوفى (٤٠٥هـ)، تحقيق: مصطفى عبد القادر عطا، دار الكتب العلمية، بيروت- لبنان، الطبعة الأولى، ١٤١١هـ-١٩٩٠م.

٥٥- المستصفى في علم الأصول: أبو حامد محمد بن محمد بن محمد الغزالي الطوسي، المتوفى (٥٠٥هـ)، تحقيق: محمد بن سليمان الأشقر، مؤسسة الرسالة، بيروت- لبنان، الطبعة الأولى، ١٤١٧هـ-١٩٩٧م.

٥٦- مسند الإمام أحمد بن حنبل: أبو عبد الله أحمد بن محمد بن حنبل بن هلال بن أسد الشيباني، المتوفى (٢٤١هـ)، تحقيق: شعيب الأرناؤوط، وعادل مرشد، وآخرون، مؤسسة الرسالة، بيروت- لبنان، الطبعة الأولى، ١٤٢١هـ-٢٠٠١م.

٥٧- مسند الإمام أحمد بن حنبل: أبو عبدالله أحمد بن محمد بن حنبل بن هلال بن أسد الشيباني، المتوفى (٢٤١هـ) ، تحقيق: أحمد محمد شاكر، دار الحديث، القاهرة- مصر، الطبعة الأولى، ١٤١٦هـ- ١٩٩٥م.

٥٨- مشكلة الفلسفة: الدكتور زكريا إبراهيم، دار مصر، الفجالة-مصر، ١٩٧١م، بدون رقم الطبعة.

٥٩- المعاد الجسماني إنسان ما بعد الموت: شفيق جرادي، دار المعارف الحكمية، بيروت- لبنان، الطبعة الأولى، ١٤٣٦هـ-٢٠١٥م.

٦٠- المعجم الفلسفي: الدكتور إبراهيم مدكور، مجمع اللغة العربية، الهيئة العامة لشؤون المطابع الأميرية، القاهرة-مصر، ١٤٠٣هـ- ١٩٨٣م. بدون رقم الطبعة.

٦١- المعجم الفلسفي: الدكتور جميل صليبيا، الشركة العالمية للكتاب، بيروت- لبنان، ١٤١٤هـ- ١٩٩٤م، بدون رقم الطبعة.

٦٢- المعجم الفلسفي: الدكتور مصطفى حسيبة، دار أسامة، عمان- الأردن، الطبعة الأولى، ٢٠٠٩م.

٦٣- المعجم الفلسفي: مراد وهبة، دار قباء الحديثة، القاهرة- مصر، الطبعة الخامسة، ٢٠٠٧م.

٦٤- المعجم الوسيط: مجمع اللغة العربية بالقاهرة، إبراهيم مصطفى، و أحمد الزيات، و حامد عبد القادر، و محمد النجار، دار الدعوة، الإسكندرية- مصر، بدون رقم وسنة الطبع.

٦٥- مقاصد الفلاسفة: أبو حامد محمد بن محمد بن محمد الغزالي الطوسي، المتوفى (٥٠٥هـ) ، تحقيق: محمود بيجو، مطبعة الصباح، دمشق- سوريا، الطبعة الأولى، ١٤٢٠هـ- ٢٠٠٠م.

٦٦- منبعا الأخلاق والدين: هنري برغسون، ترجمة الدكتور سامي الدروبي، و الدكتور عبدالله عبدالدائم، الهيئة المصرية العامة للتأليف والنشر، القاهرة-مصر، ١٩٧١م، بدون رقم الطبعة.

٦٧- المنقذ من الضلال: أبو حامد محمد بن محمد بن محمد الغزالي الطوسي، المتوفى (٥٠٥)هـ، تحقيق: محمد بيجو، مراجعة: الدكتور سعيد رمضان البوطي، و الشيخ عبدالقادر الأرناؤوط، دار التقوى، دمشق- سوريا، دار الفتح، عمان- الأردن، الطبعة الثانية، ١٩٩٢م.

٦٨- موسوعة كشاف اصطلاحات الفنون والعلوم: محمد بن علي التهانوي، تحقيق: الدكتور علي دحروج، نقل النص الفارسي إلى العربية: الدكتور عبدالله الخالدي، الترجمة الأجنبية: الدكتور جورج زيناني، مكتبة لبنان ناشرون، بيروت- لبنان، الطبعة الأولى، ١٩٩٦م.

٦٩- موسوعة لا لاند الفلسفية: أندريه لا لاند، ترجمة: الدكتور خليل أحمد خليل، منشورات عويدات، بيروت- لبنان، الطبعة الثانية، ٢٠٠١م.

٧٠- نشأة الدين النظريات التطورية والمؤلهة: الدكتور علي سامي النشار، مركز الإنماء الحضاري، حلب–سوريا، دار المحبة، دمشق–سوريا، ١٤٢٩هـ– ٢٠٠٩م، بدون رقم الطبعة.

٧١- نقد العقل المحض: إيمانويل كانط، ترجمة: موسى وهبة، مركز الإنماء القومي، بيروت– لبنان، بدون رقم وسنة الطبعة.

٧٢- وعاظ السلاطين: الدكتور علي وردي، دار ومكتبة دجلة والفرات، بيروت–لبنان، الطبعة الثانية، ١٤٣١هـ، ٢٠١٠م.

73- How To Sell Yourself: Arch lustberg، Book mart press، U.S.A، 2002.

٧٤- آداب البحث والمناظرة: محمد الأمين بن مختار الشنقيطي، المتوفى (١٢٩٣هـ)، تحقيق: سعود بن عبدالعزيز العريفي، دار عالم الفوائد للنشر والتوزيع، مكة المكرمة– المملكة العربية السعودية، الطبعة الأولى، ١٤٢٦هـ.

٧٥- أعلام الفلاسفة كيف نفهم: الدكتور هنري توماس، ترجمة: متري أمين، مراجعة وتقديم: الدكتور زكي نجيب محمود، دار النهضة العربية، القاهرة– مصر، ١٩٦٤م، بدون رقم الطبعة.

٧٦- الأعلام: خير الدين بن محمود بن محمد بن علي بن فارس الزركلي الدمشقي، المتوفى (١٣٩٦هـ) ، دار العلم للملايين مؤسسة ثقافية للترجمة والتأليف والنشر، بيروت– لبنان، الطبعة الخامسة عشر، ٢٠٠٢م.

٧٧- سير أعلام النبلاء: شمس الدين محمد بن أحمد بن عثمان الذهبي، المتوفى (٧٤٨)هـ، أشرف على تحقيقه وتخريج أحاديثه: شعيب الأرناؤوط، مؤسسة الرسالة، بيروت–لبنان، الطبعة الثالثة، ١٤٠٥هـ– ١٩٨٥م.

٧٨–شعب الإيمان: أبو بكر أحمد بن الحسين بن علي بن موسى الخراساني البيهقي، المتوفى (٤٥٨)هـ، تحقيق وتخريج: الدكتور عبد العلي عبد الحميد حامد، مكتبة الرشد للنشر والتوزيع بالرياض بالتعاون مع الدار السلفية ببومباي بالهند، الطبعة: الأولى، ١٤٢٣هـ– ٢٠٠٣م.

٧٩- طبقات الشافعية الكبرى: تاج الدين عبد الوهاب بن تقي الدين السبكي، المتوفى (٧٧١)هـ، تحقيق: الدكتور محمود محمد الطناحي، والدكتور عبد الفتاح محمد الحلو، دار هجر، الطبعة الثانية، ١٤١٣هـ، بدون مكان النشر.

٨٠- مشاهير الفلاسفة من طاليس إلى ديكارت: ديوجين لايرتيوس، ترجمة: عبدالله حسين، الدار العالمية للكتب والنشر، الجيزة- مصر، دار طيبة، الجيزة- مصر، الطبعة الأولى، ٢٠١١م.

٨١- معجم أعلام المورد تراجم لأشهر الأعلام العرب والأجانب القدامى والمحدثين، مسقاة من موسوعة المورد: منير البعلبكي، دار العلم للملايين، بيروت- لبنان، الطبعة الأولى، ١٩٩٢م.

٨٢- معجم الأدباء من العصر الجاهلي حتى سنة (٢٠٠٢): كامل سلمان الجبوري، دار الكتب العلمية، بيروت- لبنان، الطبعة الأولى، ١٤٢٤هـ- ٢٠٠٣م.

٨٣- معجم الفلاسفة: جورج طرابيشي، دار الطليعة، بيروت- لبنان، الطبعة الثالثة، ٢٠٠٦م.

٨٤- هكذا تكلم علي شريعتي: فاضل رسول، دار الكلمة، بيروت- لبنان، الطبعة الثالثة، ١٩٨٧م.

٨٥- الموقع الإلكتروني: ويكيبيديا الموسوعة الحرة: Wikipedia.org.

سەنتەری زەهاوی بۆ لێکۆڵینەوەی فیکری

سەنتەرێکی کوردستانی ئاحکومی ئاسیاسییە، گرنگی دەدات بە تویژینەوە و ئاوتویکردنی پرسە هزرییە بەردنییەکان بۆ دووبارە هیلانەگوی دەق و نیکسنە پیرۆزدکان و چۆنیەتی دابەزاندنی چەمک مەعریفی و بەبابەخەکانی ئیسلام لە بوارە جیاوازەکانی سەردەمدا.

ئامانجەکانی سەنتەر:

. بوژاندنەوەی بیرو هزر و بەکارخستنی مەعریفەی ئیسلامی لە ناوەندە زانکۆیی و پەروەردەییەکاندا، بە پشتبەستن بە بەهرە و توانا خودییەکانی ئەکادیمیانی کوردستان و جیهانی ئیسلامی و ئەزموونی بیرمەندانی مسولمان.

. پەرەپیدان و پەسەندکردنی روانگەی زانستی مەنهەجی لە چارەسەرکردنی کیشە و گرفتە هزرییەکاندا و بیلاپەنبوون لە پرسە خیلافییەکاندا و خۆبەدوورگرتن لە بریاری پیشوەخت و شیوازی سۆزدارانە و هەولدان بۆ بابەتیبوون.

. کاراکردنی کەلەپووری دەولەمەندی ئیسلامی و سوودوەرگرتن لە سەرجاوە گرنگەکانی بیری ئیسلامی لە کۆن و نویدا و سەرلەنوی هیلانەگوی چەمک فیکرییە دوێزراوەکان لە میژووی ئیسلامیدا، بە رەچاوکردنی گۆرانەکانی سەردەم.

. پەرەپیدانی چەمکی نیعتبدال لە کایە فیکری و مەعریفییە جیاوازەکاندا و خۆبەدوورگرتن لە تیپەراندن و بەرأپەدان.

. سەنتەر کاردەکات بۆ سەرلەنوی و بەردەوام خوێندنەوەی هەردوو پەرأوی قوردان و بوونەوەر بەپیی ماسهەج و میئودی زانستی و بەبی چاولیکەری، بەلکو بە بەفەسیکی ئازە و بە سوودوەرگرتن لە عەقلی رائشکاو و ئەقلی سەلینزاو.

ئاواره عەلی مستەفا

ـ لەدایکبووی سالی ١٩٨٩ـ خەتی ـ هەولیر.

ـ بەکالوریوس لە زانستە ئیسلامیەکان
لە بەشی شەریعە ـ کولیژی زانستە
ئیسلامییەکان لە زانکوی سەلاحەددین.

ـ ماستەر لە فەلسەفەی ئیسلامی.

ـ خاوەنی چەندین توێژینەوەی زانستییە.

ـ ئیستا توێژەری یاریدەدەرە لە زانکوی
سەلاحەددین.